北京理工大学基层党建工作系列丛书

党建扎根

赤心采撷

何骁威 ◎ 主编

北京理工大学出版社
BEIJING INSTITUTE OF TECHNOLOGY PRESS

版权专有　侵权必究

图书在版编目（CIP）数据

赤心采撷 / 何骁威主编. —北京：北京理工大学出版社，2021.6
　ISBN 978-7-5682-9903-9

　Ⅰ.①赤… Ⅱ.①何… Ⅲ.①中国共产党-党校-文集 Ⅳ.①D261.41-53

中国版本图书馆CIP数据核字（2021）第113084号

出版发行 / 北京理工大学出版社有限责任公司
社　　址 / 北京市海淀区中关村南大街5号
邮　　编 / 100081
电　　话 /（010）68914775（办公室）
　　　　　（010）82562903（教材售后服务热线）
　　　　　（010）68944723（其他图书服务热线）
网　　址 / http：//www.bitpress.com.cn
经　　销 / 全国各地新华书店
印　　刷 / 北京地大彩印有限公司
开　　本 / 710毫米×1000毫米　1/16
印　　张 / 18.75　　　　　　　　　　责任编辑 / 徐艳君
字　　数 / 280千字　　　　　　　　　文案编辑 / 徐艳君
版　　次 / 2021年6月第1版　2021年6月第1次印刷　　责任校对 / 周瑞红
定　　价 / 96.00元　　　　　　　　　责任印制 / 李志强

图书出现印装质量问题，请拨打售后服务热线，本社负责调换

北京理工大学党建工作系列丛书

丛书编委会

主　　编：项昌乐

副 主 编：李德煌　张舰月

编　　委：（按照姓氏笔画排列）

丁刚毅　王　征　王亚斌　王美玲　王泰鹏
王振华　龙　腾　冯慧华　朱光辉　刘　川
刘　渊　刘存福　李汉军　杨　晖　肖　雄
何骁威　邹　锐　张　笈　张　瑜　张振华
陈　珂　林　杰　金　军　金海波　周　波
周连景　赵文祥　胡晓珉　饶晓炜　姜　艳
娄秀红　徐承俊　高伟涛　崔　嵬　董兆波
蔡婷婷　蔺　伟　管帅华　颜志军　薛正辉

赤心采撷

编委会

主　　编：何骁威

副 主 编：陈　珂　李宜臻　谢雨珈　徐碧瑢
　　　　　王浩宇

编　　委：（按照姓氏笔画排列）

王莉蓉　王晓静　石　莉　申建梅
刘　莉　刘芳熙　牟雪娇　孙丽佳
杨丽静　吴　昊　邵　霞　林　婷
易伟明　战勇钢　姚梦迪　袁　丹
黄　腾　霍　晶　戴晓亚

序言

高校是培养社会主义建设者和接班人的重要阵地。习近平总书记指出，"办好中国的世界一流大学，必须有中国特色"，"我们要认真吸收世界上先进的办学治学经验，更要遵循教育规律，扎根中国大地办大学"。习近平总书记的重要讲话、重要指示精神为我们指明了前进方向，提供了根本遵循。高校党建是党的建设新的伟大工程的重要组成部分，高校基层党组织是党在高校全部工作和战斗力的基础。坚持和加强党对高校的全面领导，必须夯实高校党建工作基础，强化院（系）党组织政治功能，全面增强高校基层党组织生机活力。

"求木之长者，必固其根本"。高校党建就像成长的大树，党支部建设是党建工作的基础和根本，是"党建"这棵大树的根系。只有"树根"深扎沃土，夯实生命之基，"党建"的大树才能根深叶茂、叠翠千丈。基层党组织建设工作一定要落地生根、抓稳抓实，坚持联系群众，全心服务群众，从群众中来到群众中去，把为人民服务理念贯彻到实际工作中去。北京理工大学党委把"延安根、军工魂"的红色基因赓续到基层党组织建设中，把党支部建设成为师生群众的"主心骨"，增强基层党员群众对党支部的信任感、依赖感。

党的各级组织是党的一切力量的来源，只有让党的组织强壮有力、有序运转、步调一致，才能抵挡住风吹雨打。党员如大树上的万千树叶，只有悉心培养，及时修剪，党员队伍才能不断更好地发展壮大。

  本丛书把高校基层党建工作用木林做比拟，形成了生动的高校基层党建"木林景象"：从种下"红色基因"的种子开始，培根铸魂，启智润心，锻造强大枝干，为国家培养红色栋梁之才。《沃土培苗》汇编了新时代大学生党员入党的初心挚语；《木林峥嵘》展现了"十三五"时期，学校各基层党组织的特色做法与经验总结；《繁叶华章》记录了教师党员在建党百年之际礼赞党的丰功伟绩，抒发胸襟的点滴文字；《春华秋实》梳理了近年来党员群体的课题研究成果；《赤心采撷》凝结了党校干部培训中学员们对于工作的思考与体会；《党建经纬》摘录了校、院两级的党建工作制度，用制度扎起规范党员行为、组织生活开展的"篱笆"。"一年树谷，十年树木，百年树人"，高校党建以立德树人为根本，扎根中国大地，为党育人，为国育才。

  本丛书为高校基层党建工作做出了有益示范，可以作为党务工作者学习参考的范本。

丛书编委会

2021 年 6 月

前言

党的十八大以来，北京理工大学党委坚持以学习习近平新时代中国特色社会主义思想为首要任务，深入贯彻中央关于干部党员教育培训工作的要求，围绕学校事业发展需要，系统推进干部党员教育培训工作。经过多年发展，初步建立了全覆盖、多协同的干部党员教育培训体系，实现教育培训规模和内涵发展同步提升。

为做好干部党员教育培训，学校党委积极拓展校外优质合作单位，加强校外培训基地建设，通过常态化集中轮训，统一思想、凝聚共识，激发干事创业热情。为提高培训工作对干部党员实际工作的指导效果，学校党委创新教学方式方法，积极引入行动学习培训方法和情景式教学培训方法，并根据学员特点分级分类组织培训班次，开展有针对性的培训，取得了较好的反响和效果。

本书收录了北京理工大学2018年至2021年期间各培训班次部分学员所撰写的学习心得，共76篇。全书分上下两篇，共六个章节。上篇"红色基因永传承"主要收录了北京理工大学党委党校组织干部党员赴陕西延安、江西瑞金和山西吕梁等地开展暑期专题培训时学员所撰写的心得体会。下篇"一片赤诚惟报国"主要收录了"春田雨耕"新提任干部能力提升培训班的学习心得，十九届四中全会中层领导人员专题培训班的学习体会，新提任中层干部"行动学习"培训班的分组汇报报告，以及学校党委推荐参加工业和信息化部党校培训学员的结班论文。希望能够帮助读者了解掌握北京理工大学广大干部党员在学习贯彻习近平新时代中国特色社会主义思想，践行初心使命、建设中国特色世界一流大学新征程中的新思考、新方法、新成效。书中难免有疏漏和不当之处，敬请批评指正。

《赤心采撷》编委会

2021年3月

目 录

上篇：红色基因永传承

● 延安寻初心 ●

寻根追梦　弘扬延安精神　服务一流大学建设	黄　金	004
红色之旅　寻根之路　奋斗之源	武　楠	007
我的延安行	冯金生	009
重走红色革命路　延安精神永流传	李冬妮	011
寻根追梦于延安	张爱秀	014
深入践行延安精神	李晓燕	017
延安行回望初心　新征程勇争一流	范哲意	020
朝圣之旅　筑梦之旅　塑心之旅　铸魂之旅	刘博联	024
感悟延安行　做不忘初心档案人	魏　丽	027
秉承延安精神　坚定迈上"双一流"大学新征程	赵　昊	030
新时代弘扬延安精神，砥砺奋进踏上新征程	姚文莉	032
初心不忘延安根，砥砺践行军工魂	张益川	036
圆梦延安　回望初心　做时代新青年	包成刚	039
传承红色基因　践行延安精神	鄂　婿	041
追根溯源　牢记使命　凝心聚力　再创辉煌	张　鹏	044
延安精神永不忘　北理军工魂飞绕	李宜臻	047

践行延安精神　做合格北理人	杜　娟	049
传承红色血脉，不负光荣使命	刘　娜	051
以新担当、新作为助力学校"双一流"建设	关　宏	053
新思想引领新时代，新征程展现新作为	方　蕾	057
走进苏区，领会苏区精神	张加涛	060

● 苏区炼真心 ●

追根溯源、不忘初心，切实做好本职工作	周明宇	064
永不磨灭的苏区精神	赵宏宇	067
坚定初心　为"双一流"大学建设不懈奋斗	张淑玲	071
传承苏区革命精神，永铸爱党爱国之魂	郭宏伟	073
学习践行苏区精神　助力世界一流大学建设	赵良玉	076
理想信念坚如铁，求真务实创一流	许　冰	079
弘扬苏区精神　坚定理想信念　做好本职工作	陆宝萍	082
发扬苏区精神　服务学校双一流建设	卢　肖	086
不忘苏区初心　贯彻时代思想　传承红色基因	李　冰	089

● 扶贫尽忠心 ●

从"脱贫攻坚"中升华初心和使命	宫　琳	094
深入学习领会总书记扶贫战略思想　扎实做好定点帮扶工作	史建伟	097
进一步落实北理工定点帮扶责任的若干思考	邹美帅	100
深学笃用十九大精神	王　飒	103
学习贯彻十九大精神　确保脱贫攻坚战胜利	杨亚楠	106
不忘初心牢记使命、凝心聚力共谋发展	司黎明	109
新时代、新思想、新征程、新作为	薛　伟	112
发扬吕梁精神　推进"双一流"建设	崔宇红	115
新时代吕梁山区的红色乐章	何　旭	118
聚焦立德树人根本任务　努力培养世界一流人才	李　勇	121

目 录

学习创新、勠力发展……………………………………………… 杨　宽　125
打赢脱贫攻坚战　书写新吕梁英雄传……………………………… 郜　岭　128
伟大源自奋斗，担当才能前行……………………………………… 孙金锋　130
坚持忠诚干净担当，以苦干实干诠释忠诚………………………… 周芳集　133

下篇：一片赤诚惟报国

● 躬耕献真心 ●

主动担当作为　成就青春梦想…………………………………… 李　帅　140
参加"春田雨耕"能力提升培训班的个人心得体会……………… 郑　宁　142
"春田雨耕"新提任干部能力提升培训总结……………………… 贾小伶　144
常修"四心"，走好"四路"……………………………………… 徐碧瑢　146
做学校"双一流"建设的润滑剂…………………………………… 朱元捷　148
筑牢信念，为学校"双一流"建设插上腾飞的翅膀……………… 贺欢欢　150
不辜负我们的年轻时代…………………………………………… 秦　锋　152
"春田雨耕"新提任干部能力提升培训班学习总结……………… 那　奇　154
"春田雨耕"培训学习心得………………………………………… 刘　媛　156
后勤管理室沟通的技巧与实务…………………………………… 唐　冰　158
增强党性　勇于担当　在创新中开创工会工作新局面………… 黄明福　161
北京理工大学新提任干部能力提升培训班学习心得…………… 柏　利　163

● 聚力铸恒心 ●

坚定理想信念　提升服务意识…………………………………… 张晓丹　166
坚持立德树人　锐意改革创新　优化治理体系　勇担复兴大任… 龚　鹏　168
学习党的精神与中国之治推动后疫情时代工作发展…………… 张景瑞　170
深学笃用全会精神　凝心聚力培根铸魂………………………… 苟曼莉　172

深入学习贯彻十九届四中全会精神
　　——依循"三因"理念推进书院思政工作体系建设 ………… 方　蕾　174
以立德树人铸就教育之魂………………………………………… 邓　岩　176
不断学习赋能，建设一流大学…………………………………… 张莱湘　178
加强党的全面领导　推进教育治理体系和治理能力现代化…… 蒋志湘　180
贯彻落实十九届四中全会精神　守正创新做好新时代新闻宣传工作
　　……………………………………………………………… 刘晓俏　182
推进治理体系和治理能力现代化　不断推动学院工作高质量发展
　　……………………………………………………………… 张爱秀　184
发挥制度优势　深化机制改革　全面提升兵器学科建设效能…… 徐豫新　186

● 桃李孕匠心 ●

学科协同交叉培养培育复合型领军领导人才………………… 邓　方　等　190
优化协同管理，促进学科交叉
　　——以促进兵器学科方向交叉为例 ………………… 徐豫新　等　202
本科创新人才提智项目…………………………………… 王美玲　等　209
北理工学生双创能力提升方案…………………………… 王浩宇　等　224
大学教师激励机制创新与实践…………………………… 胡　晗　等　229
新体系教师的全周期科学考核评价……………………… 张加涛　等　239
"双一流"高校院系提升党建质量的实践探析
　　——以北京理工大学为例 ……………………………… 刘存福　256
依法治校视角下推进中外合作大学党建工作研究………………… 高　珊　268
习近平人才观在高校人才工作中的实践探究…………………… 刘　骁　277

上篇
红色基因永传承 →

延安寻初心

苏区炼真心

扶贫尽忠心

Part 01

延安寻初心

寻根追梦　弘扬延安精神　服务一流大学建设

2018年7月，我参加了学校组织的培训班，回到圣地延安，重温初心使命，汲取前行力量。

经过一周的理论学习、实践调研和交流讨论，我的理论修养和能力水平得到提升，对习近平新时代中国特色社会主义思想和党的十九大精神有了更深刻的体悟，对党的光辉历史和伟大的延安精神及其时代内涵有了更深刻的体悟，对北理工人的初心使命、信念情怀和新时期服务中国特色世界一流大学建设有了更深刻的体悟。

我最基本、最深刻的认识是，延安精神是北理工人共同的精神文化根脉，要以延安精神为根、为魂，深刻理解新时期北理工人的初心使命。

无论是一个政党还是一所大学，要实现目标愿景，干成服务于人民的事业，必然要有理想信念作为根基。70多年前，宝塔山下、杜甫川中，徐特立先生和学校先辈们筚路蓝缕、开启山林，创办了自然科学院，70多年薪火相传，至今校歌仍传唱"清清延河水，抚育你茁壮成长，悠悠岁月长，磨炼你意志如刚"。延安精神和徐老思想，是学校精神文化的根脉，新时期我们传承初心使命，始终要以延安为精神原点和落脚点。

一是坚守初心使命，首先是坚守学校精神文化内核。学校精神文化体系的核心是"延安根、军工魂"和徐特立教育思想。对延安根、军工魂的坚守，就是要传承红色基因，传承科技报国、军工报国的传统，把爱国奉献作为信念基石。新时期，延安精神不断延伸发展，被赋予了艰苦奋斗、坚韧不拔、独立自主、改革创新、为人民服务等时代内涵。在建设中国特色世界一流大学过程中，我们要不断传承和延续这些精神。始终坚定自信，坚守既定的目标蓝图；始终激情进取，以昂扬的精神风貌面对工作和人生中的挑战；始终精益求精，严格自律，以创新的思维不断思考和改进工作；始终坚持为师生服务，用换位思考的能力和同理心考虑师生的需求，春风化雨，深入师生，提升管理服务水平。

二是坚守初心使命，要落实立德树人根本任务，做好人才培养工作。人才培养是一所大学的核心使命，徐老思想是围绕立德树人而形成的系统性教育思想，包括德育为先的思想（把人格和品德塑造放在首位）、"三位一体"的思想（教育、科技、经济三位一体，教学科研与经济生产相结合，产学研一体）、学术互动的思想（自然科学和工程技术互动融合）、实践育人的思想（科技实践、社会实践、创新创业）。徐老教育思想领先于时代，经历了历史考验，至今仍指引着中国共产党领导下的理工科高等教育的方向路径，闪耀着璀璨的时代光辉。今天，我们牢记初心使命，传承徐老思想，就是要落实习近平总书记的指示，把立德树人放在第一位。此次培训班的学员中，有来自学院从事教学科研的管理者、有来自职能部门的管理者、有机关青年管理人员，结构科学合理，同学们在学习中深入交流，推进教育和管理的互动融合，对我个人有很大启发和帮助。构建高水平人才培养体系，离不开教学互动、教育和管理互动，需要推进"三全育人"，在课程、教材、实践、管理等方面共同发力，形成良好的学术生态、文化生态，真正为国家和社会培养第一流人才。

三是坚守初心使命，要推进改革创新，坚持瞄准一流。世界一流大学的建设，是漫长的征程，尤其在一个发展中国家建设世界一流大学，尚无既成的经验，需要更为艰苦的实践探索，以改革创新的精神推进事业发展。在这一过程中，既需要理想信念，更需要执行力。先辈们提出，要做第一等学问，做第一等事业，就是要求我们用第一流的标准要求自己，不要居于二流。建设一流大学，离不开一流的管理服务保障，更离不开一流的管理服务队伍，因此，我们更要以一流的标准、以改革创新的精神做好管理服务工作，担当起一所大学的形象和"名片"。学校办公室是学校党委的协调中枢、参谋助手、信息总汇，也是服务师生和各单位的沟通桥梁，要办文、办会、办急事难事，也要办好小事。在工作中，我的同事们坚持落实20字工作方针，"起身迎送、把话听完、意见明确、抓紧办理、必有回音"，以奉献的精神和极端负责的作风，努力为党委和师生提供服务。今后，我将和各位同学一样，把责任担当扛在肩上，不断学习实践提升，为一流大学建设提供更好、更优质的服务。

在一周的学习交流中，我所在的第三小组始终保持认真求实和团结活泼的学风，大家兴之所至，有感而发，创作了好几首与延安精神相关的诗词，谨以小组学员孔昭君老师和大家共同创作的《七律·延安》中的四句为勉。

筚路蓝缕雄心壮，泣血当歌杜鹃红，
寻根追梦我心纵，牢记使命续征程。

作　　者：黄　金（学校办公室）
成稿时间：2018年8月

红色之旅　寻根之路　奋斗之源

我很荣幸参加了学校组织部举办的学习贯彻习近平新时代中国特色社会主义思想和党的十九大精神培训班，初次来到我心中的圣地——延安，进一步坚定理想信念，重温初心使命，汲取奋斗力量。经过一周紧张的理论学习、实践调研和讨论交流，我对党的伟大革命历程以及孕育形成的延安精神有了更为全面的理解，对北京理工大学的初心使命和时代担当有了更为深刻的感悟。下面简要汇报我的学习心得体会：

延安学习是坚定理想信念的红色之旅。从吴起镇的长征胜利纪念园到王家坪、杨家岭革命旧址，从巍巍宝塔山到陕北好江南——南泥湾，一段段可歌可泣的革命历史，一件件震撼人心的文物展示，让我对党在延安时期的辉煌革命历史有了更深入的理解。党中央在延安的十三年，是我们党由弱变强、转败为胜的十三年；是毛泽东思想日益成熟、丰富发展的十三年；是延安精神孕育形成、发扬光大的十三年。延安的学习使我深刻认识到，我们党的的确确是一个具有长期奋斗历史和优良革命传统的党，也是一个紧跟时代步伐、勇于与时俱进的党。老一辈革命家和老一代共产党员在延安时期留下的优良传统和作风，孕育形成的延安精神是我们党的宝贵精神财富。我们要从伟大的延安精神中汲取力量，坚定理想信念，提高政治站位，提升辩证思维和系统思维能力，保持党同人民群众的血肉联系，始终为党和人民事业艰苦奋斗、不懈奋斗。

延安学习是重温初心使命的寻根之路。每个北理人对延安都有着一种特殊的情愫，它是闪耀在校徽上的巍巍宝塔山，是传唱于校歌中的清清延河水，更是根植于每个北理人心中的延安精神。站在北京理工大学的前身——延安自然科学院旧址前，聆听着我们党为抗战建国而创办自然科学院的历史，感慨于李富春、徐特立、陈康白、李强等老校长在学校创办之初的艰难办学历程，赞叹全校师生在如此困难的环境下边学习边生产，发明马兰造纸术、发现南泥湾、三边制盐提产量，无不闪耀着北理人的聪明智慧，激荡着北理人爱党救国的情怀。在延安时期的艰苦实践中，徐特立教育思想逐渐形成，"教育、科技、经济三位一体""德育为首""创新实践""民主治校"，徐老教育思想的精髓在北京理工大学薪火相传。从延安时期建校起，北理人始终初心不改、使命不渝，为培养社会主义合格建设者和可靠接班人而接续奋斗！

延安学习是勇扛时代担当的奋斗之源。作为我们党创办的第一所理工大学，北京理工大学始终与党同呼吸、共命运，是中华人民共和国成立以来国家历批次重点建设的高校之一，为国防科技现代化事业输送了一大批高层次人才。党的十九大报告明确提出，要加快世界一流大学和一流学科建设，实现高等教育内涵式发展。坚决贯彻落实党中央精神，建设人民满意、北理人自豪的中国特色世界一流大学，是每个北理人的时代担当！世界一流大学绝不是轻轻松松、敲锣打鼓就能够实现的，需要北理人在新时代继承和发扬延安精神，理想坚定，信念执着，不怕困难，勇于开拓，顽强拼搏，永不气馁。今年是北京理工大学"深化综合改革年"。目前，学校正在加快推进以人才培养改革、人事制度改革、科技创新改革为重点的综合改革，坚持问题导向，紧扣制约学校发展的瓶颈问题，找准牵一发而动全身的关键环节，激发师生内生动力、学院办学活力、部处协同合力，促进人才培养质量与水平、人才队伍数量与质量、科技创新能力与水平全面提升。学校办公室将进一步加强对综合改革各项工作的统筹协调、实施督办和信息宣传工作，积极主动谋划，确保各项改革任务取得成效，蹄疾步稳走出世界一流大学建设的北理工之路。

作　者：武　楠（学校办公室）

成稿时间：2018年8月

我的延安行

2018年7月15日–21日，有幸参加了学校组织的"学习贯彻习近平新时代中国特色社会主义思想和党的十九大精神培训班"，有机会近距离接触延安，参观了自然科学院遗址、延安革命纪念馆、王家坪、梁家河、长征胜利纪念馆、保安革命旧址、刘志丹烈士陵园、延安北京知青博物馆、张思德纪念碑、枣园革命旧址、南泥湾、宝塔山、杨家岭，聆听毛主席等老一辈无产阶级革命家和张思德、白求恩的英雄人物的光辉事迹。

我是第一次去延安，站在宝塔山上，走在延河岸边，特别是站在党旗前重温入党誓词的时候，心情异常激动。对小时候从书本里学到的延安，从电影电视剧里看到的延安，对毛主席和党中央如何带领我们的先辈们，艰苦奋斗，不怕牺牲，实现中华民族的解放，有了更加深刻的认识和理解。这次延安行，身临其境感受延安精神，更加坚定了只有共产党才能救中国，只有社会主义才能发展中国的信念，也更加坚信，在新时期，在习近平总书记带领下，我们党一定能够带领全国人民再创新的辉煌。

此次延安之行，对延安精神有了更加深刻的认识和理解。第一，延安精神是自力更生、艰苦奋斗的创业精神。回顾党的历史，从建党到井冈山，从遵义到延安，从西柏坡到北京，我们党的每一个成就、每一次胜利，都离不开自力更生、艰苦奋斗，我们党和人民的事业就是靠自力更生、艰苦奋斗不断发展壮大起来的。自力更生、艰苦奋斗是我们党的优良传统和政治本色，是凝聚党心民心、激励全党和全体人民为实现国家富强、民族振兴而共同奋斗的强大精神力量。

第二，延安精神是全心全意为人民服务的精神。我们党历来把为中国广大人民谋利益作为自己的根本宗旨。在延安时期毛主席响亮地提出了"为人民服务"的口号，并号召全党认真实践。中国共产党就是以对人民的无限忠诚赢得了民心，取得了一个又一个的伟大胜利。

第三，延安精神是理论联系实际、不断开拓创新的精神。延安时期，我们党在不断总结正反两方面经验的基础上,把中国革命的具体实践和马克思主义相结合,实现了马克思主义的中国化。《中国革命战争的战略问题》《实践论》《矛盾论》《论持久战》《新民主主义论》《论联合政府》等毛主席的重要著作,都是在延安时期完成的,逐渐形成了毛泽东思想。

第四,延安精神是实事求是的思想路线。实事求是是我们党的思想路线。延安整风期间,毛主席提出了实事求是的思想路线。实践表明,只有解放思想,才能达到实事求是;只有实事求是,才是真正地解放思想。

习近平新时代中国特色社会主义思想和党的十九大报告,都是延安精神的具体体现和创造性发展,要求我们既要弘扬革命传统,也要发展和创新。学习延安,就是要学习延安精神,学习延安不怕牺牲、艰苦奋斗的精神,学习延安全心全意为人民服务的精神,学习延安实事求是、理论联系实际、不断开拓创新的精神,并以此来指导我们的工作,将延安精神落实到行动上。

当前,学校正在进行综合改革和双一流建设,力争将我校建设成中国特色的一流大学,为此首先要有一支强大的教师队伍。加强教师队伍建设,用延安精神教育我们的教师,特别是青年教师,将延安根、军工魂扎根在学校工作的各个方面,有过得硬的教师队伍,才能培养出合格的社会主义建设者和接班人。其次是加强学生的延安精神和爱党爱国教育,将其贯穿到学生的各种活动和专业学习中去。学生是祖国的未来、民族的希望,培养和造就政治素质过硬、综合素质全面发展的优秀学生,事关全面建成小康社会、实现中华民族伟大复兴的宏伟目标。最后是将延安精神落实到本职工作中。作为一名共产党员,必须要有坚定正确的政治方向,坚定共产主义信念,在思想上政治上行动上始终与党保持高度一致。加强学习,努力工作,不断提升自己的能力与水平。在日常学习中,不仅学习业务知识,更要加强政治理论的学习,提高政治素养和水平。做到爱岗敬业,恪尽职守,在平凡的岗位上努力工作;做到善于思考,勇于创新,结合本职工作,积极主动思考,善于发现并解决工作中存在的问题,不断改进工作方法,努力克服困难,在学校双一流建设中贡献自己的力量。

作　　者:冯金生(化学与化工学院)
成稿时间:2018年8月

重走红色革命路　延安精神永流传

七律·延安
风云漫卷八十载，往事峥嵘指上烟。
何忍疮痍收满目，敢将青史祭华年。
诸公已入青松畔，古道犹关意气肩。
走马延川魂梦处，有情日月不须鞭。

曾经无数次听说过延安，关于全世界向往光明自由的人士奋不顾身奔赴它的故事，关于黄土地上顽强生存、艰苦奋斗的故事，关于笑看风云、运筹帷幄、从这里走向新中国的故事。2018年7月15日，我第一次来到延安。什么是延安精神？当代人是否还需要延安精神？带着这些问题，我跟随学习班在延安大学泽东干部学院开始了为期一周的学习。

一、榜样自天成

我们总是抱怨生活，来自工作、经济、健康、情感的压力似乎将现代人层层包裹，拖累了向前的步伐，甚至令人灰心丧气、裹足不前。而当我们亲临延安，置身实地实景，听当地人讲起当年的故事，我第一次以时空穿越的感觉体会到延安的艰难困苦。一支衣衫褴褛、面黄肌瘦的队伍，刚刚结束长征，外有日寇侵略、内有封锁围剿，饥寒交加、缺医少药，挣扎在生存线上；妻儿凋零、家人离散，连毛泽东这样的党的高级领导人，十个子女在战乱贫病中也只有四个活到成年。这样看来，我们的工作压力、经济压力、健康压力、情感压力，与延安时代的先辈们相比实在不值一提。每念及此，就好像有一股力量注入身体，觉得自己眼下面临的困难并不可怕，延安的先辈们在顶住压力、克服困难方面给我们做出了最真实、最朴素、也最鼓舞人心的表率。尽管时代变了，物质环境天翻地覆，但灵魂的广度和深度依然相通，延安精神在今天依然为我们提供精神养料，特别是当我们迷茫时，更需要在延安好好地深呼吸。

二、困境中始终保持朝气蓬勃

从凤凰山、杨家岭、枣园、王家坪，到南泥湾，再到梁家河，一路参观下来，见得最多的是窑洞墙壁上挂满的照片，而照片里最多的就是一张张朝气蓬勃的脸，那是从黄土地里绽放出来的顽强的生命力。即使困难重重、面临生死存亡的边缘，也要抓住一线希望，竭尽全力走出困境。并且更重要的是，当他们做出这一切选择和行动的时候，没有带着殉道者的悲苦，反而始终朝气蓬勃。当斯诺顽皮地将自己的军帽戴在毛泽东的头上，当留着长髯的周恩来意气风发地骑在马背上，当战士抡起锄头挥汗如雨，当延安大学的师生在沿河边上课，当保育院里的小朋友嬉戏奔跑，延安的一幅幅肖像告诉了我什么是革命乐观主义精神——那是对生活、事业和国家民族前途充满坚定信念和进取精神的精神面貌。这对于当代部分年轻人中间流行的所谓"丧文化"，是多么鲜明的对比啊！我们在面对困难的时候，也要努力保持乐观、开朗的心情，始终具有坚定的意志和朝气蓬勃的精神状态。

三、成就别人、甘于奉献

在延安的参观学习中多次听到这样一个故事：刚刚结束长征的红军队伍到达陕北时已是衣衫褴褛、人困马乏，长久不曾吃过一顿饱饭。当地老百姓拿出自己舍不得吃的食物给战士们做了羊肉剁荞面，毛主席说那是长征以来吃过的最好的一顿饭。在那个战争年代，百姓生活困苦、食不果腹，却愿意倾其所有支援革命队伍。当人和人之间壁垒分明、信任缺失，当付出努力的前提是获取个人回报，越是面临这样的危机，这种甘于奉献的精神就越为当今社会所呼唤。我们是教育战线的一员，这个职业与生俱来的使命就是孕育培养国家民族的未来。我们要努力做到不求回报地把自己奉献给祖国的教育事业和莘莘学子，在工作中相互信任、精诚合作、甘为人梯，不计较个人得失。

四、理想是艰苦奋斗的动力和艰难困苦的救赎

延安的故事流传至今，为什么延安的先辈们可以克服千难万险，成就伟业？背后的强大驱动力是理想。正是建立新中国的理想点亮了星星之火，不管是灯火阑珊还是风雨飘摇，始终燃烧不灭。有了这个理想的支撑，才能艰苦奋斗、坚韧不拔、朝气蓬勃、甘于奉献。理想是奋斗的动力和苦难的救赎，理想就是初心。所谓不忘初心，就是怀抱理想、坚持理想，如此才能再续延安诗篇，成就不朽传说。从我们作为一名教师迈入北京理工大学的那一天起，我们的个人理想与这所大学就融为一体，秉承延安精神，攀登科学技术高峰，为国家培养栋梁之材，圆中华民族复兴的千秋家国梦。不但如此，我们还要教导学生树立远大理想，让他们像孙中山先生说的那样"立志做大事，不要立志做大官"，让他们成为习近平总书记所说的"有理想、有本领、有担当"的年青一代。

结束语

延安一周给我带来的震撼强烈而深远，来的时候带着疑惑，踏上归途时带走的却是感动的心情、深切的懂得，还有补充满满的元气正能量，其影响有待时日仔细回味并反馈于日常生活、工作中。并且，不久的将来会带着学生和家人再来延安。

作　　者：李冬妮（计算机学院）
成稿时间：2018年8月

寻根追梦于延安

再望宝塔却梦中，
见字如面话友谊。
延河水长情更长，
安我四方北理人。

这是我刚刚做的一首藏头诗。

延安培训归来一周了，充实而欢乐的培训时光不时浮现。犹记穿上当年红军的军装，远望宝塔山，身在延安大学，让我更加深刻地理解延安精神、长征精神，也让我在北理工诞生地——延安更加深入地思考北理工人的初心内涵。

第一，入党之初心——坚定的信仰。

习近平总书记在梁家河的七年岁月中，先后写了8份入团申请书、10份入党申请书，年轻时候的他就用自己的实际行动诠释了什么是坚定的信仰。后来聆听了李教授的"延安精神"和谭教授的"党中央在延安十三年"，让我更加深刻地理解了在延安时期，共产党人之所以能在艰难的外部环境下建立人民政权，能在交通闭塞、经济落后的根据地带领百姓自己动手、丰衣足食，是因为共产党人对马克思主义的信仰，这是他们不畏风雨取得一切成果的力量源泉。很多共产党人放弃大城市的优越生活，跋山涉水来到他们向往的延安圣地，也是信仰使然。自中国共产党在浙江嘉兴南湖的一条游船上诞生，中国革命便从此有了坚定的理想信念和强大的精神支柱，代代共产党人将"红船精神"继承与弘扬，在不同的发展建设时期里始终坚定理想、百折不挠。

作为一名党务工作者，我在学生党员发展的过程中也经常与学生探讨入党初心问题。回顾我的入党初心，也是对党的向往，对马克思主义的信仰使然。这个信仰的力量在我多年学习工作中给我提供了源源不绝的动力，我想作为北理工人的第一份初心就是要保持这份对党的初心，不断提升自己的思想理论水平,坚定理想信念,永不懈怠。

第二,从教之初心——立志投身教育事业。

走过凤凰山、枣园、杨家岭等革命旧址,踏访知青足迹、参观知青旧居,所到之处都闪耀着老一辈共产党人对革命事业的投入。在学习中我看到延安时期苏维埃政府的十大政策,其中两大政策就是文化教育和知识分子政策。党在延安时期创办了延安自然科学院、抗日军政大学、陕北公学等多所高校,蓬勃发展的教育事业为中国革命培养了大批能堪重任的民族精英。培训第二天,在延安大学校史馆,我还看到当年延安时期虽然物质资源极其匮乏,但是精神文化却是无比丰富,歌剧《白毛女》,歌曲《南泥湾》《东方红》《黄河大合唱》,名著《平凡的世界》,这些都诞生在当年的延安时期、当年的延安大学。所以不论哪个时代,教育都是民族振兴、社会进步的基石。

我很高兴当年的大学和现在的工作都是教育,选择了我深爱的事业,成为人民教师中的一分子,我当如何坚持我的这份初心,这也是我在培训中不断思考的问题。今年5月2日,习近平总书记在北京大学师生座谈会上再一次强调了如何做一名好老师的"四有"要求:要有理想信念、有道德情操、有扎实学识、有仁爱之心。作为北理工教师队伍里的一员,我想这份对教师这个职业,对教育这项事业的热爱,坚持为国家培养"胸怀壮志、明德精工、创新包容、时代担当"的领军领导人才,应该是我们坚持的初心和使命。

第三,爱校之初心——对归属感的理解及传播。

到延安,我们北理工人的第一件事总是第一站一定要去延安自然科学院原址寻根溯源。在杜甫川传诵着这样一首诗:"谁说我们没有课堂?我们有着世界上最大的课堂,蓝天是我们的屋顶,高山是我们的围墙。"回首延安时期的北理工,在50余个窑洞、30余间平房的办学条件下,由100余位师生员工将教育事业如火如荼地开办繁荣,留下了马兰造纸、新方法制盐的佳话。"延安根、军工魂"正是我们每一位北理工人的初心,这份初心让我们对北理工产生了深深的归属感。

结合马上迎来的书院制改革,结合我在学生工作中遇到的问题,我深感这份归属感应该洒播到学生心中,让学生能够与我同频共振。7月18日,在红军长征纪念馆我看到当时的红白灰三种改革的时候,想到在学生工作中,我也要不断思考如何将红色基因根植于学生心中,如何去除学生心灵中的灰色地带，如何将创新创业的能力培养书写于学生的白纸上，画出绚烂色彩，把北理工的育人理念贯彻其中，让学生与我同频共振。

第四，奋斗之初心——奋斗幸福观。

习近平总书记在多个场合强调"幸福都是奋斗出来的""奋斗本身就是一种幸福""新时代是奋斗者的时代"。党中央在延安十三年，经历了抗日战争、解放战争，开展了整风运动、大生产运动，召开了党的七大等一系列影响和改变中国历史进程的重大事件，这一波澜壮阔的历史，坚定了中国共产党人的理想信念和初心使命。7月17日下午在梁家河，我亲眼看到了习近平总书记七年知青岁月的鲜明印记，这七年的艰苦奋斗和全心全意为人民服务的初心，彰显了中国共产党人"要幸福就要奋斗"的世界观、人生观和价值观，为我们树立了奋斗幸福的典范。在宝塔山、抗大革命纪念馆、延安革命纪念馆、南泥湾，我一次次感受到了老一辈共产党人在艰苦卓绝的岁月中奋斗的革命乐观主义精神，这就是一种幸福，这也激励我不断反思之前曾经有过的懈怠情绪，思考未来工作中如何不断提升自我，将"修身齐家治国平天下"与我奋斗的初心使命联系起来。我想时刻奋斗、不断奋斗，并从中感受幸福应该成为北理工人的初心。

此次延安之行，重温党在延安时期的历史，在红色岁月的点滴中汲取精神财富，是一次学习之行；深刻体会延安精神、南泥湾精神，以先进思想为引领追问自我、思考当下，是一次修身之行；到延安自然科学院原址忆古思今，追寻北理工人的红色基因，是一次寻根之行；参观革命旧址、知青故居，从老一辈共产党人的不忘初心中感受信仰的力量，是一次朝圣之行；将这一路的所学所思内化为前进的精神动力，以坚定的信仰、崇高的精神锤炼自己，是一次铸魂之行。

总之，怀揣信仰，投身教育，爱校奋斗，立足新时代，践行新思想，踏上新征程，激发新作为，在奋斗中体味幸福是我从此次延安培训中感受到的北理工人的初心。坚持这份初心，我们一定能够将北京理工大学建设成为一所人民满意、北理工人自豪的中国特色世界一流大学！

作　　者：张爱秀（法学院）

成稿时间：2018年8月

深入践行延安精神

2017年7月,有幸参加了"北京理工大学学习贯彻习近平新时代中国特色社会主义思想和党的十九大精神培训班",39名学员共同怀着朝圣的心情,回到延安,追寻"延安根、军工魂"的精神核心。通过参观延安自然科学院等革命旧址,听取"党中央在延安十三年""延安精神及其时代价值"专题报告,参加在梁家河大队、枣园旧址、南泥湾大生产展览馆开展的现场教学等方式,深入学习中国共产党在延安的革命历史,增强了党性修养;通过在宝塔山重温入党誓词,更加坚定了理想信念。现将主要学习心得汇报如下。

一、深刻领会延安精神的丰富内涵和建设延安自然科学院的初心使命

1935年至1948年是党中央在延安的十三年,也是决定中国前途和命运的十三年。其间,中国共产党由弱变强,是发展壮大的关键时期,也是毛泽东思想走向成熟、丰富发展的重要时期。十三年中,中国共产党健全制度,加强党建,整顿作风,坚定了正确的政治方向,树立了解放思想、实事求是的思想路线,确立了全心全意为人民服务的根本宗旨,开拓了自力更生、艰苦奋斗的创业精神。

1940年年初,在抗日战争最困难的相持阶段,陕甘宁边区广大军民的生产生活遇到巨大困难。党中央开创我党创办高等自然科学教育的先河,诞生了中国共产党创建的第一所理工科大学——延安自然科学院,提出延安自然科学院既从事科学研究和实验,又要培养抗战建国的技术干部和专门人才,学校的任务是培养既通晓革命理论又懂得自然科学的专业人才。全校师生在艰苦的条件下,保持乐观向上的革命精神,取得了一批丰硕的科技成果。

二、深刻理解我党全心全意为人民服务的精神来源

一周的学习中，听到许多有关毛主席、习近平总书记等党和国家的领导人与人民朴实无华、感人肺腑的故事，更加深刻领会了习近平总书记"我们党来自于人民，根植于人民，人民的拥护和支持是党执政的最牢固的根基"的论述。习近平总书记在梁家河的七年时间，发生了脱胎换骨的变化，从一开始并没打算和人民群众打成一片的少年成长为拥有人民情怀的党的基层组织的领导者，为其治国理政的新理念、新思想、新战略奠定了坚实的基础。党的十九大报告中提出十四个坚持的基本方略中，其中"坚持以人民为中心，坚持人民当家作主，坚持在发展中保障和改善民生"等三项内容彰显出人民利益在党的事业发展中的突出地位，体现出我们党同人民心连心，为人民谋幸福的精神力量。

三、深刻感受全面从严治党的坚强决心和政治定力

在艰苦的革命时期，我们党对自身的建设也从未削弱过。党的瓦窑堡会议提出"着重从思想上建党"，1942年开展全党整风运动，制定《关于增强党性的决定》《关于调查研究的决定》，加强理论学习和党史学习，检讨党在土地革命战争后期的路线问题，统一思想认识。毛泽东先后作《整顿党的作风》《反对党八股》报告，并提出惩前毖后、治病救人的方针。十八大以来，党中央将作风建设作为重点，中央政治局带头执行中央八项规定，严明政治纪律和政治规矩，深入进行反腐败斗争。十九大报告提出"全面推进党政治建设、思想建设、组织建设、作风建设、纪律建设，将制度建设贯穿其中，深入推进反腐败斗争"的党建总体布局，同时对全面从严治党作出战略部署，提出把党的政治建设摆在首位等八个方面的建设任务，集中体现了新时代共产党人的使命担当。

四、深入践行延安精神，努力传承"延安根、军工魂"红色基因

"陕西是根，延安是魂"是习近平总书记对中国共产党革命精神的高度凝练，"延安根、军工魂"作为学校发展建设中必须坚持和传承的精神文化根植在每一名北理人的灵魂深处。作为一名纪检监察干部，我将继续深入学

习贯彻落实党的十九大、十九届二中、十九届三中全会精神和习近平总书记5月2日在北京大学师生座谈会上的讲话精神,以及十九届中央纪委二次全会等精神,坚决维护习近平总书记在党中央和全党的核心地位,自觉维护党中央权威和集中统一领导,以永远在路上的执着协助推进学校全面从严治党工作。

  一是在具体工作中要切实提高政治站位,不忘初心,牢记使命,不断增强使命感,把责任扛在肩上。认真贯彻落实赵书记在年初学校党风廉政建设和反腐败工作会议上的讲话精神和工作部署,协助推进有关工作扎实顺利开展。二是要勇于担当,结合自己分管的办公室和监察方面的有关工作,加强调查研究,不断改进工作方式方法,以更加积极的工作姿态投入学校"双一流"建设和综合改革中,协助领导把工作抓紧抓实,抓出成效。三是要按照打铁还需自身硬的要求,努力增强自身监督执纪工作本领。新形势对纪检监察干部提出了更高的要求,监督工作是纪委作为专责监督机关的最基础工作,涉及学校工作的方方面面,涵盖了招标采购、招生录取、基础建设等重点领域,对个人政策把握能力提出了很高的要求。今后,还要根据学校工作特点不断提高自身监督能力和工作水平,做到监督有力,严格执纪,高标准完成新时代学校纪检监察工作,高质量完成党章赋予的职责任务,为学校建设风清气正的政治生态、崇尚真理的学术生态、和谐美丽的宜学生态努力作出自己的贡献。

作 者:李晓燕(纪委办公室/监察处)
成稿时间:2018年8月

延安行回望初心　新征程勇争一流

2018年7月15日至21日,我参加了学校学习贯彻习近平新时代中国特色社会主义思想和党的十九大精神培训班,赴革命圣地延安参加实践培训。一个星期的时间里,游学宝塔山下延河畔,重温延安十三年革命记忆,走进梁家河村,感怀七年知青岁月,踏上自然科学院旧址,追寻"延安根、军工魂"和北理工初心。现结合培训学习和自身工作情况,汇报自己的认识和体会。

一、提高政治站位

提高政治站位是对党的各级领导干部的要求,是衡量一名党员干部合格与否的重要标准。

提高政治站位要把握正确的政治方向。坚定正确的政治方向是延安精神的灵魂,它集中体现在共产党人坚定不移的共产主义理想信念上,而坚定的理想信念则是共产党人永不枯竭的精神原动力。延安时期我们党吸引了成千上万的革命者义无反顾地奔赴延安,投身救国救亡的洪流,这就是坚定正确政治方向的力量。在新时期,作为党员和领导干部,要正确把握新时代中国特色社会主义事业建设的新使命,牢牢把握习近平新时代中国特色社会主义思想这个根本指引,始终高举中国特色社会主义伟大旗帜,把牢正确政治方向。

提高政治站位要坚持党的领导。延安十三年革命岁月取得的伟大胜利,关键在于党的领导;也正是始终坚持党的领导,我们取得了新民主主义革命和社会主义革命的胜利,进行改革开放新的伟大革命,踏上民族复兴的伟大征程。习近平总书记在党的十九大报告中,把坚持党对一切工作的领导作为新时代坚持和发展中国特色社会主义基本方略的第一条,强调"党政军民学,东西南北中,党是领导一切的"。在新时期,作为党员和领导干部,要牢牢把握坚持和加强党的全面领导这个根本原则,牢牢把握坚决维护习近平总书记在党中央和全党的核心地位,坚决维护党中央权威和集中统一领导这个政治责任,牢固树立"四个意识",自觉践行"四个服从",把维护核心、追随核心、捍卫核心落到工作岗位,落到日常行动。

提高政治站位要突出"站位"的高度和角度。延安时期,无数的共产党人正是站在了抗日救亡、民族独立和人民解放的伟大事业的高度,奉献了自己的青春乃至生命,推动了革命事业的蓬勃发展。在新时期,作为党员和领导干部,要具有全局意识、大局意识,站在共产党执政兴国的高度上看待事物、思考问题,从全局上认识和把握,从高于个人所处位置的高度去思考和谋划。

从我的本职工作来看,提高政治站位要求我做到:要自觉地把习近平新时代中国特色社会主义思想作为新时代保密工作的思想旗帜、理论指引、根本遵循,切实贯彻落实到保密工作各方面;要始终不渝地坚持党管保密,党的领导是保密事业发展的根本保证,党管保密是保密工作的根本原则,也是做好保密工作的最大政治优势;要深入贯彻落实中央和上级部门关于保密工作的决策部署,充分发挥学校党委及保密委员会总揽全局、统筹谋划、协调各方的作用,不断健全保密工作的领导机制,提升统筹保密工作的能力和水平,落实党政领导干部保密工作责任制,努力构建完善的保密工作责任体系;要跳出个人和部门的局限,主动把保密工作放到学校"双一流"建设的大局中去思考、谋划和推动,牢牢把握围绕中心、服务大局这个要求,勇于担当,打造一流的保密安全环境和条件保障,使学校的保密工作不断开辟新境界。

二、坚持创新发展理念

在延安学习培训期间,聆听了延安干部学院李世明教授作的"延安精神及其新时代价值"专题报告,其中有一段内容让我感触颇深,"读懂了延安就读懂了什么是真正意义的社会改革和社会进步、创新和开放"。延安时期我们党在政治、经济、文化、社会管理、法制建设、统战、民族政策、教育、新闻、宗教、军事、外交等方方面面,采取了一系列改革创新举措,形成了革命根据地的一片繁荣,这也是延安精神"实事求是、解放思想"的深刻体现。解放思想促进了创新,是伟大的精神财富,到今天仍然值得我们学习和借鉴。在梁家河村感悟青年习近平的知青岁月，敢想敢干、敢于创新的闯劲震撼我们的心灵，面对艰苦落后的条件，用心找办法、坚持创新发展，挖淤地坝，修沼气池，办铁业社、代销社、缝纫社、建磨坊，带领村子谋发展，也促进了青年领袖的成长，以至于习近平总书记后来不止一次谈到"我人生第一步所学到的都是在梁家河，不要小看梁家河，这是有大学问的地方"。

党的十九大报告中，强调要"坚持全面深化改革""坚定不移贯彻创新、协调、绿色、开放、共享的发展理念"，改革和创新是引领发展的动力。习近平总书记指出，抓住了创新，就抓住了牵动经济社会发展全局的"牛鼻子"。树立创新发展理念，就要把创新摆在国家发展全局的核心位置，不断推进理论创新、制度创新、科技创新、文化创新等各方面创新，让创新贯穿党和国家的一切工作。

学校正处于推进"双一流"建设和深化综合改革的关键时期，创新发展也是推动学校开创建设发展新局面的动力。今年年初的学校工作会议上，张军校长指出学校迎接建设世界一流大学的新挑战，"要破除老观念、老套路、老领域、老圈子，破除旧模式、旧方法、旧格局、旧利益，破除传统思维、惯性思维、延长线思维""要树立改革意识，破除机制难题""要树立创新意识，巧夺发展先机"，激励广大师生要"敢于争先，改革创新争一流"，这些都是创新发展理念在学校工作中的具体体现和实践要求。学校的发展离不开创新，作为中层领导人员必须带头践行创新发展理念，包括鼓励教师积极开展科学研究创新，探索人才培养模式的创新，引领学生创新创业，促进管理服务的改革创新等。

从保密工作的角度，在新时期要深刻认识和把握新时代对保密工作提出的新要求，深刻认识和把握新征程对保密工作提出的新任务，深刻认识和有效应对保密工作面临的新形势和新挑战，要根据新要求、新任务、新形势和新挑战，不断改革创新保密管理工作体制机制。针对学校保密工作，要立足高校保密工作的特点和实际，深入分析研判容易出现问题的风险点，改革与实际和新形势新要求不一致的管理模式，用新眼光看待新问题，用新思路谋划新发展，建立符合学校实际的保密工作理念和工作体系，为学校保密工作注入新活力。

三、强化为民服务意识

全心全意为人民服务的根本宗旨是延安精神的本质，毛泽东主席的《纪念白求恩》《为人民服务》对为人民服务作了精辟论述，在党的七大上又把"全心全意为人民服务"规定为党的根本宗旨和共产党人言行的出发点和归宿，这充分体现了我们党的性质和特点。延安时期，从制定路线方针政策到具体实践，从政权机关到基层组织，从党的领袖到普通战士，始终面向群众、服务群众，树立了"为民谋利""人民救星"的光辉典范。延安时期的执政经验告诉我们：得民心者得天下，失民心者失天下，人民是我们党的生命之根、力量之源、胜利之本。梁家河的岁月，青年习近平用七年时间走过了他自己的知青岁月，他熟悉梁家河的每一条沟、每一座山，熟悉梁家河的每一户人家，心系群众，与群众同甘共苦，真挚为民，从梁家河到中南海，从"让乡亲们饱餐一顿肉"到"不断满足人民日益增长的美好生活需要"，从"为人民做实事"到"人民对美好生活的向往就是我们的奋斗目标"，体现的都是一心为民的情怀。

党的十九大报告中将"坚持以人民为中心"作为新时代坚持和发展中国特色社会主义基本方略之一，人民立场是党的根本政治立场。习近平总书记指出，"必须牢记我们的共和国是中华人民共和国，始终要把人民放在心中最高的位置，始终全心全意为人民服务，始终为人民的利益和幸福而努力工作。"作为党员和领导干部，要深入领会和坚持以人民为中心的根本立场。

结合学校的具体工作，坚持"以人民为中心"的立场就是要坚持以广大师生为中心，坚持服务师生、服务教学科研、服务人才培养，提升师生的幸福感、满意度。从部门工作来看，要大力提升保密管理服务的质量与水平，积极推进服务型部门建设，在保证国家秘密安全的前提下，梳理和优化保密管理的业务流程，加强保密培训和业务指导，提升服务质量和效率，为广大师生创造潜心研究的良好氛围，为学校"双一流"建设和综合改革提供一流的保密安全服务保障。

作　　者：范哲意（保密处）

成稿时间：2018年8月

朝圣之旅　筑梦之旅　塑心之旅　铸魂之旅

"几回回梦里回延安，双手搂定宝塔山。"革命圣地延安，是我向往已久的地方，阴差阳错，几回到延安的机会，总是无奈的错过。而这次学校组织的习近平新时代中国特色社会主义思想和党的十九大精神培训班终于圆了我的延安梦，也让我有机会近距离感受学校的前身——自然科学院的风采，也让我来了一次朝圣之旅、筑梦之旅、塑心之旅、铸魂之旅，更让我真正明白"延安精神、薪火相传"的真谛。

习近平的初心映射出共产党人的初心。延安之旅印象最深的便是梁家河。梁家河，陕北一个普通的小山村，山坳坳里的贫瘠土地却吸引无数人前往，探寻习近平的初心。想当年，15岁的北京知青习近平作为28000名北京知青的一分子来到陕北延川县文安驿公社的梁家河村。15岁青涩的年龄，迷茫的时代，习近平没有因此而消沉，而是尽可能地在陕北的黄土里汲取营养。将看书学习作为自己的乐趣，从群众百姓中锻铸品格。过五关，斩断沉迷，不忘读书，不忘百姓，带领百姓谋幸福，在普通的劳动中体会生活的真谛；铸造自己的信仰，积极入党，1974年1月光荣入党；以一颗共产党员的热忱之心，带领老百姓挖沼气、打淤泥坝、打饮水井，全村百姓有了主心骨，有了幸福生活的奔头。直到他离开这片热土，也时刻不忘养育他的土地，正如习近平所说，"陕西是根，延安是魂，延川是我的第二故乡。"习近平的百姓情结、密切联系群众、为人民谋幸福等思想的初心就诞生在梁家河。作为曾经的扶贫县长，我深刻学习了习近平关于精准扶贫精准脱贫的论述，踏着习近平曾经奋斗的热土，才深深体会到习近平的农民、农村情结，也明白了为什么每年元旦、春节等重要节日，习近平总是挂念贫苦百姓，总是去百姓家里坐坐，拉拉家常、掀开锅盖看看，这些全是梁家河生活习惯使然，也是他真心为民的真实写照。而我们共产党人的初衷也是为人民谋幸福，为民族谋复兴。习近平的初心也是我们共产党人的初心。

北理工的初心源于共产党的初心。北理工的前身是延安自然科学院，自然科学院为延安地区的政治稳定、经济发展和人才培养作出了巨大的贡献。大生产运动的南泥湾开发，建言献策，让曾经的烂泥潭变成塞北黄土上的好江南，有力地解决了边区人民吃饭这个大问题。马兰草造纸技术让共产党的理论方针有了强有力的宣传媒介，《论持久战》等光辉著作得以传承于世，让共产党有了强有力的宣传阵地，同外敌和内患抗争。北理工诞生于延安，与共产党共呼吸同命运共发展，随同共产党一路前行，经历了自己的"长征"来到北京，一路前行，一路奉献，一直到此刻，为国家、为党的事业贡献自己的力量。北理工是共产党的"长子"，从诞生之日起就深深烙下红色的印记，血液里蕴含着红色的基因，学校肩负着培养社会主义合格建设者和接班人的重任。

如何在学校"双一流"建设过程中诠释自己的初心，应从三个层面去表达。

一是坚定理想信念。学校要时刻铭记自己的使命，牢记自己的延安根和军工魂，有信念、有理想，也要有信心和初心，将诞生于革命年代的精神，将延安精神薪火相传。坚定自己的信念，坚守自己的理想，用崇高的理想和坚定的信念指导自己的言行。理想信念是根、是魂。

二是把握正确思路。思路决定出路，建设"双一流"大学也要有思路，有大思路、大谋略。坚持以人为本的工作思路，培养"胸怀壮志、明德精工、创新包容、时代担当"的社会主义建设者和接班人。坚持立德树人的培养方针，坚持六大创新战略，坚持"三育人"理念等等。

三是坚持稳步推进。大学培养人是循序渐进的过程，改革也需要循序渐进。培养创新型人才、激发学生创新意识的大类招生、大类培养经历了从试点到逐步推进，实行书院制也经历了基础教育学院的尝试与探索等等。

北理工人的初心应与北理工的使命同频共振。作为一名基层工作人员，作为一名共产党员，也应该以学校的初心和使命做好各项工作，也要积极思考学校前进发展的方向，以学校办学的理念和信念为指引，以学校的工作思路为方向，切实落实学校的以人为本、以师生为中心的工作措施。本人岗位上涉及智慧教室的改造、教工公寓的改造等，在小小的岗位上，我要积极践行北理工人的诺言。

此次培训，既是身体的历练，也是心灵的洗涤。期望再回延安，感受那战火时代的坚守和执着，感受北理工人的初心和使命。

作　　者：刘博联（国有资产管理处）
成稿时间：2018年8月

感悟延安行　做不忘初心档案人

置身于中国革命圣地，回望那艰难困苦、辉煌胜利的延安十三年，我无限缅怀毛泽东等老一辈无产阶级革命家，他们当年在延安带领我们党、带领人民和军队，扎根革命根据地，开创了新中国的伟大事业。

培训第一课是在延安自然科学院旧址，回望它的初心，老校长徐特立最关心的就是为党和人民培养人才。在宝塔山上，面向党旗重温了入党誓词。在社会实践教学环节，有幸来到了梁家河，这个让习近平总书记魂牵梦绕的地方，这个被总书记称为一本大书、有大学问的地方。此情此景，抚今追昔，岁月峥嵘，令我感慨，下面结合学习和工作实际，谈三点体会：

一、理想信念是前进的方向和动力

来到延安，我才深刻理解了延安精神：坚定正确的政治方向，解放思想实事求是的思想路线，全心全意为人民服务的根本宗旨，自力更生艰苦奋斗的创业精神。如果说通过聆听专题报告，从字面和概念上学习认识了延安精神，那么，来到梁家河实地探究学习习近平总书记的七年知青生活，他那曲折的少年时代，奋斗的青年时代，从一个农村大队党支部书记成长为党的总书记的历程，则使我切实思考和领悟到梁家河的大学问，让我强烈感受到，当年年轻的习近平是怎样敢想敢做敢担当的，是怎样干群众最需要的事情的，是怎样带领乡亲们艰苦创业和改善生活并得到大家拥护爱戴的。习近平在梁家河村艰难困苦的创业过程中，实现了自身的精神升华，这正是延安精神在那个时代的传承与发扬，体现了共产党人的立身之本和崇高精神。

二、群众是我们一切工作的出发点和落脚点

习近平总书记真挚的为民情怀就是一以贯之的以群众为本。他曾说过，他就是从贫困窝子里走出来的，他被陕北老乡称为"贫下中农的好支书，吃

苦耐劳的好后生"。他曾一往情深地回忆说:"记得离开梁家河那一天,望着送行的老乡们,我喉头哽咽,……陕北人民养育了我,保护了我,我虽然告别了陕北的父老兄弟,但再也离不开人民了。"2015年2月,习近平总书记重回梁家河村,他动情地讲"当年,我人走了,但我把心留在了这里,始终与人民心在一起,苦在一起,干在一起。"历史是一面镜子。当年,习近平与乡亲们同吃同住同劳动,与乡亲们建立了深深的情意,这段经历,使得他成为我们党的领导人后始终充满着深厚的为民情怀与群众感情,那一份为民的初心,历久弥新!

我们要像习近平总书记那样,增进对群众的感情,把增加人民群众的获得感作为干事创业的出发点和落脚点,不要忘了为人民服务的初心!

三、勤奋学习,养成良好的工作作风

一个人的文化知识、道德修养、意志品格、实践能力离不开勤奋的学习。我们不仅要向书本学,更应向实践学。习近平在梁家河的艰苦岁月里,在极其艰苦的条件下,求知若渴,博览群书,使他在书本中找到了力量、开阔了眼界。他讲话中的旁征博引,都是他不断学习积累的结果。他虚心向实践学,向群众学,上了一所没有围墙的大学,学到了大学里得不到的人生大学问,为他后来的人生系好了第一粒扣子,找到了奋斗的目标。

谋幸福和谋复兴是我们共产党人的初心和使命,每时每刻都要全心全意为人民服务。作为一名档案工作者,怎么实现不忘初心、牢记使命的追求和承诺呢?

第一,用习近平新时代中国特色社会主义思想武装头脑。树立坚定的理想信念,坚定跟党走的决心,增强"四个意识",坚持"四个相信",提高政治能力,自觉维护党中央权威和领导,自觉在思想上、政治上、行动上同中央保持高度一致。

第二,带头认真学习贯彻党的十九大精神。把学习党的十九大精神作为政治任务和重要工作,把学习党的十九大精神与学习党的光辉历程相结合,把学习党的十九大精神与"两学一做"专题教育常态化制度相结合,把学习党的十九大精神与圆满完成工作目标任务相结合,真正把党的十九大精神落到实处,推向高潮。

第三，履职尽责，敢于担当和奉献，不断推进档案工作进入新时代。档案工作如何在习近平新时代中国特色社会主义思想指引下发展？如何补齐档案方面的短板和弱项？从党的十九大报告中的新时代中国特色社会主义思想和基本方略中找到了答案：坚持新发展理念，引领档案事业科学发展，就是要把创新作为引领档案事业的第一动力，要把协调作为档案持续发展的内在要求，要把开放作为档案事业永远繁荣的必由之路，要把共享作为档案工作服务社会民生的最终目标。今后工作中要把学习党的十九大报告精神与落实中央"两办"《意见》相结合，做好三项重点工作：一是打牢基础，全面提升档案工作水平；二是优化资源利用，推动"三个体系"建设不断深入；三是加强档案信息化建设，提升档案管理水平。

今后我将继续坚持用习近平新时代中国特色社会主义思想武装头脑、指导实践、推进工作，为实现学校档案工作的可持续发展作出自己应有的贡献。

作　　者：魏　丽（档案馆）
成稿时间：2018年8月

秉承延安精神
坚定迈上"双一流"大学新征程

延安精神是中国共产党在延安革命时期孕育的实事求是、理论联系实际的精神,全心全意为人民服务的精神和自力更生艰苦奋斗的精神。北京理工大学从延安走来,一路辗转华北,薪火相传,矢志国防,始终坚持党的领导,"延安根、军工魂"是永不磨灭的北理工印记。对于每一名北理工人而言,追寻红色文化传统,重寻学校发展足迹,探寻延安精神时代意义,更是一堂必修课。

短短一周时间在延安的学习,我们从自然科学院——北理工的诞生地启程,来到位于王家坪的延安革命纪念馆和革命旧址,沿着知青们的足迹体验了梁家河大队的艰苦岁月和当代文学家路遥的创作历程,再到吴起、志丹探访长征胜利纪念馆、革命旧址和烈士陵园,亲身目睹南泥湾的建设壮景,再回到枣园、杨家岭和宝塔山,重温入党誓词。一路上所见所闻,一遍又一遍地加深着我们作为北理工人的自豪感和使命感。

党中央在延安的十三个春秋,是马克思主义真正落地而中国化的时期,也是马克思主义中国化的第一个理论成果——毛泽东思想的形成和成熟时期,深刻影响和改变了中华民族的伟大进程,所孕育出光照千秋的延安精神,对中国特色的发展道路和政党建设,具有重要的奠基作用和里程碑意义。毋庸置疑,延安是我们党和民族发展史上的第一个落脚点、转折点和出发点。

延安精神的传承,并不停留在中华人民共和国成立前的艰苦岁月。以习近平、王岐山等为杰出代表的近三万名优秀知识青年,在这里劳动、工作、生活和成长,他们克服了跳蚤关、饮食关、生活关、劳动关、思想关的巨大挑战,感知了中国西部落后农村的疾苦,看到了社会的最真实最基层的生活状态。也正是在这里,习近平总书记脚踏实地、实事求是,一步一步带领老百姓改天换地,也一步一步厘清治国理政思想,成为党和国家的掌舵者和领路人。

四十多年前下乡知青们在延安的经历,生动演绎了延安精神的与时俱进。在迥异于抗日战争和解放战争时期的艰苦环境中，他们再次将"实事求是""为人民服务""艰苦奋斗"的延安精神发扬光大。在梁家河的岁月里，习近平总书记身处逆境，面对自然条件之苦、个人生活之苦、家庭遭遇之苦，经历过彷徨、苦闷和纠结，但在艰苦的环境里，他脚踏实地，深刻地理解了实事求是的时代意义，坚持对党忠诚、不忘初心，不断思考着怎样让梁家河乡亲们过上好日子，终于被组织批准入团、入党，还被推选为大队党支部书记，把为祖国、为人民奉献的信念更加努力地融入实际行动之中。在他的带领下，梁家河的面貌发生了变化，乡亲们的生活得到了改善。正如他所说："无论我走到哪里，永远是黄土地的儿子。"习近平在担任党的总书记之初，就向全党发出号召："人民对美好生活的向往，就是我们的奋斗目标。"这一理念贯穿于习近平新时代中国特色社会主义思想，成为当代中国共产党人的不懈追求。

四十多年后的今天，世界多极化、经济全球化、文化多样化、社会信息化深入发展，新一轮科技革命和产业革命方兴未艾，综合国力竞争日趋激烈；我国全面建成小康社会进入决胜阶段，经济发展进入新常态，提高发展质量和效益、动力转换、结构调整、方式转变、产业升级任务紧迫。面对国内外形势的深刻变化，高等教育在国家发展中的基础性、先导性、全局性地位和作用更加凸显。高等教育必须提升综合实力和国际竞争力，发挥科技第一生产力、人才第一资源和创新第一驱动力重要结合点的作用，顺应高等教育信息化、综合化、多样化、国际化发展趋势，主动适应和引领经济社会发展，为全面建成小康社会提供强大的人才支撑和智力支持。

当前世界科技发展日新月异，新军事变革不断加快，要求学校要担当起富国强军的新使命，加快推进世界一流大学建设步伐，不进则退、慢进则衰，这不仅是我们一所高校的盛衰，更是祖国赋予我们的时代使命。面临部分发达国家对中国高速发展的敌意和压制，我们责无旁贷，要看准国际国内形势，继续发扬艰苦奋斗、实事求是的延安精神，将"延安根、军工魂"融入科学研究、人才培养的方方面面，引领国防科技发展，培养高层次国防科技人才，谱写出新时代的北理工风格。

作　　者：赵　昊（秦皇岛分校）
成稿时间：2018年8月

新时代弘扬延安精神，砥砺奋进踏上新征程

延安，一个我们从小耳熟能详的地方，它是红军长征胜利的落脚点，也是建立抗日民族统一战线、赢得抗日战争胜利、进而夺取全国胜利的出发点，更是中国共产党人精神的故园。以前我只从书本里、影视中、报刊上了解它的光辉历史，本次有幸参加学校培训来到延安，用脚步丈量先辈们走过的道路，亲身感受延安精神的热度和深度，内心感到无比激动。

一、延安，永远的红色圣地

在延安学习的几天里，我们第一次穿起八路军军装，参观了枣园、杨家岭革命旧址、延安革命博物馆和刘志丹烈士陵园，实地感受了南泥湾和习近平主席青年时期插队的梁家河，在宝塔山下我们全体党员重温了入党誓词，面对党旗再一次庄严宣誓。通过一幅幅珍贵的照片、一件件文物、一段段感人的故事，我们的思绪被拉回到了革命战争年代，感受到了革命先辈浴血奋战的情景。最令我印象深刻的是现场教学的授课形式，脚踩着领袖们曾走过的土地，呼吸着充满泥土气息的空气，身临其境感受那一次次曾改变历史的情境，感受先辈们的巨大的精神力量，接受一场场触及灵魂的革命传统教育，我渐渐地能体会到贺敬之那首著名诗作《回延安》中的澎湃深情：心口啊莫要这么厉害地跳，灰尘呀莫把我眼睛挡住了……手抓黄土我不放，紧紧儿贴在心窝上。几回回梦里回延安，双手搂定宝塔山。千声万声呼唤你——母亲延安就在这里！

延安是中国革命的圣地，也是千万党员心中的圣地。党在延安铸造的抗大精神、南泥湾精神、白求恩精神、张思德精神以及知青精神，是延安精神的原形和体现，更是我们在新时代所必需的精神食粮。

二、延安精神是我们最宝贵的精神财富

从王家坪到吴起镇,从枣园到杨家岭,座座窑洞是中共中央的所在地,曾居住过毛泽东、张闻天、刘少奇、周恩来、朱德等老一辈无产阶级革命家。每一处旧址都浸透着那个年代鲜明的特征:简陋、清贫、朴素、艰苦……领导人们居住过的地方都惊人的一致,都是一个个普通的窑洞,里面有的不过是一盘土炕或一张木床,一张书桌,一个书架。实在无法想象他们当年就在这样艰苦的条件下,在这里运筹帷幄、决胜千里,领导指挥了全国的抗日战争和解放战争,取得了中国革命的胜利;在这里开展了全党整风运动,从而保持了我们党的纯洁和先进性;在这里发动了解放区军民大生产运动,做到了自给自足、丰衣足食,粉碎了国民党的封锁和围剿;在这里创办了抗日军政大学,为革命培养了无数精英人才;在这里诞生了大量的鸿篇巨著,成为我们党建立社会主义新中国的指导思想。在这样艰苦的条件下,先辈们领导人民走出困境,从偏僻乡村走向全国,谱写出人民解放、民族复兴的华美篇章。专家的讲授,使我感受到了我们党曾经历过的那些峥嵘岁月、艰难险阻;使我感受到了老一辈共产党人对理想的不懈追求,对人民的无限深情,对革命事业的执着和忠诚;使我对延安精神从懵懂到感悟,再到坚信。

延安精神与梁家河精神是一脉相承的,它们都以坚定的理想信念为灵魂,以实事求是的科学态度为精髓,以艰苦奋斗的优良作风为特质。延安精神是梁家河精神之"源",梁家河精神是延安精神之"流",共同构成了中国共产党和中华民族宝贵的精神财富。作为中国共产党人精神家园重要组成部分的梁家河精神是对延安精神的继承和发展。

三、延安精神在新时代具有更重要的意义

半个多世纪以来,延安精神的科学内涵不断被研究、提炼和归纳,最终被高度概括为:坚定正确的政治方向,解放思想、实事求是的思想路线,全心全意为人民服务的根本宗旨和自力更生、艰苦奋斗的创业精神。通过学习,我深刻认识到理想信念的重要。纵观我们党的发展历史和红军在延安发展壮大的历史,都能感受到,正是因为共产党人有着坚定的理想信念,坚持

正确的政治方向,才能始终保持高昂的革命热情,红军才能突破国民党的围追堵截、走过严酷卓绝的长征路、坚持发展陕甘边区,并以边区根据地为落脚点,将穷乡僻壤变为走向全国胜利的大本营。新时代我们更要发扬艰苦奋斗的创业精神,践行全心全意为人民服务的根本宗旨,让延安精神代代相传。

"清清延河水抚育我茁壮成长,悠悠岁月长磨炼你意志如钢。"这首每一个北理人都熟知的校歌唱出了我们与延安与延安自然科学院一脉相承的联系。站在延安自然科学院旧址上感怀我校整个建校发展历史,切身感受到学校建设发展的不易,战争年代中每一次的辗转、低潮没有打垮我们,反而成为奋进的动力,使我们在新中国的国防建设中更加坚定理想信念,克服一切困难,肩负起历史赋予我们的责任。我们的建校历史正反映了我们北理工人弘扬延安精神、砥砺奋进的过程,值得大书特书。

延安精神在新时代具有新的发展、新的内涵,其精神实质对我们具有重要的现实意义。新时代我们更要秉持艰苦奋斗的精神,克服一切困难,不断创新,不断奋进,永远保持旺盛的奋斗精神,方能把我们的事业不断推向前进。

四、弘扬延安精神,立足工作岗位,增强责任担当

延安的十三年是艰苦奋斗的十三年,当年延安精神指引着革命打下江山,今天我们更需要将它发扬光大。当前,我们的奋斗目标是把学校建成"双一流"大学,我们的现实离目标还有不小的距离,还面对着非常大的困难和挑战。理想的实现需要一代代人的奋斗,每代人都有自己特定的使命,因此我们要立足现实,立足自己的岗位,不忘初心,牢记使命,激发工作热情,增强责任担当。

具体到图书馆工作,我认为我们的初心就是要践行延安精神的根本宗旨——全心全意为人民服务,为全校师生做好文献资源保障服务。在新时代这个初心可以通过两个方面的工作来体现:一是做好文献信息资源的建设工作。通过建设学习文献信息学习中心,以重点学科建设为建设重点不断完善核心学术资源保障体系,为学校人才培养、科学研究提供强有力的支撑。二是做好学科服务工作。以丰富资源为服务基础,以大数据统计分析为服务手

段，为学校、院系和研究团队提供研究前景预判、学科前景分析和决策支持报告。

最后，感谢这次延安之旅，这既是寻根溯源之旅，也是触动灵魂之旅。在未来的工作中，我将努力遵循延安精神，永远保持革命热情，坚持艰苦奋斗的精神、实事求是的思想路线和全心全意为人民服务的宗旨，为学校的发展贡献个人的才智，为国家的发展添砖加瓦。

作　　者：姚文莉（图书馆）

成稿时间：2018年8月

初心不忘延安根，砥砺践行军工魂

1939年至1945年，是记载中国人民血泪、改变中华民族命运的重要时期，中国人民奋勇抗战，最终取得了抗日战争胜利。1940年9月，在50余个窑洞、30余间平房的艰苦条件下，延安自然科学院在延安杜甫川开办起来，开启了中国共产党创办理工科高等教育的先河。一路从战火纷飞的革命圣地延安走来，"延安根、军工魂"的精神早已融入了我们北理工人的血液。此次来到延安，我重温了老一辈无产阶级革命家走过的路，短短七天的培训，让我热血沸腾，获益匪浅。

一、重温历史，坚定理想信念

在自然科学院旧址，我们认真重温北理工的辉煌校史，仿佛回到了建校时的峥嵘岁月；在延安革命纪念馆中，我们感受到了老一辈无产阶级革命家不畏艰险、不屈不挠的革命精神，一幅幅照片、一件件文物、一段段故事在我的心头打下了深刻的烙印；在王家坪、枣园、杨家岭、志丹县等革命旧址，我们体会到了我党在最艰难的时期仍不忘全心全意为人民服务的崇高境界；在梁家河、南泥湾，我们学习了自力更生、艰苦奋斗的延安精神；在宝塔山下，我们庄严宣誓，重温入党誓词，更加坚定了继承和发扬延安精神、为建设中国特色社会主义事业奋斗的理想信念。

培训伊始，我便开始思考，是什么支撑着老一辈革命家们在如此艰苦的环境下突破艰难险阻最终走向胜利？通过这几天的学习，心中逐渐有了答案，那便是理想信念，是心怀党国、心怀人民、心怀天下的理想信念。理想信念是我们共产党员的根本，志不立，天下无可成之事。习近平总书记曾强调，"只有理想信念坚定的人，才能始终不渝、百折不挠，不论风吹雨打，不怕千难万险，坚定不移为实现既定目标而奋斗。"

作为青年党员干部，我们同样应有自己的理想信念和初心。生活在21

世纪的我们，看到的是国家富强，社会和谐，烽火燃烧的时代早已成为历史。而越是在安逸的环境下，人的意志越容易消磨，特别是我们青年党员干部更应时刻提醒自己，如今的生活是老一辈革命家们用血肉筑成的，我们的理想信念不可动摇。而我们所坚持的理想信念无大小之别，它应贯穿于我们生活和工作的点点滴滴。在接下来的工作中，如何在我的工作岗位上发扬延安精神，传承"延安根、军工魂"的责任和使命，是我应该认真钻研并践行的。

二、坚定自信，立足本职工作

"四个自信"即坚定道路自信、理论自信、制度自信、文化自信，这是习近平新时代中国特色社会主义思想的重要内涵。现如今，随着互联网的飞速发展，世界各地之间思想文化的交流与碰撞更加频繁，我们不得不提防西方国家对我国进行的文化渗透。在此次培训过程中，我体会到了我们自信的根源。延安时期，我党与人民群众相濡以沫、休戚与共、鱼水情深，中国共产党从星星之火到带领全国人民走向民族复兴，这是历史的选择，是人民的选择。

习近平总书记在十九大报告中提出，要"加快一流大学和一流学科建设，实现高等教育内涵式发展""推进国际传播能力建设"。当中国日益走近世界舞台的中央、为构建人类命运共同体谋求更大贡献时，我们更要牢记在工作中坚定自信，绝不能拿起西方的尺子来测量我国的高等教育，更不能照搬西方的模式改建中国的大学，既不要仰视也不要俯视外来文化，而是以理性、积极的心态，去稳步推进高校的国际合作交流工作。

三、立德树人，不忘办学初心

延安十三年，中国共产党从基层出发，建立了与人民群众的血肉联系，"以人为本"是我党始终秉承的理念，对于高校来说，我们的使命便是立德树人。"双一流"建设的根本目标是培养社会主义合格建设者和可靠接班人，立德树人是高校一切工作的出发点和落脚点，是高校的"生命线"。作为一名从事高校国际化建设的工作者，我感受到了身上的双重责任，我们既要肩负起做社会主义建设者和接班人的历史使命，又要为学生提供更多提高其国际竞争力的机会,从而培养"拔尖创新人才",培养对社会发展有用的人,这也是我们北理工人所不能忘记的初心。

作　　者:张益川(国际交流合作处)
成稿时间:2018年8月

圆梦延安　回望初心　做时代新青年

此行之前，我在头脑中曾无数次描绘这片孕育了红色政权、滋养了伟大领导人的黄色土地的模样，但直到亲临革命圣地，才对"几回回梦里回延安，双手搂定宝塔山"的情怀有更深的认识。

在学校党委组织部的精心安排下，我有幸与各位领导、前辈和同事们一同感受延安、追随延安。穿上红军服，走一走当年革命的道路，听一听战争年代红军的故事，寻一寻共产党员的根，触一触一代代军工人的魂。倾听了总书记"苦其心志、劳其筋骨、饿其体肤、空乏其身"的历练故事，心灵一次次受到冲击和震撼，一次次得到洗礼和升华。一路上不间断的交流中，同行的同志们更是互抒情怀、互相启发、凝聚认识。此次能够有幸圆梦延安，令我此生难忘，感触颇多，受益匪浅。

站在自然科学院旧址，回望它的初心，是老一辈无产阶级革命家胸怀国家危亡和人民幸福，致力于培养科技干部、发展科技事业、支持边区经济建设。老院长徐特立最关心的就是为党和人民培养人才，在他的领导下，培养出一批杰出的无产阶级科学技术干部，为发展社会主义建设事业作出了卓越的贡献。

在新时代，传承了"延安根、军工魂"红色基因的北理工的初心也不曾改变，坚持社会主义办学方向，继承徐特立教育思想的精髓，秉承"德以明理、学以精工"的校训，培养"胸怀壮志、明德精工、创新包容、时代担当"的社会主义建设者和接班人。

在新时代为办好中国特色世界一流大学，学校一切的工作都是为了人才培养。人才培养的基础一个是打造政治素质过硬、业务能力精湛、育人水平高超的教师队伍，一个是开展瞄准国家重大战略需求的科学研究创新。谈起人才培养和科学研究的效益问题，教育部科技司的领导说了一个非常中肯的公式，那就是 a 加 b 等于10，a 和 b 是一位教师一年中分别在教学和科研工作投入的时间，a乘以b代表输出效益，通过数学公式推导就会发现：只有当且仅当a等于b都等于5的时候，教师输出的效益才会最大化。因此只有寻求教学精力和科研时间的完美平衡，才能够更好地服务学校人才培养工作。

我所工作的部门科研院，是一个为全校科技工作者服务的机构。延安精神的内涵就包括全心全意为人民服务的精神，习近平总书记曾说过，只要我们深深扎根人民、紧紧依靠人民，就可以获得无穷的力量。正如今年国家自然科学基金申报一样，通过主动服务、策划服务，我们搭建起了青年教师接受学校杰出专家申请书撰写指导的机制。通过该系列活动，青年教师获得了认同感和归属感，他们认为受到了学校组织的关心和爱护；同时校内专家也获得了荣誉感和使命感，专家们纷纷放下手中的繁忙工作，来为青年人指导，他们都表示必须要为学校尽自己的一份力，这是他们义不容辞的责任。我们科研院的使命就是通过不断的努力做好服务，成就更多的优秀教师，通过汇聚起大的科研团队，打造起大的科研平台，使教师们承担大的科研项目，获得更大的科研成果。

我所工作的岗位，是一个普通而又平凡的党政管理岗位，在生活成本很高的大都市北京，作为年轻人、丈夫和父亲，我也曾迷茫和彷徨过；但此次在梁家河大队我听到了习近平总书记七年知青岁月的故事，我的理想信念更加坚定，也充满了自信，那就是要继续踏踏实实地为广大科技工作者做好事、做实事。在学校的"双一流"建设工作中，作为基层岗位扎实地做好首问负责制，放眼全局，不局限于只看到某一工作中的一个点，要将科研工作同人才培养、队伍建设、国际化、财务经费管理等工作统筹协调起来，协同推进好、服务好教师们关心的各项工作。下一步将充分做好科研信息化建设、科研绩效评价综合改革等工作，将科研工作变成教师们爱做的事、高兴做的事，不断地扩大我的服务面向，提升我的服务质量，对此，我现在充满信心和期待。

这次红色之旅虽是阶段性学习，却是今后我砥砺前行的起点，在学校发展方针的指引下，我当奋力拼搏，锐意进取！

作　　者：包成刚（科学技术研究院）
成稿时间：2018年8月

传承红色基因　　践行延安精神

"清清延河水，抚育你茁壮成长。悠悠岁月长，磨炼你意志如钢……"一直以来，校史馆中一张张老照片印在脑海里：高高宝塔山，巍然耸立；清清延河水，源远流长。当我跟随为期一周的延安寻根和培训团到达陕北高原，双脚真切地踏上延安的土地时，才深切地感受到红色基因的强大；当看到杨家岭毛主席曾住过的窑洞时，才更加体会到延安精神的厚重。延安，中国革命的圣地。中共中央和毛泽东等老一辈无产阶级革命家在这里生活和战斗了十三个春秋，他们运筹帷幄，决胜千里，领导和指挥了抗日战争和解放战争，奠定了人民共和国的坚固基石，培育了永放光芒的"延安精神"，谱写了可歌可泣的伟大历史篇章。

延安精神薪火相传，中国共产党在这里创建了第一所理工科院校——北京理工大学，形成了独具一格的红色文化底蕴和革命精神气质。作为传承了红色基因的北理人，经过了延安寻根、培训后，对"延安根、军工魂"有了更加深切的认识，心中充满了满怀忠诚报国的激情；更加坚定了与祖国同行、科教兴国的家国情怀。活动归来，我有了以下几点心得体会：

传承延安精神，要弘扬延安"自力更生、艰苦奋斗"的创业精神。我们党是靠艰苦奋斗起家的，我们党和人民的事业，是靠艰苦奋斗不断发展壮大的。回顾党的历史，从在上海成立到井冈山斗争，从遵义会议到延安时期，从西柏坡到夺取全国政权，从新中国成立到改革开放新时期，我们的每一个成就、每一次胜利，都离不开艰苦奋斗。习近平总书记指出："自力更生、艰苦奋斗是我们共产党人的品质，是我们立党立国的根基，也是党员、干部立身立业的根基。"延安时期，我们党领导根据地军民在极其艰苦的条件下，开展了大生产运动，小米加步枪开展根据地建设，党员干部形成了自力更生、艰苦奋斗的工作作风，这是我们党的优良传统和政治本色，是凝聚党心民心、激励全党和全体人民为实现国家富强、民族振兴共同奋斗的强大精神力量,是一条极其宝贵的历史经验。而今,我们的生活物质基础跟延安时期发生了翻天覆地的变化,我们更要牢记习近平总书记的告诫,走得再远都不能忘记过去,丢掉传统。

传承延安精神,要弘扬延安"全心全意为人民服务"的精神。延安时期,毛泽东同志发表了"为人民服务"的著名演讲,他指出:"我们这个队伍完全是为着解放人民的,是彻底地为人民的利益工作的。"习近平总书记明确指出:"人民对美好生活的向往,就是我们的奋斗目标。"可见,我们党历来把为中国广大人民谋利益作为自己的根本宗旨。那时的陕甘宁边区政府,被誉为"民主的政治,廉洁的政府",中国共产党就是以对人民的无限忠诚赢得了人民的拥护和支持的。全心全意为人民服务是每一位共产党员的世界观、人生观、价值观的集中表达,是共产党员的光荣使命和崇高气节。党的十九大报告中明确指出,人民是历史的创造者,必须坚持以人民为中心。作为高校基层管理的一名党员,注重提升管理服务水平和综合素养,勤于学习、善于学习,服务学校人才培养核心任务,为学校"双一流"发展助力。

传承延安精神,要弘扬延安"理论联系实际、不断开拓创新"的精神。毛泽东同志的许多重要著作,如《中国革命战争的战略问题》《实践论》《矛盾论》《论持久战》《新民主主义论》《论联合政府》等,都是在延安时期完成的。延安精神之开拓创新,在全国人民全面建成小康社会的伟大历史时期,不但不能妄自菲薄束之高阁,反而要加倍珍惜大力弘扬。

毛泽东思想同样是在延安时期逐步成熟并正式写到了党的旗帜上。可以说,没有开拓创新,既不会有延安精神,也不会有毛泽东思想。创新是民族进步的灵魂,是一个国家兴旺发达的不竭源泉,也是中华民族最深沉的民族禀赋。正所谓"苟日新,日日新,又日新",今天我们在新形势下弘扬延安精神,仍然要坚持与时俱进、开拓创新。

传承延安精神,要弘扬延安"解放思想、实事求是"的思想路线。"实事求是"用来概括我们党的思想路线,是在延安时期。实践表明,只有解放思想,才能达到实事求是;只有实事求是,才是真正的解放思想。毛泽东同志提出实事求是,邓小平同志提出解放思想、实事求是,江泽民同志提出解放思想、实事求是、与时俱进。习近平总书记指出:"实事求是,是马克思主义的基本观点，是中国共产党人认识世界、改造世界的根本要求，是我们党的基本思想方法、工作方法、领导方法。"他回忆在梁家河下乡的七年时说，最大的一个收获就是懂得了什么叫实际，什么叫实事求是，什么叫群众。实践证明，无论在革命、建设时期，还是在改革开放时期，只要把马克思主义基本原理同中国具体实际和时代特征相结合，我们就能实现马克思主义中国化的新飞跃。我们的事业能取得成功，就是靠一切从实际出发，实事求是，与时俱进，坚持问题导向和实践观点，这些形成了习近平新时代中国特色社会主义思想。

为期一周的延安学习生活，从宝塔山到杨家岭、从梁家河到南泥湾，让我深切感受到了老一辈革命家当年革命和创业的艰辛。学习是最好的传承，传承老一辈北理人的红色基因，不忘初心、牢记使命，珍惜当下，以强烈的责任感使命感，在"双一流"建设中承担起自己的历史责任。传承红色基因，在革命传统中汲取力量；践行延安精神，从红色基因里感悟崇高。

作　　者：鄂　嵋（机械与车辆学院）

成稿时间：2018年8月

追根溯源 牢记使命 凝心聚力 再创辉煌

作为一名学校青年干部,我很荣幸参加了由学校党委组织部举办的"北京理工大学学习贯彻习近平新时代中国特色社会主义思想和党的十九大精神培训班"。在一周的学习培训中,学校党委组织部和延安大学泽东干部学院精心组织、周密安排,使得培训内容丰富充实,培训形式新颖多样。不仅在课堂教学中听取了"党中央在延安十三年""延安精神及其新时代价值"等专题报告,也实地参观了我校旧址——自然科学院、延安革命纪念馆、知青旧居——梁家河大队、枣园革命旧址、杨家岭革命旧址等,并在现场教学中学习到了"知青情·知青理·知青魂""大生产运动与南泥湾精神"等精彩内容;既有分组讨论中各抒己见地表达自己的学习心得,也有结业仪式上各组代表深刻而又感人的总结分享。总之,此次延安之行使我亲身目睹和切身感悟到了延安精神的伟大力量,让我受益匪浅,收获颇丰,进一步激发了我的爱国热情,增强了党性修养,更加坚定了理想信念。现将我的培训心得体会总结如下:

一、坚定信念,不忘初心

党中央在延安十三年,中国共产党之所以能由小到大、中国革命力量由弱到强、中国革命事业从挫折到胜利,就是因为毛主席等老一辈无产阶级革命家有着坚定的共产主义信念和全心全意为人民服务的初心。在梁家河的七年知青岁月中,习近平总书记曾经8次递交入团申请书、10次递交入党申请书,终于被组织批准入团、入党,还被推选为大队党支部书记,他把为祖国、为人民奉献的信念更加努力地融入实际行动之中。正如他所说:"人生的道路要靠自己来选择,如何选择一条正确的道路,关键是要有坚定的理想信念。否则,环境再好照样会走错路。"在他的带领下,村里有了第一口知青井,有了第一口沼气池,农民的日子变得红红火火,一片生机。作为一名共产党员，应该认真学习和发扬中国共产党的优良传统和作风，始终牢固树立政治意识、大局意识、核心意识、看齐意识，树立正确的世界观、人生观、价值观。在日常工作中，我们要认真学习贯彻习近平新时代中国特色社会主义思想和党的十九大精神，落实学校第十四次党代会精神，在思想上、政治上和行动上坚决同以习近平同志为核心的党中央保持高度一致，切实做一名爱岗敬业、作风正派、遵纪守法的人民教师。

二、勇于担当，甘于奉献

在延安重温白求恩的生平事迹，再次被这位国际友人不为名、不为利、无私奉献的国际主义精神而深深感动。他不远万里从异国他乡赶到抗战第一线，在生命的最后一刻还在为拯救病人而紧张忙碌着。他为我党的医疗事业和抗日战争作出了巨大的贡献，他的坚韧、勇敢、精益求精的精神值得我们认真学习。作为青年干部，在任何工作岗位上都必须具备勇于担当和甘于奉献的精神，特别是我所在的办公室系统这样一个起到承上启下、沟通协调的重要岗位。我始终提醒自己做任何一项工作就要力求做到最好，脚踏实地，兢兢业业，履职尽责，力争优秀，尽自己最大的努力，为身在一线的科研工作者做好服务工作，为学校"双一流"建设贡献自己的力量。

三、加强学习，提升能力

在抗战的艰苦岁月中，毛主席在延安写下了《实践论》《矛盾论》《论持久战》等著作。在梁家河期间，习近平总书记除了下地干活，就抽出时间读书看报，并且学以致用，为人民群众解决了实际问题。不管条件有多艰苦，革命先辈们仍不忘学习。如今，我们更应该树立终身学习理念，注重理论联系实际，提高自身素养。习近平总书记在全国组织工作会议上的讲话指出，"成长为一个好干部，一靠自身努力，二靠组织培养。"从干部自身来讲，个人必须努力，这是干部成长的内因，也是决定性因素。作为一名青年干部，就必须通过加强学习来不断提升自身能力，努力做一名政治上靠得住、工作上有本事、作风上过得硬、人民群众信得过的好干部。

参加此次培训，不仅使我收获了丰富的知识，接受了延安精神熏陶，更重要的是收获了真挚的友谊，认识了学校各个岗位上的优秀教师。衷心希望能够和各位老师一道,为我校建设中国特色世界一流理工大学而不懈奋斗,为实现中华民族伟大复兴作出更大的贡献!

　　　　作　　者:张　鹏(先进结构技术研究院)
　　　　成稿时间:2018年8月

延安精神永不忘　北理军工魂飞绕

延安，祖国西北边陲一个地方的名字，因一段历史，成为无数共产党人永远铭记的精神故园，成为新中国诞生的摇篮。延安是共产党人和中华民族的精神家园，是一笔宝贵的精神财富。七月流火，赤日炎炎，我跟随着北理工延安培训班，来到了这片黄土地。在这里，我仿佛看到了先贤们上下求索的身影，仿佛闻到了那曾经的血雨腥风，也仿佛听到了优美的陕北小调。在这里，我们一起重温红色记忆，学习延安精神，传承红色基因，弘扬"北理梦"。

一、传承延安精神，弘扬北理军工魂

几天的学习参观，令人震撼，也让人难以忘怀：穿过窑洞，真切地领悟到了毛泽东等老一辈革命家坚若磐石、终生不渝的理想信仰；聆听现场教学，深深地感受了白求恩、张思德等一批普通共产党员立志为人民服务的永恒信念；走进烈士陵园，为王若飞、叶挺等革命烈士的牺牲精神而敬佩；在梁家河的小山坡上，学习近平总书记不忘初心的信念、爱民亲民的情怀、吃苦耐劳的品质、迎难而上的担当。我深刻地认识到，延安精神是一种艰苦奋斗、实事求是、为人民服务的精神，是一种对革命信念和共产主义事业的追求。

北京理工大学是一所流淌着红色血脉的学校。在延安，亲眼看到了1940年诞生的"自然科学院"遗址，仿佛看到了一代代北理人前赴后继、矢志创新，为国防科技和现代化建设贡献力量的身影。军工魂，是我们对延安精神的传承，我们为之自豪并要坚定不移地践行和发扬。

二、逐梦延安，追寻真理

走进中国革命圣地延安，通过形式多样的学习培训，"解放思想，事实求是"的延安精神已根植在我们的内心。曾经在延安时期，中国共产党掌握并运用这一真理，发展壮大，扭转乾坤，带领中国革命走向胜利。

我们工作中，尤其要学习和发扬这种不断探索追寻真理的精神，为真理而奋斗。学以精工，治学严谨，就是我校坚持追求真理的真实写照。实现以掌握精深学术造福人类的理想，是我们在新的历史时期共同努力的方向。

三、牢记使命，砥砺前行

在延安，我们清晰地看到中国共产党的"初心"，也更加明确了我们肩负的"使命"。十九大报告指出："建设教育强国是中华民族伟大复兴的基础工程，必须把教育事业放在优先位置，深化教育改革，加快教育现代化，办好人民满意的教育。要全面贯彻党的教育方针，落实立德树人根本任务，发展素质教育，推进教育公平，培养德智体美全面发展的社会主义建设者和接班人。"对具有特色军工学科的北理工而言，我们要牢记使命和责任，坚持立德树人，围绕国家和地方经济社会发展，把习近平新时代中国特色社会主义思想贯穿到人才培养、科学研究、文化传承与创新、国际交流合作等办学治校实践中，推动学校内涵式发展。

全心全意为人民服务是延安精神的核心。曾在延安召开的七大，把"为人民服务"五个字写入党章。现如今，习近平总书记在党的十九大报告中同样指出，"必须坚持人民主体的地位，坚持立党为公、执政为民，践行全心全意为人民服务的根本宗旨"。

我们要立足现实，把"延安精神"带回本职岗位。在工作中继承发扬坚定正确的政治方向，解放思想、实事求是的思想路线，全心全意为人民服务的根本宗旨。"双一流"大学建设是我们新时期的新机会、新目标，是艰巨的任务，更是落实到我们每个人日常工作的责任，我们每一分子都应当是建设北理工的中坚力量，我们每个人都各司其职、互相配合。财务工作也要紧紧围绕学校"双一流"建设，为之提供更好的服务保障；同时，我们要牢固树立以师生为中心的服务意识，认真履行管理育人和环境育人的重要职能。这次红色之旅虽是阶段性学习，却是今后我们砥砺前行的起点，在学校发展政策方针的指引下，我们当奋力拼搏，锐意进取，勇往直前。

作　　者：李宜臻（财务处）

成稿时间：2018年8月

践行延安精神　　做合格北理人

初识北理工,即被北理人低调内敛、踏实努力的精神所感动,而本次到北理工的诞生地——延安进行为期一周的深入学习,使我对学校红色文化基因有了更加深刻的认识。"到延安去!"在当时作为青年的心灵呼唤、强烈愿望和豪迈行动,曾激励了无数进步青年和人士勇于投身革命洪流之中,他们宣誓"打断骨头还有肉,割掉皮肉还有筋,只要还有一口气,爬也爬到延安去";在今天同样吸引了社会各界人士的参观学习,"延安根、军工魂"更是每一位北理人孜孜以求的信念。

本次研修从延安自然科学研究院、延安革命纪念馆、王家坪、梁家河、吴起胜利山——红军长征胜利纪念馆、志丹陵园、枣园、知青馆、南泥湾、宝塔山、杨家岭等旧址一路走来,一张张老照片向我们讲述着延安故事,一个个老物件让人唏嘘不已。当时的延安自然条件非常恶劣,物质条件异常艰苦,党中央和毛主席正是在这样的环境下领导、指挥了抗日战争和解放战争,为夺取全国政权、建立新中国奠定了坚实的基石,谱写了可歌可泣的历史篇章。在参观学习的过程中,我渐渐明白了延安精神的意义,明白了北理人身上肩负着的使命感与责任感源于何方。

延安精神,就是坚定正确的政治方向。习近平总书记反复强调,理想信念是共产党人的精神之髓,我们必须加强思想政治建设,坚定正确的政治方向。伟大的延安精神始终是凝聚人心、战胜困难、开拓前进的强大精神力量,要保持延安时期的忘我精神、昂扬斗志,为建设中国特色社会主义、实现"中国梦"不懈奋斗。

延安精神,就是解放思想、实事求是的群众路线。延安时期我们党坚持一切从实际出发,理论联系实际,把马克思主义基本原理同中国具体实际相结合,努力探索适合中国国情的革命和建设发展道路。毛主席曾说过,只有人民才是历史创造者,我们党的一切奋斗牺牲,都是为了人民,只有依靠人民才能赢得胜利，中国共产党在延安时期赢得的辉煌成就，就是依靠人民，为人民谋利益的结果。

延安精神，就是全心全意为人民服务的精神。全心全意为人民服务就是始终坚持人民利益高于一切，一切从人民的根本利益出发。毛泽东在《纪念白求恩》中指出，"白求恩同志毫不利己专门利人的精神，表现在他对工作的极端的负责任，对同志对人民的极端的热情"，号召我们学习白求恩毫不利己专门利人的精神，做一个有益于人民的人；在悼念张思德时毛主席发表了"为人民服务"的演讲，高度赞扬了张思德完全、彻底为人民服务的思想境界和革命精神。

延安精神，就是自力更生、艰苦奋斗的创业精神。我们党是靠艰苦奋斗起家的，我们党和人民的事业是靠艰苦奋斗不断发展壮大的。毛泽东主席虽然日理万机，还在杨家岭的山脚下耕种了一块地；周恩来总理被评为纺线能手；三五九旅的革命将士"背枪上战场，锄禾斗田庄"，把人迹罕至的南泥湾变成陕北的好江南；习近平总书记在梁家河过"跳蚤关、饮食关、生活关、劳动关、思想关"……

延安精神是中国共产党创造的伟大革命精神，激励着我们不忘初心、牢记使命、永远奋斗。本次研修让我们接受了延安精神的思想洗礼，进一步认识到了学习的重要性和迫切性。作为青年一代的我们，要努力学习，不断提高自身素质和能力；强化全局意识和责任意识，在工作中勇于承担；开拓进取，以创新的思维应对竞争和挑战。作为一名合格的北理人，在今后的工作中更要努力践行延安精神，坚定理想信念，学习徐特立老校长"实事求是 不自以为是"的思想作风，继承和发扬艰苦奋斗的创业精神，将全心全意为人民服务作为行为指导，在自己的工作岗位上努力奋斗，为学校"双一流"建设贡献自己的一份力量。

作　　者：杜　娟（人事处）
成稿时间：2018年8月

传承红色血脉，不负光荣使命

7月15日至21日，我有幸参加了北京理工大学学习贯彻习近平新时代中国特色社会主义思想和党的十九大精神培训班，在为期七天的学习实践中，重温历史、坚定信仰、深刻领悟，经历了一次精神的震撼、思想的升华、灵魂的洗礼。

培训期间，参观走访了红军长征胜利地吴起、延安革命纪念馆及保安、杨家岭、枣园、王家坪等革命旧址，沿着中国共产党在延安时期的转战路线，回溯毛泽东等老一辈无产阶级革命家指挥和领导中华民族取得抗日战争、解放战争的光辉历程，在历史与现实的穿梭中，深刻理解"延安精神"的孕育发展及新时代价值。来到延安自然科学院旧址，回顾我校在延安艰苦时期的创办历程及重要意义，追忆徐特立、李富春等老院长先进的教育思想与办学理念，领悟北理工人深植内心的"延安根、军工魂"的丰富内涵。

此外，多次接受党史教育教学活动，从"党中央在延安十三年"到"延安精神及其新时代价值"，全面温习历史，收获新知。在南泥湾，参加"大生产运动与南泥湾精神"现场主题教学，感悟延安军民的铮铮铁骨和自力更生、艰苦奋斗的精神。在宝塔山，参加"重温入党誓词"主题教育活动，在党旗感召下坚定为共产主义奋斗终身的决心与信念。在枣园，更加有幸聆听了延安干部学院冯建玫教授讲授《白求恩与白求恩精神》，引发了我对理想信仰、人生价值、敬业精神和职业操守等问题的深刻感悟和思考。

实践教育活动使我对延安及延安精神有了更加饱满与鲜活的理解，书本上枯燥单一的文字变成了生动立体的画面，我仿佛回到了那个苦难深重的中国，看到了燎原之势的信仰之光，听到了一个民族崛起前的怒吼。今天，以习近平同志为核心的党中央正在带领全国人民努力建成小康社会，实现新的"中国梦"，在这样一个重要的历史时刻，延安精神依旧放射着时代的光芒，引领着广大人民群众前进的步伐。在此，我深刻思考未来努力的三个方面：

一、坚定信念、坚守理想,坚持正确的政治方向

习近平总书记反复强调,理想信念是共产党人的精神之髓,我们必须加强思想政治建设,解决世界观、人生观、价值观这个总开关的问题。作为党员要认真学习领悟延安精神,认真吸收党在延安时期取得的宝贵经验。要深入学习马克思列宁主义、毛泽东思想、中国特色社会主义理论体系,突出学好习近平总书记系列重要讲话,切实打牢理想信念的理论根基,保持对远大理想和奋斗目标的清醒认知和执着追求,自觉做共产主义远大理想和中国特色社会主义共同理想的坚定信仰者、忠实实践者,为推进实现"中国梦"的伟大事业而奋斗。

二、艰苦奋斗、实事求是,传承延安精神的时代价值

坚持实事求是的思想路线,从延安精神中汲取追求真理的力量,努力成为求真务实、勇于创新的模范。履行好使命责任,牢记使命、奋发有为;履行好岗位职责,兢兢业业、勤勤恳恳;履行好担当责任,敢于迎难而上、攻坚克难。保持艰苦奋斗的政治本色,从延安精神中汲取矢志奋斗的力量,努力成为永不懈怠、廉洁自律、勤奋工作的模范。坚持谦虚谨慎,增强忧患意识,牢固树立和坚持马克思主义的世界观、人生观和价值观,锤炼坚忍不拔的毅力和抗拒诱惑的意志,真正为培养人才、探索真理、繁荣科学而努力拼搏。

三、不忘初心、育人为本,推进世界一流大学建设

本着"坚持以人才培养为中心,为一流大学提供一流服务"的宗旨,将"服务育人"作为初心与根本,推进管理向服务转型,结合自身工作,以满足学生需求为导向,以再造流程为手段,以追求实效为目标,促进学生服务向常态化、规范化、专业化发展。建立学生与学校的情感联系,通过良好的服务体验增进学生的归属感与自豪感,通过提供实践岗位,使学生参与学校主体工作,发挥主人翁意识与作用,培养学生知校、荣校、爱校情感,构建高水平人才培养体系,培养具有"胸怀壮志,明德精工,创新包容,时代担当"的领军领导人才,瞄准世界一流大学,努力建设具有中国特色的一流理工科大学。

作　者:刘　娜(学生事务中心)

成稿时间:2018年8月

以新担当、新作为助力学校"双一流"建设

2018年7月9日至14日，在学校党委的统一部署和组织部的具体安排下，我有幸参加了学校中层领导人员学习贯彻习近平新时代中国特色社会主义思想和党的十九大精神培训班。通过一周课堂加现场实地的系统学习培训，我进一步全面了解了党紧紧依靠和带领人民推动中华民族伟大复兴的光辉历程，进一步深刻领会了"坚定信念、求真务实、一心为民、清正廉洁、艰苦奋斗、争创一流、无私奉献"的伟大苏区精神，进一步牢固铭记了北理工"延安根、军工魂"的红色基因和精神内涵，进一步自觉坚定了扎根中国大地建设世界一流大学、办学人民满意高等教育的时代责任和神圣使命。

一、从历史中找初心，以人民为中心的价值追求得到再提升

习近平总书记说："一切向前走，都不能忘记走过的路；走得再远、走到再光辉的未来，也不能忘记走过的过去，不能忘记为什么出发。"本次学习培训的地点瑞金是"红色故都"、共和国摇篮、中央红军长征出发地，是中国第一个红色政权——中华苏维埃共和国临时中央政府的诞生地，是第二次国内革命战争时期中央革命根据地的中心，在中国革命史和党的发展史上具有十分重要的意义。这次培训通过专题教学、体验教学、现场教学、红舞台教学等形式多样的有效模式，让我们全面回顾了党的历史，更让我们从中获得了开拓未来的信心和力量。

1931年11月7日至20日，第一次全国苏维埃代表大会在瑞金叶坪召开，向世界庄严宣告中华苏维埃共和国临时中央政府正式成立，毛泽东当选为临时中央政府主席，通过了中华苏维埃共和国宪法大纲等决议案，我们党领导的红色政权正式以国家形态出现；1934年1月，第二次全国苏维埃代表大会在瑞金沙洲坝召开，通过了修改后的宪法大纲等决议案和关于国旗、国徽、军旗以及确定8月1日为建军节等决定，党领导下的国家治理体系进一步完善。当

年仅24万人口的瑞金,共有11万人参军参战,5万多人为革命捐躯;杨荣显老人的8个儿子全部加入革命队伍无一生还,75双草鞋、75年的等待、用一生守望的115岁的陈发姑被誉为"共和国第一军嫂";从1932年至1934年,瑞金人民为支持苏区建设和支援红军北上抗日战略转移,认购了68万元的公债,借出25万担谷子,其中41.5万元公债和捐集的所有粮食无私奉献给了苏维埃政府,长征时存在苏维埃国家银行2600万银元的存款一并用于支持革命……这一个个由数字串起来的感人故事深深震撼着每一个学员的思想和心灵。

再次回顾党的历史,也充分昭示了共产党人的初心和使命,那就是党的根基在人民、党的力量在人民,坚持以人民为中心推进中国特色社会主义伟大事业,是马克思主义唯物史观的内在要求,是中国特色社会主义的根本特征和动力所在。习近平总书记在党的十九大报告中,把坚持以人民为中心作为新时代坚持和发展中国特色社会主义的重要内容,作为习近平新时代中国特色社会主义思想的基本方略之一,强调中国共产党人的初心和使命就是为中国人民谋幸福、为中华民族谋复兴,充分彰显了我们党根本的价值追求和责任担当,为推进新时代中国特色社会主义建设提供了价值遵循,也为我们立足本职岗位、扎实做好各项工作提供了行动指南。

二、从时代中找使命,习近平新时代中国特色社会主义思想和党的十九大精神的领会得到再深化

明镜所以照形,古事所以知今,回顾历史是为了更好地把握时代、开创未来。当前,全党最重要的政治任务就是深入学习贯彻落实习近平新时代中国特色社会主义思想和党的十九大精神。本次学习培训中,瑞金干部学院院长曾繁中为全体学员做了"学习习近平新时代中国特色社会主义思想和品格"的专题教学,从习近平新时代中国特色社会主义思想的历史方位、基本内容、方略和品格几个方面,带领学员们进行了深入学习。在前期学习基础上,通过此次更加集中系统的再学习、再梳理,我对党的十九大精神在思想理解上有了进一步深化。一是政治站位进一步提高。更加坚定地维护以习近平同志为核心的党中央权威和集中统一领导,更加牢固地树立"四个意识",能够主动自觉用习近平新时代中国特色社会主义思想武装头脑,不断提高政治觉悟和政治定力,能够从思想上、行动上时时处处对党绝对忠诚。

二是理想信念更加坚定。更加深刻地认知到中国特色社会主义事业取得的全方位、开创性成就和深层次、根本性变革，更加深刻地认知到中国特色社会主义的政治优势和制度优势，进一步增强了中国特色社会主义道路自信、理论自信、制度自信和文化自信。三是工作实践更有遵循。更加自觉对标、对接党的十九大报告，从报告中找使命、找任务、找目标，深刻学习领会习近平总书记对高等教育发展做出的重要讲话和批示精神，从中找方向、找思路、找举措，不断改进工作，努力提高工作水平和能力。

我深刻领会到，学习贯彻落实习近平新时代中国特色社会主义思想和党的十九大精神是一项长期任务，必须贯穿到自己工作学习的始终，融入工作学习的方方面面，不断在"深学"上下功夫、在"真懂"上细琢磨、在"弄通"上谋思路、在"实做"上勇担当，以实实在在的工作成效将党的十九大精神落到实处。

三、从本职中找责任，扎根中国大地建设世界一流大学的意识得到再加强

党的十九大报告强调，建设教育强国是中华民族伟大复兴的基础工程，必须把教育事业放在优先位置，加快教育现代化，对高等教育提出了"加快一流大学和一流学科建设，实现高等教育内涵式发展"的要求，这是新时代党和人民赋予北理工的使命。北京理工大学自诞生之日起即肩负军工报党、报国的责任与使命，"党的事业就是我们的奋斗方向"是一代代北理工人的情感共鸣和动力源泉，更形成了与延安精神与苏区精神一脉相承的"延安根、军工魂"的红色基因和精神文化，积淀了滋养和鼓舞新一代北理工人的强大精神力量。

当前，学校最重要的发展任务是加快推进学校"双一流"建设。学校党委从学科建设、队伍建设、科研能力、国际合作等方面认真梳理，以目标为导向，制定了一系列具体方案，着力通过"5+3"学科群的建设带动学校整体发展，努力构筑世界一流学科、重构人才培养体系、打造创新发展新动能、汇聚高端人才构建大团队、拓展全球交流合作，明确了"双一流"建设的目标、任务和举措，描绘了一幅面向未来的北理蓝图。

我作为一名基层学院的行政管理人员，要牢固树立"四个意识"，坚持

用习近平新时代中国特色社会主义思想武装头脑、指导实践、推动工作，坚决贯彻落实学校党委的各项决策部署，紧紧围绕学校"双一流"建设的目标任务，强化落实意识，将延安精神、苏区精神的内涵实质转化为自己的日常工作学习的准则和动力，不断提升政治修养、丰富理论知识、提升个人能力，牢牢把握服务学校发展、服务师生员工的工作定位，不断解放思想、创新管理模式，争做我党信念的信仰者、传播者和践行者，以德立身、以德立学、以德施教，争做"四有"好老师，做学生锤炼品格、学习知识、创新思维、奉献祖国的引路人，在激扬青春、奉献学校建设发展的进程中书写无愧于时代的篇章。

作　　者：关　宏（管理与经济学院）

成稿时间：2018年8月

新思想引领新时代，新征程展现新作为

2018年7月9日，学校中层领导人员学习贯彻习近平新时代中国特色社会主义思想和党的十九大精神培训班奔赴"红色故都、共和国摇篮"——江西瑞金。作为培训班的一员，在一周的学习中，我和班级同学们一起通过参与专题教学、主题教学、现场教学等多种形式课程的学习，重温了中央苏区的宝贵历史，享受了一次精神的洗礼。

瑞金是闻名中外的红色故都、共和国摇篮，中央红军长征出发地，是苏区时期党中央驻地、苏维埃中央政府诞生地，以及毛泽东思想的主要形成地和苏区精神、党的三大优良作风的主要发源地。20世纪20年代末到30年代初，毛泽东、朱德等老一辈无产阶级革命家，在以瑞金为中心的赣南、闽西大地上，开辟了中央革命根据地。1931年11月7日，中华苏维埃共和国中央政府在瑞金叶坪宣告成立，瑞金成为"赤色的首都"和全国苏区的政治、军事、文化中心。从1929年2月开辟以瑞金为中心的中央革命根据地，到1934年10月红军离开瑞金长征，以瑞金为中心的中央苏区，一共存续了五年零八个月，党史专家以"上海建党，开天辟地；南昌建军，惊天动地；瑞金建政，翻天覆地；北京建国，改天换地"精辟概括了瑞金在中国革命史和中央党史上的重要地位。

在这一周的时间里，我们开展了"中央苏区与苏区精神""学习习近平新时代中国特色社会主义思想和品格"的专题教学，前往了中革军委、总动员武装部、中共中央政治局、"一苏大"会址等旧址，在红军村——华屋聆听17位青年红军的故事，在红军烈士纪念塔前瞻仰烈士、敬献花圈。在革命红井，我们体会到老一辈无产阶级革命家与人民群众的鱼水情深；在中华苏维埃共和国临时中央政府办公地，我们感受到了革命优良传统的坚忍不拔；在革命烈士纪念塔，我们领悟到了我们身上的历史使命和责任担当！

通过这一周的体验学习，我的思想有了更进一步的提升，对于工作也有了更进一步的理解和思考。对于站在新的历史方位，作为一名教育工作者如何深刻把握习近平总书记思想精髓，适应新时代人才培养工作要求，深入贯彻落实习近平总书记系列先进思想和十九大各项工作要求，推动学校"双一流"建设，我认为可以从以下三个方面着力。

一、理论武装头脑，切实提高政治站位

党的十九大、全国高校思想政治工作会议的召开，把高校落实立德树人根本任务、提升人才培养能力，提高到一个前所未有的政治高度和战略地位。学深悟透习近平新时代中国特色社会主义思想和党的十九大精神，使之成为新形势下应对新挑战的强大理论武器。只有提升自身政治站位，深刻领悟总书记对世情国情党情的准确判断，对社会主义办学规律、教书育人规律、学生成长规律的科学把握，才能为我们当前工作的开展指明前进方向。

二、把握工作规律，构建思政教育新格局

习近平总书记在全国高校思想政治工作会议中指出，做好高校思想政治工作，要因事而化、因时而进、因势而新。多样化社会思潮的影响，市场逐利性的价值导向，网络新媒体的兴起，敌对势力的渗透，给高校思政工作带来新的挑战，需要我们遵循思想政治工作规律、教书育人规律和学生成长规律，提升工作水平，健全工作机制，构建思政教育新格局。这次瑞金的现场教学让我感触颇深，情景式教学、体验式教学应该更多地被运用于我们的大学生思想政治教育工作中，让老一辈的革命思想、新时代的复兴理想内化于心，外化于行。

三、顺应时代需求，树立人才培养新观念

习近平总书记提出了"培养担当民族复兴大任的时代新人"的新要求。这一重要思想观点，深刻回答了党在新时代"培养什么样的人、如何培养人、为谁培养人"等根本问题，为新时代中国特色社会主义的人才培养指明了方向。树立新时代的人才培养观，应当瞄准国家战略需求，结合我校红色历史沿革和深厚军工背景，传承"延安根、军工魂"精神，聚焦培养"胸怀壮志、明德精工、创新包容、时代担当"的领军领导人才。

新思想引领新时代,新征程展现新作为。在当前和今后一个时期里,要让习近平新时代中国特色社会主义思想和党的十九大精神成为我们开展工作的总指引,提高自身要求,达到新站位、构建新格局、树立新观念,为新时代高等教育事业发展添砖加瓦,为学校"双一流"建设奋勇前行!

作　　者:方　蕾(宇航学院)

成稿时间:2018年8月

走进苏区,领会苏区精神

2018年7月9日至14日整整一周的培训,看革命遗址、走苏区小路、听现场讲解、唱红军歌曲,使我的心灵强烈地受到一次理想信念、革命意志、责任担当的洗礼与震撼,收获了丰富的精神食粮;眼见为实,感受到了当年党的群众路线,感受到了一心为民、求真务实,感受到了当年党员干部的清正廉洁、艰苦奋斗,真正又一次深刻地领会苏区精神的时代价值,让我终身受益。

首先,在心灵上的洗礼:7月10日在开班仪式上,陈上海(瑞金干部学院客座教授)给我们讲解"中央苏区与苏区精神"专题教学。然后中央革命军事委员会旧址、中共中央政治局旧址、苏区中央机关旧址的现场教学,红军村——华屋的现场教学,叶坪革命旧址、红军烈士纪念塔的现场教学,沙洲坝革命旧址、古田会议旧址的现场教学,都让我印象深刻,深受启发。八十多年前,在位于闽赣边界的瑞金、兴国、上杭等地,毛泽东、朱德等我党我军创始先驱带领红军和人民群众建立了瑞金革命根据地和苏维埃政府。苏区的五年多时间,红军经历了大大小小战斗数百次,粉碎了国民党反动派四次大规模围剿,第五次反围剿由于受到左倾路线的严重干扰,使红军遭受灭顶之灾,被迫撤离苏区进行战略转移,年轻的苏维埃政府被扼杀在摇篮中。再次深刻学习了"上海建党,开天辟地;南昌建军,惊天动地;瑞金建政,翻天覆地;北京建国,改天换地"的历史过程,感受到了瑞金这一红色故都、共和国的摇篮,在中国革命史和中共党史上的重要地位。从大柏地战斗初胜到夺取大城市漳州,从杨显荣老人送八子参军到陈发姑守望红军丈夫整整75年成为共和国第一军嫂等,从历史的原物展示到情景舞台剧的再现,感受到了那片用烈士鲜血染红的土地,那一个个激战的场景、一幅幅感人的画面,使我的眼眶一次又一次湿润。革命先辈之所以能够冒着枪林弹雨一往无前,就是因为始终有个坚定的信念,为了劳苦大众翻身解放进行土地革命,为劳苦大众着想，真正代表中国人民的最核心利益。在这次回顾峥嵘岁月后，感受到在那么艰苦的岁月里，革命先辈们顽强拼搏，这种精神永远激励我，使我不断清除心中杂念，扫除身上灰尘，心无旁骛聚力创新、努力工作，做到为人民服务。党和红军在苏区五年多的艰苦卓绝斗争中形成的"坚定信念、求真务实、一心为民、清正廉洁、艰苦奋斗、争创一流、无私奉献"的苏区精神，不仅激励着苏区军民为夺取革命胜利而英勇奋斗，也激励着全国各地的革命武装力量和劳苦大众团结在党的周围，为党的崇高事业甘愿奉献牺牲。伟大的苏区精神与井冈山精神、长征精神、西柏坡精神等一样，都是革命战争年代我党我军和人民群众百折不挠、不懈奋斗铸就的精神财富。

然后，启迪了我以后的工作思路：从井冈山斗争到苏维埃临时中央政府成立、从千余人队伍发展到十万大军、从四次反围剿胜利到第五次反围剿失败，在艰苦残酷的斗争中、在胜利的喜悦和失败的教训反思总结中，我党我军根据中国的国情，不循规蹈矩，实事求是，因地制宜，探索出了开创工农武装割据、农村包围城市的革命道路，成为夺取土地革命胜利的指路明灯，这是用无数先烈的鲜血和生命换来的成功经验。在红军长征、北上抗战时期，牺牲了多少苏区参军的红军将士。这些历史使我深切体会到，找到一条正确的道路并沿着这条道路坚定前进是多么的艰难，要付出多少的努力，经历多少次失败。改革开放以来，我党在总结前三十年中国社会主义革命、建设的经验教训基础上，确立党在社会主义初级阶段的基本路线，创立了中国特色社会主义理论体系，开辟了中国特色社会主义道路，正在朝着实现中华民族伟大复兴的宏伟目标阔步前进。开辟中国特色社会主义道路，坚持中国特色社会主义理论自信、道路自信、制度自信和文化自信，必须坚持创新、协调、绿色、开放、共享的新发展理念。真正深刻理解了习近平总书记总结的苏区精神：坚定信念、求真务实、一心为民、清正廉洁、艰苦奋斗、争创一流、无私奉献。这成为我以后工作和学习的座右铭。结合当前习近平总书记十九大报告，一方面让我感受到了加强党性、党风、党纪的教育的必要性；另一方面，感受到实事求是、科学发展观的必要性，感受到工作开展要紧密围绕老师们的根本利益和学校的核心利益，走好群众路线，实现为人民服务的根本目的。

总之，经过一周的走进苏区培训，结合十九大报告的学习，从历史到当前的前后贯通思考,进一步加强了我全心全意为人民服务的意识。干好自己本职工作,不忘初心,牢记使命,以实现中华民族伟大复兴强国梦为根本目标,以"四个全面"为战略布局,以创新驱动发展的理念为导向,进行伟大斗争、建设伟大工程、推进伟大事业、实现伟大梦想,牢固树立"四个意识",结合工作实际开创性地工作,努力当好新时代全国改革开放排头兵、创新发展先行者,为新时代中国特色社会主义事业,为学校的"双一流"建设,一流学科的发展作出自己应有的贡献。

作　　者:张加涛(材料学院)

成稿时间:2018年8月

Part 02

苏区炼真心

追根溯源、不忘初心，切实做好本职工作

2018年7月9日至14日，在学校组织部的组织安排下，我前往红色故都——瑞金参加了为期一周的"学习贯彻习近平新时代中国特色社会主义思想和党的十九大精神培训班"。在瑞金干部学院的安排下，通过讲座与现场教学等环节，我系统学习了我党领导下的红军在闽赣山区的革命历程，忆苦思甜，切身感受到今天生活的来之不易，进一步坚定了共产主义的理想信念，进一步增强了中国特色社会主义的道路自信。

一、坚定理想信念，牢牢掌握意识形态工作主动权

陈上海老师在"中央苏区与苏区精神"讲座上讲到一个小故事：朱毛红军刚到瑞金的时候，老百姓像对待之前经过的国军、军阀一样都逃到了山上。红军走后，老百姓发现家里并没有一片狼藉、鸡飞狗跳，家里少了东西的，都有红军留下的欠条，部分人就把欠条扔掉了，但后面红军回来后按照老百姓提出的自己的损失，全部对老百姓进行了补偿。

陈上海老师说，有人宣传红军到瑞金的时候老百姓鞭炮齐鸣，这是不对的。当时是过年，有人放鞭炮；而由于红军来了，老百姓都跑了，鞭炮也没有人放了。这些尊重史实的故事，让我们了解到共产党不是无缘无故就受到人们爱戴的，老百姓对待共产党的感情是从党所做的事情一点一滴地积累起来的。

作为基层的思想政治教育工作者，我们不能让党的光辉历史蒙尘，更不能无故夸大、美化党的历史，让党的历史脱离了群众。我们要追根溯源，要学习并传播严肃的、纪实的党史，既要清醒认识到党在艰苦的革命岁月里坚持理想信念不动摇的艰辛，又要充分理解党所坚持的为人民谋福祉的初心所带来的植根于大地的革命力量。当今社会，斗争形式更加复杂，信息化所带来的多元文化对青年一代的思想冲击极大。我们要坚定理想信念，实事求

是，深入群众中去，同人民同呼吸共命运，才能真正地牢牢掌握意识形态工作的主动权。

二、增强道路自信，把红色基因融入血脉

陈上海讲述的第二个小故事：邓颖超的警卫员顾玉平回忆说，在过草地的时候，很多牺牲的红军是赤身裸体的，因为他们知道自己快不行了，就把衣服脱下来，叠好放到身边，希望能给其他同志用。同志们谁都不忍心用，希望能给他们穿回去，可是由于在草地里被水泡的太久了全身肿胀，衣服已经穿不回去了，只能给他们披在身上。

革命年代，党坚持走农村包围城市的斗争路线，抛弃了共产国际城市武装暴动的教条主义斗争路线，才取得了革命的最终胜利。中国的事情要从中国的实际出发，根据中国的实际情况走中国特色的路线，中国特色社会主义由此而来。党的路线方针政策是民心所向、众望所归，代表了最广大人民的根本利益，才会得到最广大人民群众的支持与拥护，才会在艰苦卓绝的年代有如此多的革命志士抛头颅洒热血，无私奉献无畏牺牲。红色的基因融入了每一名党员的血脉，革命年代是这样，改革开放是这样，新的时代更是这样！习近平中国特色社会主义思想为国家的发展指明了方向，我们要继承红色血脉，坚定道路自信，为实现国家富强、民族振兴、人民幸福的中国梦而努力奋斗。

三、不忘初心，牢记使命，撸起袖子加油干

瑞金当年24万人，11万人参加红军，5万多人牺牲了，牺牲的人中姓名可考的仅1万7千余人，很多革命烈士为国捐躯却连名字都没有留下。在革命斗争中形成的苏区精神"坚定信念、求真务实、一心为民、清正廉洁、艰苦奋斗、争创一流、无私奉献"，是新时代共产党员的精神食粮，是要内化于心外化于行的精神脊梁。

革命年代，我们的党敢于直面各种问题和矛盾，敢于奋斗敢于斗争，才赢得了人民群众的真心拥护和支持。新时代，人民群众的需求多样化多层次多领域，党要初心不改，为人民群众谋福利，任务更加艰巨，所要解决的困难更加复杂。习近平新时代中国特色社会主义思想是我党新时代工作的理论

基础和实践方向,我们要读原著、学原文、悟原理,联系思想和工作实际,用勇于担当的政治勇气,与时俱进的创新精神,实干兴邦的高度自觉,撸起袖子加油干,为学校的"双一流"建设勠力前行,为实现中国梦作出我们力所能及的贡献。

作　　者:周明宇(化学与化工学院)
成稿时间:2018年8月

永不磨灭的苏区精神

瑞金,是共和国的摇篮,是苏区时期党中央驻地,是中华苏维埃共和国临时中央政府诞生地,更是举世瞩目的云石山中央红军二万五千里长征出发地。怀着无比崇敬的心情,我踏上了这片革命圣地,开始了我们学习贯彻习近平新时代中国特色社会主义思想和党的十九大精神主题教育活动。

我们在瑞金干部学院的精心组织和安排下,通过专题教学、主题教学、现场教学、体验教学和主题研讨等方式,以原中央苏区的红色资源为依托,全面、深刻、细致地重温了党史,特别是通过此次学习我更加深刻地了解了苏区精神,对革命先辈的崇高精神有了更直观的认知,对今天幸福生活来之不易有了更准确的理解。我们全体学员在"初心石"前合影留念,就是让我们牢记"不忘初心,方得始终",牢记习近平总书记在十九大报告中强调的——中国共产党人的初心和使命,就是为中国人民谋幸福,为中华民族谋复兴,这个初心和使命是激励中国共产党人不断前进的根本动力。全党同志一定要永远与人民同呼吸、共命运、心连心,永远把人民对美好生活的向往作为奋斗目标,以永不懈怠的精神状态和一往无前的奋斗姿态,继续朝着实现中华民族伟大复兴的宏伟目标奋勇前进。

几天的学习生活,我有三点体会,并结合实际工作总结如下:

一、苏区精神的深刻内涵正是中国共产党人的初心,是中国革命取得最终胜利的精神支柱

苏区精神是我们党在革命实践中淬炼形成的伟大精神。苏区精神内涵丰富、博大精深,坚定信念是灵魂,求真务实是精髓,一心为民是本质,清正廉洁是品格,艰苦奋斗是要义,争创一流是特质,无私奉献是内核。1927年至1937年,毛泽东、朱德、周恩来等老一辈无产阶级革命家,为了亿万劳苦大众的幸福,与苏区军民一道,共同播撒了中国革命和政权建设的燎原火

种，在中国革命史上谱写了浓墨重彩的辉煌篇章。苏区精神是苏区时期党和人民军队全部革命精神的集中反映，是我们党在波澜壮阔的苏区革命实践中淬炼出来的伟大革命精神。在艰苦卓绝的革命斗争中，苏区人民无私奉献、倾囊相助，涌现出无数可歌可泣的感人事迹。瑞金沙洲坝农民杨显荣先后将八个儿子全部送上了革命前线，在惨烈的战场上这八个男儿毫不畏惧，最后全部舍生取义、英勇牺牲在"反围剿"战场上。杨显荣老人正是怀着对革命胜利无比坚定的信念才义无反顾地将八个儿子送上了战场。"八子从军"的故事在苏区屡见不鲜，当年瑞金的总人口只有23万，却有11万人参加了红军，是什么能够使得苏区人民这样拥戴红军，使他们义无反顾地投身到革命队伍中去呢？在风雨如晦的革命战争年代，我们党领导苏区人民武装夺取政权、建立中华苏维埃共和国，就是为了团结带领人民群众争取当家作主、过上美好生活，实现"国家富强、民族振兴、人民幸福"。80多年来，我们党也一直秉承这样的初心，坚持不懈地奋斗着。今天，我们的国家取得了这样的成就，正是因为我们的党时刻不忘苏区精神，时刻坚定理想信念，时刻不忘为人民服务的根本宗旨，不断加强和改进工作作风。

二、群众基础是革命胜利的根本保障

1929年4月，毛泽东第一次到兴国时就提出："我们每个共产党员都要如和尚念'阿弥陀佛'那样，随时随地要念叨'争取群众'，这是共产党的护身法宝，是共产党立于不败之地的根本法宝，丢掉这个法宝，革命就要失败，共产党就一事无成。"在"二苏大"上，毛泽东又谆谆告诫苏区干部："我们应该深刻地注意群众生活的问题，从土地、劳动问题，到柴米油盐问题。"毛泽东强调指出，"要使广大群众认识我们是代表他们利益的，是和他们呼吸相通的。""真心实意地为群众谋利益，解决群众的一切问题。我们党这样做了，广大群众就必定拥护我们，把革命当作他们的生命，把革命当作他们的无上光荣的旗帜。"当年，为使农民在经济上翻身，颁布了《土地法》，实行打土豪、分田地的土地革命；为解决苏区内劳动力缺乏的问题，创办了劳动互助社和模范耕田队；为提高群众文化水平，创办了列宁小学、夜校和识字班；为解决群众吃水难的问题，毛泽东亲自带领军民在瑞金沙洲坝挖了一口水井；还有朱德等带头下田帮助农民插秧收稻、车水抗旱；

周恩来、张闻天等带头参加劳动，为红军家属种地、挑水。苏区干部正是从一切细小的事情做起，处处关心群众，注意解决群众的实际困难，所以，苏区群众才发自内心地说："共产党真正好，什么事情都替我们想到了。"正是有了这样的群众基础，当革命事业遇到困难时，苏区的百姓才能义无反顾地支持革命，捐粮、捐钱乃至牺牲生命。毛泽东、朱德、周恩来等老一辈无产阶级革命家，能够亲力亲为为苏区百姓做这些琐事，着实让我感到震撼。回想自己的工作，的确还有很多可以亲自抓细抓实的地方。比如：一些政策的制定，还应该更加广泛地听取不同层面的声音和意见；在管理工作中还应该多多地换位思考，切身地体会被管理者的难处和苦衷；在面对违法、违规的师生群众开展批评教育工作时，还应该更加耐心。总之，学校的保卫工作不能仅靠几个人，需要靠全体校内人员的广泛参与和理解，如何能够获得大家的广泛认可，这就需要我们向当时苏区的干部学习，从人民群众的切身利益出发，不求私立，一心为民，才能获得人民的真正拥护，逐步建立我们的群众基础，我们的工作也才能得到广大人民群众的理解和支持。也只有获得广大群众的理解和支持，我们才能创建平安和谐的校园环境，学校的教育事业和"双一流"奋斗目标才能得到有效的保障，这就是我们的工作需要群众基础的根本意义所在。

三、苏区精神在当代瑞金人民身上的真实体现

瑞金在2018年6月之前还是国家级贫困县，但是，苏区人民发扬和传承不朽的苏区精神，不等不靠，用自己勤劳的双手，建设自己美好的家乡。他们充分利用自身红色资源的优势，积极开展红色旅游业，一方面积极宣传苏区精神和我党、我军的优良传统，另一方面在国家政策和资金的大力扶持下，在广大党员干部的带动下，实行精准扶贫，在今年6月，已经成功地摘掉了贫困县的帽子。瑞金人民在革命战争初期，怀着对美好生活的向往，怀着对伟大的中国共产党的信任，倾其所有支援抗战。革命胜利后，由于当地资源匮乏，劳动力匮乏，经济发展始终落后于全国平均水平。我们的党和全国各族人民，没有忘记苏区人民，没有忘记他们为中国革命作出的巨大牺牲和奉献，十八大以来，中央专门制定了发展苏区的政策，使得苏区人民逐渐过上了幸福生活。苏区人民感谢共产党，感谢全国人民，这一点我们在瑞金

学习的几天有着切身的体会。在我们居住的宾馆，每天都会感到宾至如归：一双未晾干的袜子，工作人员会在打扫房间时主动帮你放到窗边；女同志不舒服，工作人员会将红糖放到你的桌上；每次见到住店的旅客，工作人员都会带着微笑轻声地问候。这些在国内知名的五星级酒店也不一定能感受得到，但是在瑞金，我们深深地感受到了，感受到了苏区人民在用自己的实际行动，回馈社会、回馈党、回馈全国人民。"吃水不忘挖井人"，这朴实的话语给了我极大的震撼，苏区人民的淳朴，乐于奉献、求真务实的精神深深地触动着我的内心。我们学习贯彻十九大精神，关键在于落实，抓落实必须从细微入手，瑞金人民正是从力所能及的细微琐事入手，践行着苏区精神和十九大精神。作为学校的保卫部门，我们的日常工作也要求我们必须从细节入手，狠抓落实。对检查中发现的安全隐患必须要注重整改；对学校发展中出现的矛盾纠纷必须要善于化解；对校内外的各项活动存在的风险，必须要主动出击及时避免；对校园内出现的违法行为，必须敢于进行正面的斗争，维护校园的安全稳定，确保师生的人身安全。

六天的学习，时间虽然短暂，但对我的教育却是十分深刻。不忘初心就要有"君子强学而力行"的实干精神。"空谈误国，实干兴邦"，在改革发展的时代洪流中，任何时候都不能只看事、不干事，不能只想事、不做事，而应做勇于担当的"实干家"。"天下事，坏于懒与私。"如果精神萎靡、得过且过，做事拖拉、不思进取，就会走入事业的死胡同，误入发展的断头路。我们要结合具体实践，认真践行"两学一做"，增强"四种意识"，踏踏实实干好每一件事，在求真务实上下功夫，真正做到学而信、学而用、学而行。

"路漫漫其修远兮，吾将上下而求索。"作为学校年轻的中层管理人员，要实现自己的人生价值，不辜负祖国的辛勤培育，不浪费自己的青春年华，我们就要深入学习贯彻习近平总书记系列重要讲话精神，牢固树立落实新发展理念，在政治上追求进步，思想上寻求升华，发扬我党不怕困难、敢于牺牲的无私奉献精神，在学校"双一流"建设中贡献自己的力量，书写自己壮丽的人生篇章，做到不忘初心、砥砺前行！

作　　者：赵宏宇（保卫处）

成稿时间：2018年8月

坚定初心　为"双一流"大学建设不懈奋斗

2018年7月9日至14日,根据学校"中层领导人员学习贯彻习近平新时代中国特色社会主义思想和党的十九大精神培训班"安排,我参加了赴瑞金的培训。

在这六天中,认真聆听了"中央苏区与苏区精神""学习习近平新时代中国特色社会主义思想和品格"讲座和"一生守望""信念的力量""红井故事"等鲜活故事,参观了中央政治局旧址、中央革命军事委员会旧址、苏区中央机关党总支暨中央政府机关党总支旧址、叶坪革命旧址群、沙洲坝革命旧址群、古田会议旧址、福建苏维埃政府旧址、瞿秋白烈士纪念馆等,在长征出发地云石山模拟体验了红军长征,集体学习交流了新宪法和培训收获等。这一系列实地实景、科学充实的学习安排,自己深感收获颇丰!

通过聆听各位老师的讲解和实地参观体验,再次深入学习了我党的历史和红军历史。重温了党史和红军历史,尤其是自1929年2月毛泽东、朱德领导的红四军到达瑞金以来至1934年10月中央红军长征前的这段时期我党的发展历史和红军发展历史,从中了解到我党我军在这期间进行的艰苦卓绝的武装斗争和土地革命,以及我党我军在政治、思想、路线、制度以及苏维埃共和国建设中取得的经验和成果,也可以说完整系统地学习了苏区的党史和苏维埃共和国建设史。就这短短几天,触发了我深入研究党史的兴趣,进一步坚定了我的理想信念,更加坚定了"四个自信"。因为我深深觉得我们党能够在当时的艰苦条件下,在敌我力量如此悬殊的情况下,在我党还处在成立不久、还在探索过程中的新生时期就能够取得如此巨大的胜利,这完全得益于我们党的理论是先进的、我们党的道路是正确的。

通过参观一个个鲜活的实例,深刻体会了我党为民服务的群众路线。在瑞金处处能够体会到党、政、军、民一家亲的感觉,比如挖掘红军井、为大娘加开天窗、群众和主席同住一屋等等。这些小小的事例无不反映了我党以人民需求为出发点的群众路线。我们的五好干部标准中其中一项就是为民服务，我们这些中层干部要从红军这些具体的事例中，学习如何更好地为学校师生做好服务。我们要立足学校的"双一流"建设目标，站位要高，眼界要宽，胸怀要广，服务要细，要深入了解师生的真正需求，切实站在师生需求的角度思考问题，解决问题，促进工作，提升服务。尤其是作为机关干部，更应该注重作风建设，要以饱满的热情、贴心的服务、高效的管理、便捷的流程为师生提供优质高效服务。

通过学习党史和军队发展史，深刻体会了我党我军的创新创造精神。1927年发生了"四一二""七一五"反革命政变，第一次国共合作失败，国民党大肆屠杀共产党人，共产党及时召开了"八七"会议，总结教训，确定了土地革命和武装反抗的方针。在苏区的土地革命过程中，共产党创造性地把马克思列宁主义同中国的革命实际相结合，从加强党的思想建设着手，使农民党员占70%的中国共产党保持了无产阶级先锋队的性质，把农民为主的军队建设成为新型人民军队，而且在建设过程中不断总结经验教训、修正错误、自我革新，使党和军队永葆先进本色。这些都激励我们在工作中要开阔思路，敢于创新，敢于担当，敢于决策，敢于实施，要善于发现问题并创造性地解决问题。在学校建设过程中，我们要围绕学校不同时期的发展建设目标，要敢于打破制约发展的藩篱和约束，围绕目标开创性地进行改进和改革。

总之，本次培训颇感收获满满，一句话概括就是：走进瑞金，不忘初心；走出瑞金，坚定初心。作为学校一名党务工作者，今后要继续深入系统学习习近平中国特色社会主义思想和十九大精神，全面贯彻全国高校思政工作会议精神，落实全面从严治党责任，加强制度建设，规范党支部建设，强化党员教育管理，严格党员发展，创新组织生活，深化党建研究，为建设"学习研究型、团结协作型、创新高效型、廉洁服务型"机关、为建设"双一流"高校而努力奋斗。

作　　者：张淑玲（机关党委）
成稿时间：2018年8月

传承苏区革命精神，永铸爱党爱国之魂

在党委组织部的精心安排下，学习贯彻习近平新时代中国特色社会主义思想和党的十九大精神培训班在红色故都、共和国摇篮——瑞金，开展了六天的紧张学习。这次培训班，让我对苏区革命历史和苏区革命精神有了更深刻的认识和体会，也让我对学习贯彻习近平新时代中国特色社会主义思想和党的十九大精神的内涵有了更深层次的理解。

一、传承苏区革命精神，艰苦奋斗永放光芒

苏区精神历久弥新。此次培训通过现场教学、互动教学和情景教学等课程，让我们在全面了解中央苏区革命斗争历史的同时，更深刻地领会到了苏区精神，使我仿佛又回到了90年前的烽火岁月，更加深刻地体会到我们党领导人民开创革命道路的艰辛，体会到革命先烈前赴后继的牺牲精神和革命勇气，对"坚定信念、求真务实、一心为民、清正廉洁、艰苦奋斗、争创一流、无私奉献"的苏区精神有了更深刻的认知。它是各个苏区的广大红军指战员和人民群众进行革命斗争的强大精神力量，是表现党领导的民主革命历程"精神"系列的重要组成部分。从历史的文脉来说，它是井冈山精神的传承和发展，是长征精神的直接源泉。在经济高速发展的今天，苏区精神依然指引着我们前行的方向，提醒我们在纷繁复杂的形势中不忘初心，坚定信念，艰苦奋斗，实事求是，坚持依靠群众。此次亲身体验苏区革命精神，是我在江西挂职之后的又一次精神洗礼。

苏区精神与时俱进。苏区精神体现的是中国革命必然胜利的坚定信念，毛泽东在开辟中央苏区时讲的"星星之火，可以燎原"，正是对理想信念的形象表述。那时，国内革命形势处于低潮，部队中产生了"红旗到底打得多久"的疑问。毛泽东在回答这个问题时，展示了自己环视世界形势和中国政局而对中国革命必然胜利的深刻认识。在新形势下，瑞金精神又被赋予了新

的内涵、新的思想。我们要坚定信念，坚持与时俱进，继承发扬老一辈革命家和革命先烈们的崇高精神，不为任何风险所惧，不为任何干扰所惑，相信党、跟党走，为实现中华民族的伟大复兴而奉献力量。作为一名共产党员，不仅要有敢于担当的胸怀，还要有敢于担当的底气，更要有善于担当的能力，在危难面前强化责任担当，勇于攻坚克难。作为一名中层干部，学习苏区精神，要牢记服务群众的宗旨，努力做好各项工作，为学校的"双一流"建设添砖加瓦。

二、不忘初心牢记使命，永铸爱党爱国之魂

坚持苏区精神并学以致用。学习不是一蹴而就的，集中培训的时间有限，知识内容无限。面对经济社会的快速发展，面对日趋复杂的国际国内形势，必须牢固树立终身学习的理念，把学习苏区精神当作一种责任、一种追求、一种境界，合理安排好学习时间，做到学习工作两不误、两促进。特别是自己作为一名新任职干部，在苏区精神的鼓舞和激励下，必须不断通过学习来提升胜任本职工作的能力。学习苏区精神的最终目的在于将其运用于实际工作中，解决实际问题，坚持做到学以致用。苏区精神反对"本本主义"，提倡深入实际调查，这是"从斗争中创造新局面"的实事求是的思想路线。我负责的学校教育事业规划工作非常需要深入、系统的调查作为工作的基础，以更宽广的视野、更高的定位来谋划学校教育事业发展的新思路、新举措，真正把学习的成果转化为提升工作效能的强大动力。

瑞金培训虽然结束了，但是学习贯彻习近平新时代中国特色社会主义思想和党的十九大精神需要持之以恒。不仅要按照中央"读原著、学原文、悟原理"的要求，原原本本、原汁原味学习，还要将学习宣传贯彻十九大精神与自身工作实际结合起来，真正形成成效。当前，我校正处在建设亚洲一流大学的关键阶段，既有战略机遇，又充满挑战。此次团结协作、互相学习的培训，能够增强学校中层干部的凝聚力和战斗力，相信培训结束后我们都能以更加饱满的政治热情、更加扎实的工作作风、更加良好的精神风貌，抢抓机遇，迎接挑战，锐意进取，奋发有为，为学校教育事业全面发展注入新的动力和活力。

用苏区精神守魂铸心，坚定崇高理想信念不动摇；用苏区精神励志鼓

劲，恪守实事求是原则不动摇；用苏区精神砥砺本色，永葆艰苦奋斗作风不动摇。不忘初心，继续前行！

作　　者：郭宏伟（发展规划处）
成稿时间：2018年8月

学习践行苏区精神　助力世界一流大学建设

2018年夏季学期，我参加了校党委组织部在江西瑞金举办的学习贯彻习近平新时代中国特色社会主义思想和党的十九大精神培训班。在为期一周的学习培训中，通过专题讲座、现场教学、主题教学、体验教学、分组讨论等方式，系统学习了"坚定信念、求真务实、一心为民、清正廉洁、艰苦奋斗、争创一流、无私奉献"的伟大苏区精神，深刻领会了习近平新时代中国特色社会主义思想的历史方位、基本内涵、基本方略和品格。一周的时间不长，收获却很多，现将我的心得和体会汇报如下。

一、坚定理想信念，虽身死而不悔

习近平总书记在十九大报告中指出"要把坚定理想信念作为党的思想建设的首要任务"。瑞金是闻名中外的红色故都、共和国摇篮、中央红军长征出发地，是苏区时期党中央驻地、苏维埃中央政府诞生地，以及毛泽东思想的主要形成地和苏区精神、党的三大优良作风的主要发源地。但在这些光耀千秋的文字背后，却是苏区和苏区人民悲壮辉煌的历史。在中央革命军事委员会旧址，我看到了"共和国第一军嫂"陈发姑的雕像，聆听了那段"一生守望、青丝白发"的悲壮爱情。瑞金干部学院的红舞台教学"走进瑞金 不忘初心"再现了杨荣显老人八子参军、八子皆亡的故事。在福建长汀，瞻仰了革命烈士瞿秋白纪念碑，重读了瞿秋白同志狱中写下的《多余的话》。在叶坪乡华屋村，见到了那郁郁青山上昂昂屹立的17棵绿松，都说青山埋忠骨，可忠骨已无处寻。在这些典型而悲壮的故事背后，是什么力量在支撑他们这样做？明知会有身死的危险也要参加红军，明知会有身死的危险也要全心全意为民族与人民求福利？瑞金干部学院温娟华老师在"一苏大"旧址，声情并茂讲述的"信念的力量"给了我们最好的答案。瑞金之行，重温我党历史，进一步坚定了我的理想信念。

二、不忘初心，牢记使命，砥砺前行

十九大报告中，习近平总书记开宗明义，强调了共产党人的初心和使命——"为中国人民谋幸福，为中华民族谋复兴"。在瑞金干部学院那巨大的"不忘初心"石刻前，在中央革命军事委员会旧址、中共中央政治局旧址、叶坪革命旧址，在古田会议旧址、红军长征出发地、中央革命根据地历史博物馆等，中国共产党人那全心全意为人民谋幸福的初心和使命时刻在胸间激荡。为了解决洋溪村的交通问题，毛主席和乡村干部一起动手，在绵江河上架起了"红军桥"。为了解决沙洲坝人民的吃水问题，毛主席和临时中央政府机关工作人员亲自找水源、挖水井，留下了"吃水不忘挖井人，时刻想念毛主席"的动人篇章。为了解决沙洲坝人民的上学问题，我校老院长徐特立同志领导创设了沙洲坝列宁小学。为了解决谢大娘住房的采光问题，毛主席带领警卫员一道在谢大娘住房的楼板上开了天窗，并专门找来了当时苏区并不常见的玻璃安装在天窗上。这一桩桩、一件件，看上去都是小事，却处处体现了中国共产党人想人民之所想、急人民之所急、自觉维护人民利益的初心和使命。瑞金之行，重温党员初心，进一步增强了我的使命担当。

三、不断加强学习，提升综合素质

中国特色社会主义建设进入新时代，中国高等教育开启新征程。习近平总书记在中央党校建校80周年庆祝大会上讲道："只有加强学习，才能增强工作的科学性、预见性、主动性，才能使领导和决策体现时代性、把握规律性、富于创造性，避免陷入少知而迷、不知而盲、无知而乱的困境，才能克服本领不足、本领恐慌、本领落后的问题。"在刚刚过去的2018年6月21日，教育部在成都组织召开了新时代全国高等学校本科教育工作会议，教育部党组书记、部长陈宝生做了题为"坚持以本为本 推进四个回归 建设中国特色、世界水平的一流本科教育"的重要讲话，教育部同时发布了《关于加快建设高水平本科教育 全面提高人才培养能力的意见（征求意见稿）》。从2018年年初的学校工作报告开始，学校围绕"大、改、质、实"深入推进人才培养改革，一系列新理念、新思想、新措施、新制度喷薄而出，学校世界一流大学建设事业蒸蒸日上。身逢其时，让我深感加强学习、不断提升综合素质的必要性和迫切性，也深刻地认识到只有不断地学习和提升自己，才能增强自己担当使命的能力。

人民共和国从这里走来，孕育了伟大的苏区精神。今天的瑞金已是一片祥和，青山绿水之间生机盎然，那份悲壮的历史将永远被国人铭记并不断激励后人。在今后的工作中，我将牢记初心和使命，努力践行苏区精神，为建设中国特色、北理品格的世界一流大学贡献力量。

作　　者：赵良玉（教务处）
成稿时间：2018年8月

理想信念坚如铁，求真务实创一流

为深入学习贯彻习近平新时代中国特色社会主义思想和党的十九大精神，打造适应学校"双一流"建设要求的高素质专业化领导人员队伍，2018年7月9日至7月14日，我荣幸参加了北京理工大学中层领导人员学习贯彻习近平新时代中国特色社会主义思想和十九大精神培训班。短短六天行程，瑞金干部学院的领导和各位老师通过专题教学、现场教学、红舞台教学、主题教学以及体验教学等多种形式，全方位地将红色故都、共和国摇篮、中央红军长征出发地瑞金的革命历史传统、苏区精神展示出来，使我内心产生极大触动和震撼，现将自己的心得体会汇报如下：

一、理想信念坚定是党的事业取得成功的关键

1. 理想信念坚定，才能敢于迎接各种挑战

1929年2月，为粉碎敌人对井冈山根据地的第三次围剿，朱毛红军3600余人下山，转战赣南。当时党内存在着盲动主义和悲观主义两种倾向，为使党内同志坚定信心，回应一部分同志提出的"红旗到底打得多久"的疑问，毛泽东写下了《星星之火，可以燎原》一文，指出："从一九二七年大革命失败以后，革命的主观力量确实大为削弱了，剩下的一点小小的力量，若仅依据某些现象来看，自然要使同志们（作这样看法的同志们）发生悲观的念头。但若从实质上看，便大大不然。这里用得着中国的一句老话：'星星之火，可以燎原'。对反革命力量的估量也是这样，决不可只看它的现象，要去看它的实质。"正是靠着这种坚强的理想信念和正确的思想指引，我们党的革命事业才能从一个胜利走向另一个胜利。

十九大报告中也明确提出："当前，国内外形势正在发生深刻复杂变化，我国发展仍处于重要战略机遇期，前景十分光明，挑战也十分严峻。"新形势下，我们党面临着执政考验、改革开放考验、市场经济考验、外部环

境考验等四大考验,存在着精神懈怠的危险、能力不足的危险、脱离群众的危险、消极腐败的危险等四大危险。只有始终把坚定理想信念当作共产党人的政治灵魂和精神支柱,不断加深对理想信念的科学内涵和重大作用的理解,进一步坚定马克思主义信仰,坚定不移地走中国特色社会主义道路,才能团结带领全国各族人民决胜全面建成小康社会,奋力夺取新时代中国特色社会主义伟大胜利。

我校作为中国共产党创办的第一所理工科大学,传承着优秀的红色基因,肩负着为党和国家培养合格接班人的重任,在"双一流"建设过程中,我们一定要牢记使命,不忘嘱托,坚定理想信念,才能勇于战胜各种困难和挑战。

2. 理想信念坚定,才能敢于牺牲,夺取胜利

在瑞金实地参观培训过程中,给我印象最深刻的是中央苏区人民的牺牲和付出,如一生做了75双军鞋的陈发姑、送自己8个儿子参加红军的老人;23万人口的革命老区,参加红军的有11.3万人,牺牲5万多人;同时,苏区人民还积极捐款、捐物。正是无数革命先烈的牺牲和苏区人民的奉献精神,才为新中国的建立奠定了坚实的基础。

革命战争年代的牺牲意味着付出鲜血和生命,和平建设年代的牺牲意味着利益上的付出,如个人利益与集体利益、局部利益与整体利益、眼前利益与长远利益等。十九大报告明确指出,中国特色社会主义进入新时代,我国社会主要矛盾已经转化为人民日益增长的美好生活需要和不平衡不充分的发展之间的矛盾。我国社会主要矛盾的变化是关系全局的历史性变化,对党和国家工作提出了许多新要求。必须坚持新发展理念,统筹推进"五位一体"总体布局,协调推进"四个全面"战略布局,解放思想,蹄疾步稳推进各项改革,调整好各种利益关系,勠力同心,才能最终实现中华民族伟大复兴中国梦。

当前,我校已经制定了以"5+3"个学科群为建设基础的《北京理工大学一流大学建设方案》,其中,5个学科群是当前学校建设重点,3个交叉学科群对学校的长远发展非常重要。这就意味着,全校师生员工要统一思想,集中人力、物力、财力以及相关配套政策,全力以赴支持"5+3"个学科群的优先发展,通过建设学科高峰,形成高原,进而带动学校"双一流"建设总体有序发展。

二、求真务实是党的事业取得成功的保障

1. 求得真经，方成始终

从1921年建党到1927年建军、1931年建政、1949年建国，我们党走了一条前人没有走过的成功道路，靠的就是将马克思主义普遍原理同中国革命具体实践相结合、在革命斗争中逐渐形成的"毛泽东思想"这本真经，不照抄照搬别国成功经验和经典理论。

十八大以来，国内外形势变化和我国各项事业发展都给我们提出了一个"坚持和发展什么样的中国特色社会主义、怎样坚持和发展中国特色社会主义"重大时代课题，经过全党艰辛的理论探索，取得重大理论创新成果，形成了习近平新时代中国特色社会主义思想，明确了新时代坚持和发展中国特色社会主义的总目标、总任务、总体布局、战略布局和发展方向、发展方式、发展动力、战略步骤、外部条件、政治保证等，成为全党全国人民为实现中华民族伟大复兴而奋斗的行动指南。

在当前"双一流"建设过程中，我们也必须坚持"强地、扬信、拓天"的自身特色，以"5+3"个学科群建设为引领，一张蓝图干到底，探索出一条具有北理工特点的"双一流"成功之路。

2. 务实才能行远

"千里之行始于足下"，再远大的理想，都要从点滴小事做起。瑞金的"红井"、大柏地胜利前的"借条"，正是这些看似微不足道的小事，赢得了民心、民信，才能换来苏区革命的胜利。

习近平总书记要求全党"做人要实、谋事要实、创业要实"，告诫全党"中华民族伟大复兴，绝不是轻轻松松、敲锣打鼓就能实现的。全党必须准备付出更为艰巨、更为艰苦的努力"。

学校"双一流"建设的号角已经吹响，基建处作为为学校教学科研和人才培养提供基础保障条件的部门，只有"撸起袖子加油干"，团结一心，才能减少资源瓶颈对学校发展的制约，为学校"双一流"建设作出应有贡献。

作　　者：许　冰（后勤基建处）

成稿时间：2018年8月

弘扬苏区精神　坚定理想信念　做好本职工作

7月9日至14日，我有幸参加了学校在江西瑞金举办的"中层领导人员学习贯彻习近平新时代中国特色社会主义思想和党的十九大精神培训班"。几天来，聆听了"中央苏区与苏区精神""学习习近平新时代中国特色社会主义思想和品格"专题报告和"一生守望""信念的力量""红井往事"等事迹报告，实地参观了中央革命军事委员会旧址、中共中央政治局旧址、红军村——华屋、叶坪革命旧址群、"一苏大"会址、"二苏大"会址、沙洲坝革命旧址群、中华苏维埃共和国中央政府大礼堂、《星星之火　可以燎原》写作地——协成店、古田会议旧址、古田会议纪念馆、福建省苏维埃政府旧址、中央革命根据地历史博物馆等。在瞿秋白烈士纪念馆、杨成武将军纪念馆中聆听了革命先烈的革命故事与光荣事迹，在主席园和红军烈士纪念塔前举行了悼念和敬献花篮仪式，前往中央红军长征出发地——云石山重走长征出发路，观看了红舞台剧——《走进瑞金，不忘初心》。并结合学习内容、习近平中国特色社会主义思想、党的十九大报告以及自己的学习体验，参加了小组讨论，感受颇丰，不虚此行，主要有以下几点体会：

一、深刻理解了苏区精神的时代价值

我党在中华人民共和国成立前的历史可以分为5个时期，即建党初期（1921年—1924年）、第一次国共合作时期（1924年—1927年）、土地革命战争时期（1927年—1937年）、第二次国共合作时期（1937年—1946年）、解放战争时期（1946年—1949年）。在土地革命时期又可以分为井冈山时期、瑞金时期、长征时期和延安时期。在瑞金时期，以毛泽东为代表的中国共产党人，在瑞金创建了第一个全国性红色政权——中华苏维埃共和国中央政府，标志着党在全国范围内局部执政、依宪执政的开始，为以后新中国的建立开展了伟大的预演，毛主席的称呼也是从这里喊起，一直响彻全世界。

以瑞金为中心的中央苏区一共存续了5年8个月，党史专家以"上海建党，开天辟地；南昌建军，惊天动地；瑞金建政，翻天覆地；北京建国，改天换地"，精辟概括了瑞金在中国革命史和中共党史上的重要地位。苏区精神是中国革命精神的重要一环，上承井冈山精神，下启延安精神。2011年4月，习近平总书记在纪念中央革命根据地创建暨中华苏维埃共和国成立80周年座谈会上发表重要讲话。习近平总书记指出，在革命根据地的创建和发展中，在建立红色政权、探索革命道路的实践中，无数革命先辈用鲜血和生命铸就了以坚定信念、求真务实、一心为民、清正廉洁、艰苦奋斗、争创一流、无私奉献等为主要内涵的苏区精神，苏区精神既蕴含了中国共产党人革命精神的共性，又显示了苏区时期的特色和共性，是共产党人的政治本色和精神特质的集中体现，是中华民族精神新的升华，也是社会主义核心价值体系的重要来源。弘扬苏区精神，就是要切实贯彻落实好党的十九大精神，牢牢掌握意识形态工作领导权，建设具有强大凝聚力和引领力的社会主义意识形态，使全体人民在理想信念、价值理念、道德观念上紧紧团结在一起，不忘初心，牢记使命，撸起袖子加油干，以争创一流、无私奉献的精神，立足本职岗位，推进各项工作再上新台阶。

二、坚定了理想信念这一"精神支柱"

崇高的理想信念是一种强大的精神力量，可以激发人们的主动性、创造性，鼓舞斗志，振奋精神。在几天的学习培训中，讲解员声情并茂地讲述了革命先烈坚定的理想信念。如果瞿秋白没有坚定的理想信念，就不会从莫斯科放弃优渥的条件毅然回国投身革命，在不幸被捕期间，抵挡住国民党的诱降，41天后慷慨就义，年仅36岁；如果梁伯台没有坚定的理想信念，就不会将两个子女留在莫斯科，与妻子毅然回国投身革命，为苏区的法制建设作出贡献，为了革命不惜将第三个子女送人，最后在率队通过国民党军队封锁时负伤被俘、被敌人杀害。理想信念是共产党人精神上的钙，没有理想信念，理想信念不坚定，精神上就会缺钙，就会得"软骨病"，就会在风雨面前东摇西摆。只有理想信念坚定的人，才能始终不渝、百折不挠，不论风吹雨打，不怕千难万险，坚定不移地为实现既定目标而奋斗。作为一名高校教师，承担着培养人的重担，不仅自己要有坚定的理想信念，而且要在教育、管理、服务、科研、课程、实践、文化、资助、网络、心理等工作中教育引导青年学生坚定理想信念，做到"四个正确认识"，增强"四个自信"，为培养"胸怀壮志，明德精工，创新包容，时代担当"的领军领导人才作出自己的贡献。

三、立足本职不忘初心做好各项工作

这次培训的主题是学习贯彻习近平新时代中国特色社会主义思想和党的十九大精神，在学习的基础上也认真思考了如何在自己的工作岗位上学习、贯彻和执行，结合培训所学所思，让我深受启发。一方面，培训的方式容易被接受，通过报告、讲述、参观、演出等将学习的内容印在每个人的脑子里，一个历史事件从多角度讲解，令人百听不厌，易于接受；另一方面，讲解人员对工作认真负责的作风也值得我们学习。陈上海教授为了讲解清楚每个史实、每个故事翻阅了大量资料、实地走访，认真思考历史实践发生的必然性。如，为何革命根据地会建在两省或几省交界处，当年参加"一苏大""二苏大"的代表情况等；再如，针对领导问苏区国债情况实事求是根据资料计算；又如，听到苏区时期用茅厕旁边的土提炼硝盐食用后，亲自尝试验证。这种实事求是、认真负责的态度给我留下了深刻的印象。我所在的单位学生事务中心是在学校综合改革中成立的部门。十九大报告中指出，要健全学生资助制度，学生资助工作是一项重要的保民生、暖民心工程。在工作中我们严格按照教育部全国学生资助管理中心的要求，认真落实各项政策，从入校前到在校学习生活全过程，到毕业离校后，通过精准资助和资助育人，将党和国家、学校的关怀传递给学生，让学生感受到党和国家、学校对他们的关心；在7×12小时一站式事务办理服务中，帮助学生办理两校区、多部门事务，为学生节省了更多的时间和精力；在社区文化创建工作中，不仅为学生创造了良好的软环境和氛围，也引导学生参与学生自治，助力学校的人才培养工作。目前学校正在进行大类培养和管理改革，我们也紧紧围绕着学校的工作重心，推进扁平化工作，减少书院和学院事务性工作交接；推出管理和服务模块化，为书院提供经验和菜单式服务；引导学生参与事务管理，帮助学生参与自治和相互理解……为学校的"双一流"建设和人才培养工作做好服务和支撑保障。

六天的培训已经结束，学习培训给了我们心灵上的触动和工作上的启迪，感谢学校给我们提供的学习机会和组织部的精心安排。我将以此次培训为新的起点，坚定信念，按照学校党委的要求，不断学习，勤于思考，履行好岗位职责，敢于担当，以更加饱满的精神状态投入今后的工作之中，脚踏实地，扎实工作，与全校师生员工一道，为学校"双一流"建设努力奋斗。

作　　者：陆宝萍（学生事务中心）

成稿时间：2018年8月

发扬苏区精神　服务学校双一流建设

党的十九大报告中，首先强调十八大以来五年间我国发生了历史性的变革，主要体现在"我国社会主要矛盾已经转化为人民日益增长的美好生活需要和不平衡不充分的发展之间的矛盾"，而党的新的历史使命就是实现中华民族伟大复兴，这就必须要从理论和实践上解决好两大时代课题，那就是新时代我们坚持和发展什么样的中国特色社会主义、怎样来坚持和发展中国特色社会主义。在报告中也分别用"八个明确"和"十四个坚持"对于上述两个问题做出了充分的阐述，这也构成了习近平新时代中国特色社会主义思想的丰富内涵和基本方略。

为了切实加强对习近平新时代中国特色社会主义思想和党的十九大精神的理论学习，学校组织了本次中层领导人员培训班，前往"中国红都"江西省瑞金市实地考察学习，而我也很荣幸地身处其中。

短短六天的学习培训，却受益良多。在中央军事革命委员会旧址，现场教师声情并茂地讲述了"共和国第一军嫂"陈发姑"一生守望"的感人事迹，在革命的最艰苦岁月毅然决然地支持丈夫参加红军，之后75年长情的等待，在115岁高龄溘然长逝之际却发现她已经为离开75年的丈夫留下了75双草鞋。在叶坪革命旧址群，认识了中华苏维埃共和国第一部红色宪法起草人、被誉为人民法制和人民司法的开拓者和奠基人的梁柏台烈士。烈士的一生经历了苏联学习时期和长征时期两次与子女骨肉分离的痛苦，经历了中央红军离开苏区北上抗日而其却继续留在苏区坚持斗争的艰苦岁月，经历了被捕入狱之后毅然赴死而保住革命同志的英勇壮烈，烈士短短的一生凝缩了那个时代一大批可歌可泣的老一辈无产阶级革命家的光辉形象。在沙坪坝革命旧址群，重温了"吃水不忘挖井人，时刻想念毛主席"的动人故事。苏区时期，毛主席和临时中央政府机关迁到这里后，为了解决沙洲坝人民吃水问题，亲自找水源、挖水井，一口小小的"红井"，寄托了广大人民群众对于伟大领袖和党的感恩之情……

回望历史，我们的党从无到有、从小到大、从弱到强，一步步从上海建党、南昌建军、瑞金建政走到北京建国，获得无产阶级革命的最终胜利，可以说，发源自中央苏区的苏区精神起到了至关重要的作用，"坚定信念、求真务实、一心为民、清正廉洁、艰苦奋斗、争创一流、无私奉献"短短28个字浓缩的苏区精神与井冈山精神、长征精神、延安精神一脉相承地纳入了中国革命精神体系，指引着一代代共产党人获取一个又一个的胜利。

党的十九大报告中明确指出，"经过长期努力，中国特色社会主义进入了新时代，这是我国发展新的历史方位。"而在2017年9月，北京理工大学也成功入选了全国36所一流大学A类建设高校的名单，展望未来，"双一流"工程的建设对于学校来说也同样是"进入了新时代"。在一个崭新的时代里，如何立足好本职工作，切实发扬苏区精神，为学校的"双一流"建设作出贡献，我想简单说两点自己的看法。

一、善用底线思维管控风险，稳步推进学校各项网络工程建设

2017年12月学校发布的《北京理工大学一流大学建设方案（精编版）》中明确指出，要"大力推进信息化建设，完成智慧校园建设，以信息化推动管理流程再造，提升管理服务效率和水平"。而显而易见的是，学校师生目前使用网络的主要矛盾已经转化为了师生对于网络速度和质量日益增长的美好生活需要和现实条件下不平衡不充分的发展之间的矛盾。如何解决这一矛盾，可以学习借鉴总书记的底线思维，即"凡事从坏处准备，努力争取最好的结果"。网络体验的优化和提升，一方面内部挖潜，充分发掘现有设备的资源，努力优化达到最佳效果；另一方面积极借助各项国拨资金，努力提高校园网出口带宽，增加无线网覆盖区域，提升骨干网络设备处理性能，以期优化提升"智慧校园"的底层基础网络，为"信息化推动管理流程再造"夯实牢固的地基。每一项具体工作的开展都要切实做到"坚定信念、求真务实、一心为民"，项目的立项论证要有充分的客观数据支持，网络的优化调整要有基线数据的建立和调优之后的长期跟踪比对，借用毛主席的话说"不做调查，就没有发言权；不做正确的调查，同样没有发言权"，目标只有一个，满足师生员工对于校园网络的合理需求。

二、努力提升自身纪律标准，落实做好各项党风廉政建设

认真学习国家和学校党风廉政建设的各级文件精神，认真执行学校关于领导干部本人收入申报、礼品登记报告有关规定，遵守重大节假日活动报告等制度。在日常管理和决策上充分贯彻民主集中制，对于中心内部各项重大决策严格按照"三重一大议事制度"执行，对于校内兄弟部门与中心的业务往来严格按照《北京理工大学管理职权清单》的内容落实执行，杜绝各类违反规定的情况发生，切实做到"清正廉洁、艰苦奋斗、争创一流、无私奉献"，做新一代的"苏区好干部"。

作　　者：卢　肖（网络信息技术中心）

成稿时间：2018年8月

不忘苏区初心　贯彻时代思想　传承红色基因

2018年7月，在学校党委的组织下，有幸在瑞金参加了为期六天的"中层领导人员学习贯彻习近平中国特色社会主义思想和党的十九大精神集中实践培训"。我并不是第一次到瑞金，但是在学校党委及瑞金干部学院的精心组织及安排下，在学习贯彻习近平中国特色社会主义思想及党的十九大精神这样一个大背景下，在7月这样一个特殊的月份中，全身心集中精力在有着"红色故都"、共和国的摇篮、中央红军长征出发地之称的瑞金深入学习，心情格外激动，学习更有动力。以前来瑞金，感受的是伟大革命实践的不易及红色政权建立的光荣，如今再到瑞金，感悟的是复兴大任在肩，如何贯彻新时代思想、如何传承红色基因、如何培育时代新人。

1927年，在井冈山。毛泽东率领经"三湾改编"后的秋收起义部队到达宁冈，先后在宁冈、永新等县恢复和建立了党组织，发展武装力量，开展游击战争，领导农民打土豪分田地，建立红色政权，实行工农武装割据，创立了党领导下的第一个农村革命根据地，毛泽东也提出了"星星之火可以燎原"的伟大设想。

今日之中国，正如主席所愿，处处发扬、传承井冈山精神，为实现中国梦而奋勇向前。

1931年，在瑞金。"共和国第一军嫂"陈发姑，毅然支持丈夫参加红军，却75年痴心不改望夫归，离世时留下了75双草鞋，留下了至今都让世人称颂的"红色爱情经典"。1933年，在瑞金。毛主席以实际行动为人民树立榜样，"开天窗""挖红井"，时刻把群众的利益挂在心上，留下了至今都在学习的"吃水不忘挖井人、时刻想念毛主席"的佳话。1934年，在瑞金。杨荣显老人的八个儿子集体参军，却一个都没有回来，留下了至今都让人感动心碎的"八子参军"的故事。

今日之中国，正如中华苏维埃共和国临时中央政府之所愿，中共领导广大群众不仅能建立全国政权，还能发展壮大、逐步强盛，并带领全国人民走进新时代。

1935年，在南昌。军法处看守所，面对牢狱的阴森，面对现实的黑暗，方志敏写下《可爱的中国》，洋溢着无法阻挡的阳光与希冀。

今日之中国，正如烈士所愿，"到处都是活跃的创造，到处都是日新月异的进步……"

虽然在瑞金学习，但是我认为一定要将江西的井冈山、瑞金，甚至周边的古田、遵义等联系起来，将地点联系起来、将时间线联系起来，系统学习。我们生活在新时代，享受着革命先辈以艰苦卓绝的斗争所带来的和平、安定与幸福。我们在瑞金学习习近平新时代中国特色社会主义思想，学习习近平总结的以坚定信念、求真务实、一心为民、清正廉洁、艰苦奋斗、争创一流、无私奉献等为主要内涵的苏区精神，就是要系统的、连贯的学习，除了身临其境地感悟瑞金的斗争孕育的伟大的苏区精神，还要结合井冈山的斗争孕育的伟大的井冈山精神，苏区之后的长征精神学习和感悟，这些精神是应该永远与时代同在的。

在瑞金集中学习时，结合瑞金的斗争及苏区精神，我一直在思考，怎样学习贯彻习近平新时代中国特色社会主义思想、怎样学习贯彻党的十九大精神，怎样一以贯之传承北理工的"延安根、军工魂"。

一、旗帜鲜明、不忘初心、坚定信念

我还要继续学习思考为什么要到瑞金学习、要学习苏区精神。苏区精神及井冈山精神等在我党、我国革命精神的长河中，早已成为中国革命精神的"源"，它以一脉相承的"源头"和"原型"，涵盖了以后一切革命精神的基本内容。由"源"及"流"，形成了长征精神、延安精神、抗战精神、西柏坡精神以及后来的"两弹一星"、抗洪救灾、改革发展等诸多精神之"流"，在不同时代，不同时期继承、深化和发展中，都闪耀着精神之"源"璀璨的光辉，都体现着井冈山精神的革命风貌。从革命圣地汲取源头活水，追寻党的光辉足迹，感受信念的伟大力量，不忘初心，才有更加坚定的信念在新时代中奋进！

二、实事求是、敢于创新、稳步推进

我还要继续思考和学习到瑞金学什么,学什么样子的苏区精神。学校党委及瑞金干部学院为我们安排了丰富的教学活动,带队老师们也集思广益为我们安排了丰富的课余活动,有专题教学、特色教学,有现场教学、体验式教学,还有学员们多次交流碰撞分享。这些都让我大为受益!我想无论是现场体验,还是在未来工作学习中,要求真务实、实事求是地认真学习、认真考察、认真感悟,不断学习、不断感悟,稳步推进自己的认知及体验,升华思想,才有更加牢固的知识体系及灵魂,在新时代中奋进!

三、艰苦奋斗、无私奉献、永做一流

北理工一路从延安走来,延安精神及北理工精神一直伴随左右。虽然我在瑞金学习苏区精神等革命精神,但牢记自己是一名"延安根、军工魂"、红色基因的传承者。苏区精神与延安精神一样,都是我们中国共产党人在长期革命斗争中形成和发展的革命精神,都是我们的宝贵财富,两者共同的特征都是艰苦奋斗、都是创业精神,我认为北理工精神到现在的特征都离不开艰苦奋斗!苏区精神、延安精神,教育和鼓舞了几代共产党人为争取民族独立、人民解放和祖国富强而前仆后继,流血牺牲,艰苦奋斗,无私奉献,从而彻底改变了国家的前途和民族的命运,这些精神已成为我们中华民族共同的精神财富。同样,一以贯之的北理工精神,已经传承了多少年的延安精神,已成为一代又一代北理工人的精神财富。北理工人应该全面继承和发扬我们党在长期革命、建设和改革事业中所形成的优良传统和革命精神,应该全面继承和发扬北理工在烽火岁月、在献力国防、在建设新时代中的精神,坚定信念、求真务实、找准路径、艰苦奋斗、永做一流!这样我们才能与时俱进,不断用新的、时代需要的革命精神影响北理工人不断革新、不断前行!

在瑞金的六天,是回望党史的六天,是重塑灵魂的六天,更是立志更加坚定不移跟党走永做一流的六天。回望党和国家之来路,我们走过了从无到有的"雄关漫道真如铁",我们历经了从小到大的"人间正道是沧桑",我们正在迎接由大向强的"长风破浪会有时"。在这六天里,我深深理解着雄关漫道、人间正道,更结合习近平新时代中国特色社会主义思想和十九大精神的学习,深深感悟了长风破浪!

作　　者:李　冰(人文与社会科学学院)
成稿时间:2018年8月

Part 03

扶 贫 尽 忠 心

从"脱贫攻坚"中升华初心和使命

2018年7月8日至13日,本人参加了我校"学习贯彻习近平新时代中国特色社会主义思想和党的十九大精神培训班"。其间,认真学习了有关习近平新时代中国特色社会主义思想、吕梁扶贫攻坚等报告,调研了中阳钢铁、军民融合研究院和中阳县、方山县的扶贫情况,还参观了中共西北局旧址纪念馆。无论是理论学习还是实际调研,都使得我对于习近平新时代中国特色社会主义思想和党的十九大精神有了更深的理解,并进一步体会到自己的初心和使命。

一、从"精神脱贫"中坚定信心

中办、国办的《关于支持深度贫困地区脱贫攻坚的实施意见》中明确指出,脱贫攻坚中存在"精神短板"问题,缺乏个人主体意识和自力更生的精神。习近平总书记多次强调,人穷志不能短,扶贫必先扶志。只有真正把贫困群众的积极性和主动性充分调动起来,引导贫困群众树立主体意识,进一步发扬自力更生精神,才能激发改变贫困面貌的干劲和决心,靠自己的努力改变命运。

外因是变化的条件,内因是变化的根据,外因通过内因而起作用。我们在日常的学习工作中,恰恰也存在这样的情况。之前一段时间,有些同志对党和党的事业存在疑虑甚至持否定的态度,恰恰就是没有真正相信马克思主义和中国特色社会主义,更没有坚定自己的信心,忘记了自己的誓言。"志不立,天下无可成之事",没有了信心,又怎么能够真正践行?这其实也是另外一种"精神贫穷",更需要进行"精神脱贫"。这种"脱贫",重中之重就是要通过系统的学习和体会,坚定自己的信心。党的十九大报告中,无论是总结成就,还是部署未来,处处体现着党领导人民推进伟大工程、进行伟大斗争、建设伟大事业、实现伟大梦想的自觉和自信。其实,通过日常认真的学习，一定可以从内因上提升自信。本人近几年来，认真学习习近平总书记的重要讲话、党章党规、重要报告等，使得自己对党更有信心，也更加坚定党带领人民实现中国梦的信心。

二、从"扶贫""脱贫"中强化初心

党的十八届五中全会从实现全面建成小康社会奋斗目标出发，把"扶贫攻坚"改成"脱贫攻坚"，明确了新时期脱贫攻坚的目标，到2020年实现"两个确保"：确保农村贫困人口实现脱贫，确保贫困县全部脱贫摘帽。从"扶贫"上升为"脱贫"，恰恰体现出了我党全心全意为人民服务的初心，真正希望让贫困人口过上小康的幸福生活。

"脱贫攻坚"既是全国人民的殷切期盼，也是我们不容推卸的重要使命。其实，不只是在脱贫攻坚领域，在其他各个领域，只要我们坚持"全心全意为人民服务"的初心，踏踏实实为民造福，以愚公移山之志苦干实干，就一定能够成为一个合格的共产党员。

三、从"精准脱贫"中学会用心

精准扶贫脱贫的基本方略是"六个精准"和"五个一批"，"六个精准"分别是扶贫对象精准、项目安排精准、资金使用精准、措施到户精准、因村派人精准、脱贫成效精准。能够建立如此精准的制度，恰恰是我党把群众的问题放在非常重要的位置，也正是真正的用心，才会真正直面问题，解决问题，坚持问题导向，找准问题、聚焦问题。

在我们的日常工作中，无论是理论学习，还是教学科研，乃至学校的"双一流"建设，每一件事情都需要用心，只有真正用心，才能奠定基础，打赢胜仗。

四、不忘初心，牢记使命

站在新的历史方位开启的"双一流"建设，是新时代中国特色社会主义发展的内在要求，也是我国高等教育发展的必由之路。从期望教育救国、教育兴国到今天建设教育强国，中国的教育一直心系国家，以民族复兴、国家强盛为使命担当。历史和现实都表明，一个国家的强盛总是伴随着教育的强盛。

我校目前也在积极推动"双一流"建设,更是需要我们铭记共产党员的初心和使命,既要以良好的科研成就提高教学质量,又要用高质量的教学推升科研水平。同时也要真正把育人为本作为根本要求,将最新知识与教育传播相结合,这样才能真正建设好一流大学,并为学生的全面发展和高水平人才的养成铺好道路。

作　　者:宫　琳(机械与车辆学院)
成稿时间:2018年7月

深入学习领会总书记扶贫战略思想 扎实做好定点帮扶工作

本次随培训班赴山西省吕梁市参加专题培训班令我对习近平新时代中国特色社会主义思想和党的十九大精神有了更加全面、系统和深刻的理解,其中感触最为深刻的就是进一步加深了对国家扶贫战略的认识。吕梁市是国家典型的贫困地区,也是我校定点扶贫县方山县所在地,同时,学校办公室是我校定点扶贫工作的统筹协调部门,此次理论学习和实地考察,为我在实践中贯彻落实定点扶贫工作提供了理论指导和行动指引。

一、对定点扶贫重要意义的再认识

定点扶贫是实现中华民族伟大复兴的重大一环。实现中华民族伟大复兴,是所有国人和侨胞共同的中国梦;步入小康社会,是中国共产党制定的2020年要完成的目标任务。十九大报告指出,"要坚决打赢脱贫攻坚,要动员全党全国全社会力量,坚持精准扶贫、精准脱贫,农村贫困人口实现脱贫,贫困县全部摘帽,解决区域性整体贫困,做到脱真贫、真脱贫。"全面完成脱贫攻坚任务事关全局,既是全面实现小康社会宏伟目标的主要内容,也是实现中华民族伟大复兴中国梦的重要组成部分。

定点扶贫是我校服务国家战略的重大政治任务。服务国家战略是北京理工大学一以贯之的办学理念,脱贫攻坚是党和国家面向"两个一百年"奋斗目标作出的重大战略部署,北京理工大学作为中国共产党创建的新中国第一所理工科大学,始终保持与国家同呼吸、共命运,能够入选中央定点扶贫单位,充分体现了党和国家对学校的信任,学校更要坚定不移地将定点扶贫工作作为重大政治任务来狠抓贯彻落实。

定点扶贫是定点扶贫干部锤炼素质的重要途径。"疾风知劲草,烈火见真金。"凡是条件艰苦、任务繁重的地方,更能锤炼品格、磨炼意志、积累经验、增长才干。习近平总书记强调，要把脱贫攻坚实绩作为选拔任用干部的重要依据，在脱贫攻坚第一线考察识别干部，激励各级干部到脱贫攻坚战场上大显身手。脱贫工作越是往后，啃下硬骨头的难度越大，对干部素质能力的要求越高。因此，定点扶贫既是培养发现好干部的重要平台，也是干部锤炼个人素质的重要途径。

二、对进一步做好定点扶贫工作需把握主要矛盾的思考

方山脱贫摘帽急迫需求和可持续发展帮扶要求之间的矛盾。中央明确此轮扶贫开发工作要将帮扶方式由"输血式"转变为"造血式"，注重帮助当地实现可持续发展。然而我校帮扶的方山县肩负2018年至2019年脱贫摘帽的急迫任务，使得我校定点帮扶工作要面对"迅速见效"和"长效脱贫"的双重要求，要想出色完成定点扶贫任务，就要妥善处理这对矛盾，实现两者有机统一。"冰冻三尺非一日之寒"，学校既要投入精力找准方山贫穷落后的根源，清晰地认清当地的区位、文化和各项生产要素特点，立足长远扎实开展针对性帮扶，又要结合脱贫摘帽急迫需求，帮助农民实现快速增收脱贫。

学校教育为主的帮扶模式与当地产业帮扶为主需求之间的矛盾。根据实地调研考察情况，方山贫穷落后是由于区位条件限制、区域经济落后、交通闭塞、资源短缺、人文素质欠缺等诸多因素造成的。但是随着近年来交通设施的改善和物流行业的快速发展，区位和交通的影响明显减弱，制约其发展的因素逐渐转变为落后的人文素质。高校的最大优势就是教育和科技，显然，当地的综合环境尚不具备吸引人才支撑科技产业发展的条件，教育扶贫自然成为高校定点帮扶的主要定位，但是根据调研结果，当地政府提出的主要帮扶需求却是产业领域的，这就形成了"学校教育为主的帮扶模式与当地产业帮扶为主需求"之间的矛盾。就个人思考而言，下一步，我校既要结合帮助方山县实现全民素质提升的目标坚定不移推进教育帮扶，又要因地制宜帮助方山县快速脱贫：一是结合方山县生态优势和"吕梁水源保护区"的定位，采取"众筹"、引入校友企业投资等多种方式发展生态旅游及配套产业；二是结合山西省对吕梁确定的农业为主发展定位，发挥智力优势，帮助其发展特色农产品产业，试点推广村集体合作社模式，并拓展上下游产业链，在打造高质量产品基础上，利用电商平台推广销售，形成特色品牌；三

是面向农村留守中老年劳动群体，动员校友力量，适当引入低污染、低耗能的劳动密集型产业，帮助农民快速增收脱贫。

全员帮扶投入要求与学校核心职能投入之间的矛盾。中央和国家机关工委对定点帮扶高校提出了动员全员参与帮扶的要求，要完成定点帮扶艰巨的政治任务，动员全校师生参与是必须应当做到的，但是学校的核心使命还是立德树人，今后一段时期的工作重心是"建设世界一流大学和世界一流学科"，如何统筹定点扶贫全员参与和学校核心职能投入问题是需要学校厘清的一项重点。结合个人思考，建议：一是将定点扶贫工作与基层党建工作相结合，将动员全员参与帮扶工作与发挥基层党组织战斗堡垒作用有机结合；二是将定点扶贫工作与学生社会实践工作相结合，充分利用学生社会实践环节，组织学生参与支教等帮扶工作，引导学生了解国情，积极投身贯彻国家脱贫攻坚战略，增强爱国情怀。

作　　者：史建伟（学校办公室）
成稿时间：2018年7月

进一步落实北理工定点帮扶责任的若干思考

吕梁市是传统革命老区，也是典型的贫困地区，通过在吕梁的专题培训班学习，我对党的十九大精神有了更加深刻的认识和理解，尤其对我从事的定点扶贫工作有了更深一步的体会和思考。吕梁市方山县是我校的定点帮扶县，肩负2018年下半年脱贫摘帽的艰巨任务，我们相信只要坚定不移地以习近平新时代中国特色社会主义思想为根本遵循，以习近平总书记精准扶贫精准脱贫战略思想为指引，北理工一定会在助力方山县脱贫致富的攻坚战中作出新的更大的贡献。

一、当前北理工定点扶贫工作面临的形势

党的十九大报告将精准扶贫作为决胜建成全面小康社会三大攻坚战之一，要坚持大扶贫格局，注重扶贫同扶志、扶智相结合。2018年3月30日的中共中央政治局会议指出：把提高脱贫质量放在首位，既不能降低标准、影响质量，也不能调高标准、吊高胃口。

根据中央和国家机关工作委员会办公室《2017年定点扶贫工作试考核反馈意见》，原中央国家机关工委牵头对我校2017年定点扶贫工作进行了试考核，考核结果经国务院扶贫开发领导小组审定，等次为一般，同时提出了三个方面的问题或不足。

2018年工业和信息化部扶贫工作领导小组第二次（扩大）会议就深入推进工业和信息化部脱贫攻坚各项任务提出五点建议：一是要深刻领会习近平总书记等中央领导同志重要指示批示精神，进一步提高思想认识；二是要总结经验教训，完善工作机制，进一步提升扶贫工作的力度和水平；三是要全面贯彻落实《关于打赢脱贫攻坚战三年行动的指导意见》，确保各项任务圆满完成，力争在2018年中央单位定点扶贫工作考核中均达到较好以上；四是要持续加强扶贫作风建设，提高工作质量；五是要加强总结宣传，放大脱贫

攻坚的成效。

学校党委高度重视定点扶贫工作。学校党委常委会多次召开会议研究部署定点帮扶工作。多位校领导多次率队赴吕梁市及方山县调研指导扶贫工作，结合当地需求和当地特点，研究制定定点帮扶具体工作方案。

二、下一步做好定点扶贫工作的思考

结合以上学校定点扶贫工作面临的形势与挑战，以及学校主要领导的工作部署精神，按照远近结合、精准扶贫的要求，现将下一步推进做好定点扶贫工作的若干思考总结如下：

1. 聚焦近期目标，扎实做好产业扶贫

一是做强"电子商务"项目，引领方山县特色农业全链条发展。进一步构建完善的电子商务运行体系，扩大广大农民精准种植的收益，引聚并孵化一批优质电商营销企业。二是做大"恒都肉牛"项目，拉动方山县肉牛养殖业快速发展。汇聚北理工、方山县政府、恒都三方的支持力量，推进构建"肉牛养殖信用互助合作社"之北理工模式，推动肉牛养殖屠宰链条发展，全面提升"恒都肉牛"项目的规模和影响力。三是做实"服装加工"项目，助力农村贫困群体劳动脱贫。进一步与区域大型服装企业接洽，扩大"服装加工"进农村的规模，直接帮助农村贫困人口脱贫增收。此外，积极推进"光伏镀膜"项目，探索企业合作盈利反哺机制；推广"反季节蔬菜大棚"项目，扩大"桥沟模式"示范效应。

2. 瞄准长效扶贫，继续加强科教扶贫

一是推进"支援吕梁学院"项目，带动当地科研整体实力提升。瞄准吕梁地区地方特色鲜明的产学研项目，成立联合实验室，带动当地产业创新发展。与吕梁学院合作设立专家工作站，组织学校专家到吕梁学院开展科技咨询和培训工作。二是推动"骨干人才培养"项目，形成当地发展的长效内生动力。支持吕梁地区科技骨干人才到校参加培训或继续深造；与吕梁学院共同向教育部申请专项委培博士研究生招生指标，助力吕梁学院师资队伍建设。三是推进"支教乡村"项目，提升基础教育教学水平。持续推进"北理工方山暑期学校"建设，开拓广大学生知识领域和综合素质；继续选派研究生支教团，前往方山县开展为期一年的支教工作。此外，建议启动"干部挂职锻炼"项目，提高干部队伍工作能力；巩固"继续教育培训"项目，提升当地人才队伍素质。

3. 结合当地资源，深入推进红色交流

一是开展"红色教育培训"项目，塑造干部师生爱国情怀。立足当地资源优势，探索双方合作的长效机制；打造中层领导人员、新入校教职工及学生党员干部红色教育培训基地。二是打造"廉政教育基地"项目，培养干部师生廉洁自律精神。依托方山县"天下廉吏第一"于成龙故里的文化资源，在方山县挂牌成立"北理工党员干部廉政教育基地"和"大学生学术道德教育基地"，以廉政文化促进当地脱贫攻坚干部群众的作风、担当与廉洁。

作　　者：邹美帅（学校办公室）
成稿时间：2018年7月

深学笃用十九大精神

2018年7月8日至7月13日期间，本人参加了北京理工大学在山西吕梁市委党校组织的"学习贯彻习近平新时代中国特色社会主义思想和党的十九大精神培训班"。本次培训班选择在革命老区山西吕梁进行，一方面充分利用红色革命旧址和廉政文化教育资源，采用课堂加现场实地教学方式，进行理想信念教育；另一方面深入我校定点扶贫县山西省吕梁市方山县，调研脱贫攻坚情况，进行实践教育；为期六天的培训，时间紧凑、内容丰富、主题鲜明、形式多样。经过学习，收获颇深，现将学习体会汇报如下：

一、学习十九大，领会新思想

培训班特邀山西省委党校哲学部教授张志蓬作题为"习近平新时代中国特色社会主义思想解读"的专题讲座。该讲座对十九大报告体现的新时代、新矛盾、新使命、新思想、新征程进行了详细解读，对如何更好地理解习近平新时代中国特色社会主义思想和党的十九大精神提出了意见和建议。

认识到作为共产党人理应笃定信仰。对马克思主义的信仰，对社会主义和共产主义的信念，是共产党人的政治灵魂，是共产党人经受住任何考验的精神支柱，所谓"心中有信仰，脚下有力量。"新时代要求共产党人坚持用习近平新时代中国特色社会主义思想武装头脑，牢固树立"四个意识"，坚定"四个自信"；在今后的学习中通过读原著、学原文、悟原理，做到深学深悟、常学常新，不断深化对党的理论创新成果的理解和把握，更加坚定深学笃用习近平新时代中国特色社会主义思想。

二、发扬吕梁精神，奋战脱贫攻坚

本次培训班特邀吕梁市扶贫办副主任贾永祥就吕梁市脱贫攻坚实践做了专题讲座，解读了精准扶贫的相关政策，分享了扶贫路上的酸甜苦辣。培训班组织学员实地考察了方山县脱贫攻坚取得的成效,在考察桥沟村过程中,桥沟村第一书记刘伟光就脱贫攻坚脱贫摘帽工作情况进行了介绍。

认识到打赢脱贫攻坚战是党和国家作出的重大战略部署,"小康路上一个都不能掉队"是党向全国人民作出的庄严承诺。革命战争年代,吕梁儿女用鲜血和生命铸就了伟大的吕梁精神;当今时代,奋战在一线的脱贫攻坚同志们继续为老百姓过上幸福生活而奋斗。这种精神将永远激励中华儿女为实现中华民族伟大复兴而团结奋斗。

三、服务双一流,撸起袖子加油干

北京理工大学党委书记赵长禄在"建设中国特色世界一流大学的实践向度"中指出,"党的十九大报告以及习近平总书记在北京大学师生座谈会上的重要讲话等对新时代高等教育发展的重大问题进行了回答,形成了一系列重大判断。这些重大判断蕴含着极为深刻的实践向度,为我们在新时代办好中国特色世界一流大学提供了行动指南。"

北京理工大学是中国共产党创办的第一所理工科大学,是新中国第一所国防工业院校。新时代北京理工大学要传承"延安根、军工魂"红色基因,继承徐特立教育思想的精髓,坚持社会主义办学方向。

在"双一流"建设的大背景下,图书馆作为支撑与保障机构将与全校师生一起撸起袖子真抓实干,在科研数据分析、学科服务、科技查新、参考咨询、文献资源建设、馆际互借与文献传递等方面不断提升服务水平,提高服务质量,为学校师生的学习科研工作提供支持,为学校领导和职能部门决策提供参考依据,为我校"双一流"建设贡献力量。

四、加强教职工党支部建设,充分发挥党支部战斗堡垒作用

十九大报告指出"党的基层组织是确保党的路线方针政策和决策部署贯彻落实的基础"。教职工党支部建设是高校党建的重要组成部分,是党在学校基层单位中的战斗堡垒。

作为一名教职工党支部书记要认识到:我校已明确把思想政治素质纳入绩效考核指标体系,这将促进广大教师把提升职业道德和思想政治素质摆在首位,将党建工作、科研成绩、教学业绩共同谋划。在实际工作中,教职工

党支部书记普遍承担着较重的业务工作，这就要求党支部书记切实做到强化责任意识，履行一岗双责。教职工党支部碍于教师教学、科研、业务工作任务繁重，通常理论学习仅限于完成要求的规定动作，创新意识不足；新时期下的思想政治教育，需要创新形式、激发活力，融入中心抓党建，抓好党建促发展。

通过本次系统学习，我对习近平新时代中国特色社会主义思想和党的十九大精神有了进一步深刻的认识。在今后的学习和工作中，我将进一步学习宣传贯彻落实党的十九大精神，不忘初心、牢记使命、勇于担当，自觉内化于心、外践于行，为"双一流"建设贡献力量。

作　　者：王　飒（图书馆）

成稿时间：2018年7月

学习贯彻十九大精神　确保脱贫攻坚战胜利

党的十九大将习近平新时代中国特色社会主义思想确立为党的指导思想，在党章中明确习近平总书记的核心领导地位，对决胜全面建成小康社会作出战略部署。2018年7月，我有幸参加了学校党委组织部、党校在山西省吕梁市主办的培训班，深入学习了习近平新时代中国特色社会主义思想和党的十九大精神，调研了当地脱贫攻坚情况，学习了脱贫攻坚经验，再次接受了理想信念教育和革命传统教育，对于打赢在十九大精神指导下的脱贫攻坚战有了切身的体会。

一、深入学习十九大精神是实现脱贫的根本

学习是行动的前提和基础，是持续不断自我完善的过程，是进步的阶梯。山西省委党校张志蓬教授在培训讲座中指出，党内政治理论学习，要"读原著、学原文、悟原理"，应"原原本本的学，原汁原味的学，在学懂弄通做实上下功夫"。要想切实领会十九大精神，首先就要认真学习习近平总书记的十九大报告原文，十九大报告是对我党十八大以来工作成果的总结，也为我们今后的工作和发展指明了方向。

"不忘初心，牢记使命"是十九大报告主题打头的八个字，而我们中国共产党人的初心和使命，就是为中国人民谋幸福，为中华民族谋复兴，这个初心和使命是激励中国共产党人不断前进的根本动力。习近平总书记指出，我们要牢记人民对美好生活的向往就是我们的奋斗目标，坚持以人民为中心的发展思想，努力抓好保障和改善民生各项工作，不断增强人民的获得感、幸福感、安全感，不断推进全体人民共同富裕。

十八大以来的五年，人民的生活不断得到改善，人民获得感和幸福感显著增强，国家的脱贫攻坚战取得决定性进展，6000多万贫困人口稳定脱贫，贫困发生率从10.2%下降到4%以下。但是，我们应该清醒认识到，国家的脱

贫攻坚任务依然艰巨。十九大报告已经为我们下一阶段的脱贫工作指明了方向：实施乡村振兴战略，始终把解决好"三农"问题作为全党工作重中之重，坚决打赢脱贫攻坚战，坚持精准扶贫、精准脱贫，坚持大扶贫格局，注重扶贫同扶志、扶智相结合，解决区域性整体贫困，做到脱真贫、真脱贫。这也是我们党对人民作出的庄严承诺。

二、因地制宜攻坚克难是实现脱贫的抓手

方山县位于全国扶贫攻坚开发的十四个片区之一——吕梁山区腹地，2015年8月，作为新增22个中央扶贫单位之一，我校定点扶贫山西省吕梁市方山县。为落实对口帮扶，实现精准扶贫，学校选派优秀干部挂职方山县副县长和桥沟村第一书记。

他们到岗后迅速融入了当地发展致富的各项工作中，一心扑下身子、耐住性子，从走访当地村民、加强基层党建、和谐干群关系、改善基础设施、化解矛盾纠纷、活跃群众文化生活等一件件实事做起，赢得了群众的普遍认可和赞誉，掌握扶贫工作的一手资料，了解到基层的具体情况，为制定有效的脱贫措施奠定了基础。

根据当地耕地面积、光照气温和雨水等条件，方山县确定了中药材、高粱、饲草种植等特色农林重点产业，同时推进畜牧养殖业规模化、标准化，建立肉牛和肉鸡养殖基地，生产绿色有机山鸡蛋，由村集体实施扶贫产业，财政扶持资金作为村集体产业发展基金和贫困户的股金，保证贫困户获得稳定分红收益。在重点扶贫工程方面，通过光伏电站并网后的纯收益分配实现贫困村收益分配全覆盖，通过扶贫搬迁安置点建设实现耕地复垦，通过退耕还林、干果经济林提质增效等工程实现贫困人口的收入增加。结合当地情况，因地制宜地开展扶贫工作，已经取得了可见的成效。

三、解放思想增强内力是实现脱贫的关键

脱贫致富，还面临着很多困难，一切帮扶都只是外力，只有增强自身内力才是关键。由于吕梁地区地处偏远、交通不便，当地村民相对信息闭塞和观念落后，没有主动脱贫的思想和意识，因此在扶贫初期，村民单打独斗、观念守旧，从事的农务科技含量低，等、靠、要的思想严重，缺乏谋事创业

的热情。如果这种状态长期持续下去，即使帮扶投入再多资金，也无法真正实现脱贫。

打铁还要自身硬。要想发展，走上致富脱贫之路，就要解放思想、开阔视野，提升村民的知识技能和文化素质，营造良好的文化氛围。学校在对方山县和桥沟村提供资金和科技支持的同时，发挥高校教育资源优势，积极推进教育扶贫，加强方山县中小学生的思想教育、专业教育、课外教育。在桥沟村建设北京理工大学方山县暑期学校，通过社会实践的形式选派师生到暑期学校支教，开展趣味科普宣讲；引进"吕梁情"系列演出，引导村民崇尚文明、反对愚昧，丰富了村民的精神生活，提高了生活品质。通过思想教育和文化熏陶，将"要我脱贫"的思想转变为"我要脱贫"的思想，切实激发村民谋求发展变革的内在动力。

培训班短短六天的学习和考察调研，让我有机会对习近平新时代中国特色社会主义思想和十九大精神有了一次踏实的、系统的学习，对贫困地区的发展现状有了切身的感受，也与身处扶贫一线的工作人员有了更深入的交流。希望今后能有机会再次参与到学习培训活动中来，为方山县和桥沟村的脱贫攻坚工作贡献自己的一份力量，也祝愿方山县脱贫摘帽取得胜利。

作　　者：杨亚楠（光电学院）
成稿时间：2018年7月

不忘初心牢记使命、凝心聚力共谋发展

2018年7月8日至13日，我有幸参加了由北京理工大学党委组织部、校党校和中共吕梁市委党校共同组织的"北京理工大学学习贯彻习近平新时代中国特色社会主义思想和党的十九大精神培训班"。我深知此次培训将会是一次非常难得的学习机会，因此在培训期间，认真聆听了每一场的专家讲座报告，积极参与每一次的分组讨论，并且深入扶贫攻坚的第一线进行社会实践。通过这次理论联系实际的党校培训，思想信念进一步坚定，共产党人历史使命进一步明确，时代担当进一步加强。我深刻体会和赞叹习近平新时代中国特色社会主义思想是一个主题鲜明、内容丰富、思想深邃、博大精深的科学理论体系，蕴含着丰富的治国理政经验和智慧，包含着解决中国问题的根本方法，具有显著的理论品格和鲜明的思想特征，同时树立了为成为一名"胸怀壮志、明德精工、创新包容、时代担当"的新时代优秀共产党员而不懈努力奋斗的理想。

一、加强理论学习，坚定信仰追求

作为一名基层共产党员干部，应该始终把学习习近平新时代中国特色社会主义思想和党的十九大精神作为首要政治任务，坚持用习近平新时代中国特色社会主义思想武装大脑、指导实践、推进工作，坚持用十九大精神增强政治意识、大局意识、核心意识、看齐意识，树立中国特色社会主义道路自信、理论自信、制度自信、文化自信。深入学习习近平新时代中国特色社会主义思想与党的十九大精神的基本内容、内在联系，认真读原著、学原文、悟原理，真正做到学懂、弄通、做实。党员干部还需主动学习习近平总书记的最新讲话精神，做到主动跟进、及时研读，做到全面领会、准确把握，做到深学深悟、常学常新，做到真学、真懂、真信、真用。只有不断坚定理想信仰，才能更好地指导实践工作，党的事业才能生机蓬勃、永葆气节、万古长青。

二、真抓实干创一流，努力奋斗出业绩

这次培训的实践环节包括中阳钢厂调研、阳坡村调研、方山县桥沟村脱贫攻坚成果展等。这些实践环节中的一个主题就是脱贫攻坚，从中给我最深的体会就是习近平总书记"新时代中国特色社会主义"高瞻远瞩的战略眼光、"实干兴邦"扎实的工作作风、"撸起袖子加油干"的雄心壮志，以及"不让一人掉队"的感人胸怀。脱贫攻坚是党和国家作出的重大战略部署，是必须要认真贯彻落实的重大政治任务，北京理工大学定点帮扶山西省吕梁市方山县精准扶贫工作既是新时代赋予双方的神圣使命，又是深化合作共赢发展的良好契机。为进一步推进校地携手打赢脱贫攻坚战，必须要深入学习贯彻习近平总书记扶贫开发战略思想，进一步增强做好扶贫工作的责任感、使命感，切实履行脱贫攻坚的主体责任和帮扶责任；要加强沟通、密切协作，出色完成脱贫摘帽冲刺任务；要立足长远、互惠合作，共同推动地方经济创新发展。真抓实干创一流，努力奋斗出业绩，这和国务院《统筹推进世界一流大学和一流学科建设总体方案》以及教育部等三部委《统筹推进世界一流大学和一流学科建设实施办法》的内在要求高度一致，也和北京理工大学在建设"双一流"大学中围绕世界一流学科建设，狠抓内涵发展和学科发展的特色鲜明的方向是高度一致的。正如赵长禄书记提出的那样："双一流"建设的峥嵘事业已经在全体北理工人的携手奋斗中画卷初展，让我们继续沉下心来、扑下身子、甩开臂膀，一路披荆斩棘、高歌猛进，以前所未有的实干担当，用"奋斗"迎接北理工更加美好的明天！

三、不忘初心牢记使命，忠诚奉献勇于担当

在党的十九大报告中，习近平总书记旗帜鲜明地指出，中国共产党人的初心和使命，就是为中国人民谋幸福，为中华民族谋复兴。这个初心和使命是激励中国共产党人不断前进的根本动力。而在习近平总书记的眼中，一名合格党员需做到以下四点：第一，要有坚定的理想信念，精神上不缺"钙"，有远大理想也脚踏实地；第二，心里始终装着群众，遇事敢于担当，直面问题，面对群众最关心、最直接、最现实的问题，有没有勇气担

当，敢不敢迎难而上，是检验一名党员是否合格的试金石；第三，干事干净讲规矩，永远是劳动人民的普通一员，不论职务高低、资历深浅、成就大小，都必须自觉遵守党内政治生活准则，任何时候都不搞特殊化，堂堂正正、光明磊落，是一个真正的共产党人应该具备的；第四，勇于改革创新，敢啃硬骨头敢涉险滩，惟改革者进，惟创新者强，惟改革创新者胜，改革在很多领域突入了"无人区"，更加需要党员干部发挥"逢山开路，遇水架桥"的魄力，以改革创新精神勇于担当和作为，将改革进行到底。

总之，为了树立坚定的理想信念，学习贯彻习近平新时代中国特色社会主义思想和党的十九大精神是一个长期的工作，我们必须使习近平新时代中国特色社会主义思想和习近平总书记重要讲话精神入耳、入脑、入心。同时一流的业绩要扎扎实实地做出来，只有真抓实干才能出成绩。我们必须要对党忠诚、勇于担当作为，以奉献求发展，接续奋斗、砥砺前行，书写不忘初心、牢记使命的新篇章，为办好中国特色社会主义一流大学、培养社会主义建设者和接班人、为实现全体人民共同富裕而奋斗终生！

作　　者：司黎明（信息与电子学院）
成稿时间：2018年7月

新时代、新思想、新征程、新作为

为了深入学习贯彻习近平新时代中国特色社会主义思想和党的十九大精神，打造适应学校"双一流"建设要求的高素质专业化干部队伍，7月8日至13日，我作为山西吕梁培训班三组组长参加了由我校组织部策划，吕梁市委党校承办的学习培训活动。活动期间学习实践环节丰富多彩，有市委党校专家解读十九大精神，诠释习近平新时代中国特色社会主义思想内涵；有"三农"专家深刻解读乡村经济发展现状和国家扶贫政策；有战斗在扶贫一线的党员干部用生动的实例讲述对国家扶贫政策的理解，介绍如何攻坚克难，运用党的理论知识和扶贫工作的方针政策，发挥一名共产党员吃苦耐劳、勇于担当的精神开展扶贫工作；有兄弟院校如何开展帮扶工作的实践考察，了解扶贫攻坚战的不同侧面，理解国家扶贫政策的根本任务；有深入我校定点扶贫县村的亲身体会，通过我校挂职干部的详细介绍，亲身体会扶贫工作的艰苦和不易。所看、所听、所言、所感颇多，下面就对这些天的学习体会向组织进行汇报：

一、贯彻十九大精神，习近平新时代中国特色社会主义思想指引我们前行

党的十九大报告是站在时代和历史的高度，围绕坚持和发展中国特色社会主义这条主线，以马克思列宁主义、毛泽东思想、邓小平理论、"三个代表"重要思想、科学发展观为指导，贯彻习近平总书记系列重要讲话精神和治国理政的新理念、新思想、新战略，描绘了决胜全面建成小康社会，夺取新时代中国特色社会主义伟大胜利的宏伟蓝图，进一步指明了党和人民事业的前进方向，是全党、全国各族人民智慧的结晶，是我党团结带领全国各族人民在新时代坚持和发展中国特色社会主义的政治宣言和行动纲领，是马克思主义的纲领性文件。

报告用"八个明确"对新时代中国特色社会主义重要思想进行了阐述,明确坚持和发展中国特色社会主义,总任务是实现社会主义现代化和中华民族的伟大复兴,在全面建设小康社会的基础上分两步走,在本世纪中叶建成富强、民主、文明、和谐、美丽的社会主义现代化强国;明确新时代我国社会主义主要矛盾是人民日益增长的美好生活需要和社会不平衡、不充分的发展之间的矛盾,这就要求全党全社会必须坚持以人民为中心的发展思想,不断促进人的全面发展;明确中国特色社会主义事业总体布局是"五位一体",战略布局是"四个全面",强调坚定"道路自信、理论自信、制度自信、文化自信";明确全面深化改革总目标是完善和发展中国特色社会主义之路,推进国家治理体系和治理能力现代化;明确全面推进依法治国总目标是建设中国特色社会主义法制体系,建设法治国家;明确党的新时代的强军目标,要建设一支听党指挥能打胜仗,作风优良的人民军队,把人民军队建设为世界一流军队;明确中国特色大国外交,推动构建新型国际关系,推动构建人类命运共同体;明确中国特色社会主义最本质的特征是中国共产党的领导,党是最高政治领导力量,提出新时代总体建设要求,突出政治建设在党的建设中的重要地位。

二、积极贯彻乡村振兴战略,攻坚克难做好"五个坚持""六个精准""五个一批"

十九大报告中对实施乡村振兴计划提出了二十字方针,即"产业兴旺、生态宜居、乡风文明、治理有效、生活富裕"。分别从乡村的生产发展、生态建设、精神面貌、社会治理、生活状态这五个角度提出具体要求。"三农"问题仍然是我国全面发展的短板,在即将开启现代化国家建设的征程中,坚持农业农村优先发展的战略安排,是坚持问题导向,补好发展短板的必然选择。

扶贫工作是党中央、国务院的一项重要战略部署。党政机关定点扶贫是我国扶贫开发战略的重要组成部分,是新阶段扶贫开发的一项重大举措,对推动贫困地区经济社会的发展有着积极的意义。2015年11月23日,中央政治局召开会议,会议明确,到2020年通过产业扶持、转移就业、易地搬迁、教育扶持、医疗救助等措施解决5000万贫困人口脱贫,完全或部分丧失劳动能力的2000多万人口全部纳入农村低保制度覆盖范围，实行社保政策兜底脱贫。扶贫工作应做好"五个坚持""六个精准""五个一批"，解决好"扶持谁""谁来扶""怎么扶""如何退"的一系列问题。

三、双一流建设，使命担当

通过这一阶段学习，我明确了作为一名共产党员，应该不断加强党的理论知识和总书记重要讲话精神的学习，时刻牢记共产党员的使命和初心，思想上、行动上严格自律，忠诚、干净、勇于担当，始终牢记"四个意识"，坚持"四个自信"，以立德树人为根本任务，努力培养德智体美全面发展的社会主义建设者和接班人。在今后的工作中我一定振奋精神，鼓足干劲，进一步贯彻党的十九大精神，以习近平新时代中国特色社会主义思想为指引，不忘初心，牢记使命，以实际行动为全面建成小康社会，建设社会主义现代化强国，实施科教兴国、人才强国战略，大力推动我校"双一流"建设作出应有的贡献。

作　　者：薛　伟（研究生院）

成稿时间：2018年7月

发扬吕梁精神 推进"双一流"建设

2018年7月8日至7月13日，在学校的组织领导下，我们一行30余人赴山西吕梁，参加"北京理工大学学习贯彻习近平新时代中国特色社会主义思想和党的十九大精神培训班"。在6天40学时的学习过程中，通过理论学习、实践调研和交流讨论等方式，从不忘初心、牢记使命，为打赢吕梁脱贫攻坚战出谋划策，建设人民满意、北理工自豪的中国特色世界一流大学三个方面，结合学习与工作实际，我有了以下的学习心得体会。

一、坚定理想信念，学习领会习近平新时代中国特色社会主义思想

党的十八大以来，国内外形势变化和我国各项事业发展都给我们提出了一个重大时代课题，这就是必须从理论和实践结合上系统回答新时代坚持和发展什么样的中国特色社会主义、怎样坚持和发展中国特色社会主义。习近平新时代中国特色社会主义思想贯穿着马克思主义立场观点方法，闪耀着辩证唯物主义和历史唯物主义的理论光芒，是新时代坚持和发展中国特色社会主义的思想武器和行动指南，其强大的理论穿透力和现实解释力成为回应当代中国社会发展面临的一系列重大理论和实践问题的中国解答，这就要求我们全面、科学、准确地学习领会习近平新时代中国特色社会主义思想。

毋庸置疑，习近平新时代中国特色社会主义思想的历史方位是新时代。这个新时代，是中国特色社会主义新时代，中国实现了从站起来、富起来到强起来的历史性飞跃，开启了决胜全面建成小康社会、全面建设社会主义现代化国家的新征程。围绕贯彻落实体现习近平新时代中国特色社会主义思想，我们在各方面建设中都要坚持党对一切工作的领导，坚持以人民为中心，坚持全面深化改革，坚持新的发展理念，坚持人民当家做主，坚持全面依法治国，坚持社会主义核心价值体系，坚持在发展中保障和改善民生等

十四个方面展开工作。

二、发扬吕梁精神，凝神聚力打赢脱贫攻坚战

2017年6月21日，习近平总书记到山西考察调研时特别提到了"吕梁精神"："革命战争年代，吕梁儿女用鲜血和生命铸就了伟大的吕梁精神。我们要把这种精神用在当今时代，继续为老百姓过上幸福生活、为中华民族伟大复兴而奋斗。"吕梁精神总体可概括为"艰苦奋斗、顾全大局、自强不息、勇于创新"，其中艰苦奋斗是基石，顾全大局是核心，自强不息是精髓，勇于创新是灵魂。吕梁精神既有着独特鲜明的自身特征，又与井冈山精神、长征精神、延安精神、太行精神等一系列党的伟大精神一脉相承。

革命老区吕梁，是山西省贫困程度最深的地区。吕梁党校的专家给我们讲述他们在打赢吕梁扶贫攻坚战过程中的酸甜苦辣，我深深被他们体现出的吕梁精神所感动，认识到要把国家好的政策转化成可执行的方法，真正实现精准扶贫，其中的复杂和艰难确实是我们难以想象的。当我们来到贫困户居住的村寨，实地了解到各级组织和党员干部为带领贫困户脱贫所付出的努力、辛苦和才智，我特别想对奋战在扶贫第一线的挂职干部致以敬意，为他们的奉献精神点赞。这也同样激励我们要把这种精神用在当今时代和实践工作中，继续为学校"双一流"建设、为科技创新和国家的伟大复兴而奋斗。

三、昂扬奋斗姿态，担当推进"双一流"建设事业

"加快一流大学和一流学科建设"写入党的十九大报告，彰显了党中央对这一工作的高度重视。中国的教育一直心系国家，以民族复兴、国家强盛为使命担当。历史和现实都表明，一个国家的强盛总是伴随着教育的强盛。从1995年11月启动的"211工程"到后来实施的"985工程"，二十多年来，我国一直在为建设世界一流大学、建设高等教育强国不懈努力，而高等教育的发展又为国家各项事业发展提供了有力人才保障。

"双一流"建设必须以习近平新时代中国特色社会主义思想为指导，毫不动摇地坚持党对高校的领导。我国大学应牢牢抓住立德树人这个根本任务，真正解决好培养什么人、如何培养人以及为谁培养人这个根本问题，把

社会主义核心价值观作为大学精神的思想基石，把思想政治工作作为大学育人的独特优势，把党委领导下的校长负责制作为大学领导体制的核心坚守，把建设中国特色现代大学制度作为大学治理的基本依托。

图书馆主动融入"双一流"建设中，通过开展"学科竞争力报告""一流学科研究前沿报告""学科贡献度分析报告"等战略情报服务助力学科质量评估和特色发展决策，坚持学科建设有所选择、有特有强、有交叉融合、有高点高峰，形成优势带动、多元发展、交融并存的良好态势。

六天的培训班虽然短暂，但学习精神的丰富内涵必将带来长远的影响。我坚信，新时代、新征程、新作为，奋斗的脚步永不停歇！

作　　者：崔宇红（图书馆）

成稿时间：2018年7月

新时代吕梁山区的红色乐章

7月13日,为期一周的"北京理工大学学习贯彻习近平新时代中国特色社会主义思想和党的十九大精神培训班"在吕梁市党校举行了结业仪式。在这一周紧张充实的学习过程中,我们听取了基层干部对习近平新时代中国特色社会主义思想的解读,了解到了国家乡村振兴战略的布局,感受到了精准扶贫的重要,也体会到了北理工挂职锻炼干部的艰辛和成长,更为老区人民上下一心,调动各项资源,全力以赴脱贫摘帽奔小康的精神所鼓舞和感动,现将心得体会汇报如下:

一、廉洁是共产党员的基本素养和使命

廉洁奉公,是我们党的一贯宗旨。早在红军长征时期,就能做到不拿群众一针一线。但近年来随着物质生活水平的提高,部分党员思想薄弱,享乐主义抬头,出现了贪污腐化的现象,损害了我党在群众中的地位和形象,影响了党群关系。吕梁市是清朝廉吏于成龙的故乡,围绕于成龙的成长过程,吕梁市党委挖掘整理了相关史料,形成了廉政教育基地,进行党员教育和培训。如果想开创廉政爱民的风气,就要使官员做到不想贪、不敢贪和不能贪。不想贪,是思想过硬,对物质需求淡薄,积极追求思想进步;不敢贪,是有严格的法律威慑,违法成本高;不能贪,是制度合理,没有权利寻租的空间,找不到贪赃枉法的漏洞。因此要全方位地形成廉政机制和氛围,才能做到整个社会真正的清廉。

二、精准扶贫任重而道远

吕梁地区作为革命老区,发挥了巨大的作用;老区人民为了解放事业,作出了很大的牺牲。现在整个山西省从原来的依赖资源型生产,转向绿色可持续型生产。全国人民有义务帮助老区人民脱贫致富,共享小康社会。但扶

贫过程中，面对一个个在贫困线上煎熬的贫困户，情况复杂，开展工作难度大，除了工作的热情和干劲，还需要共产党员的智慧和方法。扶贫人员面临的最大问题不是物质扶贫，而是精神面貌的改变。让人老区人民认识到，国家和党是真真切切地为他们着想，希望他们过上幸福快乐的日子，这种改变不是一朝一夕，而是永久的改变。因此仅仅从物质上给予，并不能从根本上解决问题，必须让老区人民在大家帮助下，产生内在动力，主动脱贫致富。扶贫干部讲他们扶贫中所遇到的各种棘手问题，如何巧妙地化解，引来学员们的阵阵掌声。目前吕梁地区地精准扶贫工作开展得有声有色，切实做到扶贫对象精准、措施到户精准、项目安排精准、资金使用精准、因村派人精准、脱贫成效精准，使广大人民群众从心里面感谢和拥护党。

三、北理工挂职干部的使命和担当

北京理工大学是吕梁市方山县的对口支援共建单位，每年都选派优秀的干部赴老区挂职开展工作，为老区的发展作贡献，同时也丰富自己的经历，用实际行动向党汇报。我们这次参观了刘伟光老师挂职锻炼的吕梁市方山县桥沟村。刘老师到岗后，考察当地优势资源，决定帮助当地的农户卖土鸡蛋。当地的土鸡蛋个头小，卖相不好，蛋农又比较分散，传统的经营模式无法支持蛋农大规模发展。刘老师采用"互联网+"思维，发动身边资源，以微店的形式，利用现代化物流配送，使当地绿色无污染的鸡蛋48小时内就能出现在餐桌，同时增加科技投入，建设大型冷库，提高产品品质。目前已经在全国范围内形成稳定销售渠道。在北京理工大学和乡政府的支持下，在方山县桥沟村还开办暑期学校，北京理工大学选派优秀的学生，利用暑假到老区支教，在体育、文艺、科技等方面开设不同的课程，为吕梁地区的学生带来新知识。此外北京理工大学不同学院还根据学院特色，在硬件方面给予支持，提供不同教具和科研设备，全力支持挂职干部的工作开展。

一周的时间很快就过去了，回顾一周的所见所闻，心情很难平静。老区人民在习近平新时代中国特色社会主义思想和党的十九大精神的指引下，以饱满的热情、十足的干劲投身工作，开创了"艰苦奋斗、顾全大局、自强不息、勇于创新"的吕梁精神，他们呈现的这种新的精神风貌，也深深地感染了我们。我们也要传承北京理工大学的"延安根、军工魂"的革命精神，在自己的工作岗位上，以党员的标准严格要求自己，作出突出贡献！

作　　者：何　旭（机械与车辆学院）
成稿时间：2018年7月

聚焦立德树人根本任务
努力培养世界一流人才

在吕梁的一星期培训中,我们学习了专家对习近平新时代中国特色社会主义思想高屋建瓴、通俗易懂的讲解,聆听了乡村振兴战略、吕梁扶贫攻坚实践介绍及一代廉吏于成龙的故事,实际调研了桥沟村、阳坡村的扶贫工作,感觉收获颇多,主要有以下三个方面:

一、不忘初心,坚定信仰,在学懂弄通做实习近平新时代中国特色社会主义思想上下功夫

星期一上午张教授从方法论角度对十九大精神进行解读,介绍了习近平新时代中国特色社会主义思想提出的许多新理念、新论断,确定的许多新任务、新举措,这是十九大报告的核心灵魂,需要通过认真学习来准确领会。作为高校的教师,我们应当在学懂弄通做实习近平新时代中国特色社会主义思想上下功夫:

一是在读原著、学原文、悟原理上下功夫。读原著、学原文、悟原理是深刻领会习近平总书记系列重要讲话精神的重要保证。在张教授的讲座中介绍了《习近平治国理政》等原著。我们必须对原著系统全面地学习,潜心钻研,才能深刻理解习近平总书记系列重要讲话的时代背景、核心要义,准确把握其中蕴含的治国理政新理念、新思想、新战略,真正在深层次上提高思想理论水平和政策水平。

二是全面深入学习习近平总书记关于教育的系列讲话精神。习近平总书记在治国理政中,高度重视教育在社会主义现代化建设中的地位和作用。在全国高校思政工作会议上、今年5月2日在北京大学座谈会上等他都发表了重要讲话,指引中国教育改革和发展的前进方向。学习中要站在党和国家建

设发展的战略高度，认识和把握办好中国特色世界一流高等教育的重大意义，把学校"双一流"建设与经济社会建设、人民军队建设、国防现代化建设以及国家安全等紧密结合起来，认真践行习近平新时代中国特色社会主义思想。

二、不忘初心，群策群力，打赢桥沟村脱贫攻坚战

去年的6月21日，习近平总书记专程来到吕梁考察脱贫工作。而一年后的本周，我们也非常有幸来到吕梁这片英雄热土，调研了我校定点帮扶的方山县桥沟村。看到形成党建、生态、科技、产业、廉政五色扶贫的桥沟扶贫模式，我感到非常振奋。对奋战在扶贫一线的两位同志由衷地敬佩，在艰苦的条件下，他们认真努力，开动脑筋，全心全意开展精准扶贫工作。通过聆听报告和调研，我对精准扶贫、打赢扶贫攻坚战有了深入认识和思考：

一是加强教育扶贫，切断贫穷代际传递。治贫先治愚，扶贫先扶智，教育扶贫是治本之策，是扶贫最有效的方式之一。在调研中我们了解到，方山县基础教育比较落后，优质教育比较匮乏。对于如何开展教育扶贫，学校已经做了很多工作，比如下星期即将开学的方山暑期学校、研究生支教团等，赵汐副县长也介绍了"两不愁五保障"等政策；而对于如何进一步加强教育扶贫，可以通过加强方山县中小学教师培训、邀请部分中小学生到学校参加游学活动等来实现。

二是加强科技扶贫，助推产业升级。我们学校有强大的科研实力和丰富的科研成果，应充分发挥智库人才作用，结合方山经济社会发展中的重大问题，协助开展战略咨询、规划编制、专题研究等工作，为当地党委、政府科学决策提供重要支撑。针对阻碍产业发展的关键技术和瓶颈技术开展研究，提升贫困地区农业科技应用水平和产业化发展水平，助推产业升级。

三是群策群力，加推动扶贫工作常态化。学校制定政策，推动扶贫工作常态化，鼓励学校二级单位和学生多参与扶贫，让更多的力量参与扶贫，通过扶贫，也培养学生胸怀壮志，为国为民、为社会服务的责任担当。

三、不忘初心，勇于担当，培养社会主义合格建设者和接班人

习近平总书记在北京大学讲话中提出了一个根本任务、两个标准、三项基础工作、四点希望。赵长禄书记也指出要大力培育政治、学术、宜学三种生态，助力一流大学建设；张军校长指出坚持立德树人根本任务，构建一流大学发展新生态。而如何建设人民满意、北理工人自豪的一流大学？教育要如何回归本源，要培养什么样的人？我的思考如下：

一是立德树人，培养具有北理工特质的社会主义可靠接班人。不忘初心、方得始终。高等学校的初心就是要培养德智体美全面发展的社会主义建设者和接班人，作为我党创办的第一所理工科大学，我们更要坚持正确的政治方向，把马克思主义作为中国特色社会主义大学的"鲜亮底色"，用"延安根、军工魂"的特色文化熏陶学生，不断提高思政课质量和水平，促进专业知识教育与思想政治教育相融合，构建全员全方位全过程"三全育人"大格局，培养具有北理工特质的社会主义可靠接班人。

二是科学评价，引导教师潜心教书育人。教师的天职就是教书育人，坚持以师德师风作为教师素质评价的第一标准，把教学质量作为教师专业技术职务评聘、绩效考核的重要依据。学校目前已经在职称评定等方面向教书育人倾斜，但还需进一步加强教育教学核心地位，在分类评价基础上，在资源、职称晋升等方面进一步向教学岗位教师倾斜。比如材料学院现在教学类课题项目在考核评价中可升一级，校级教研教改项目与省部级科研项目对等，都是非常好的举措。

三是顶层谋划，加强学科交叉和交叉学科融合。顶层设计，凝心聚力，形成有理工大学特色的高含金量、高显示度大成果，具有理工大学集成性的学科平台，形成"长竿效应"，比如装甲与反装甲实验室如何与兵器学科融合，理科如何与工科融合。同时，对精品文科建设，应立足队伍，加强顶层设计凝练方向，聚焦重点，在资源分配等方面予以倾斜。同时，将一流学科、一流学院与一流教学结合，遵循高等教育规律和人才成长规律，重点做好专业课程体系建设。

四是勇于担当，发挥党员干部先锋模范作用。抓党建促脱贫，党员带动村民脱贫致富奔小康。桥沟村的党建工作充分说明了党建工作的重要性。我

们作为党员，应当努力提升自己的党员素养，学会用党言党语服务群众，做好党委和教师间的沟通桥梁。作为学校的中层干部，我们应勇于担当，甘于奉献，不断提升自己的能力水平，学习一代廉吏于成龙，集忠、廉、能、仁于一身，为学校的"双一流"贡献自己的一份力量。

作　　者：李　勇（研究生院）

成稿时间：2018年7月

学习创新、勠力发展

2018年7月9日至7月13日，北京理工大学党委组织部组织开展了北京理工大学学习贯彻习近平新时代中国特色社会主义思想和党的十九大精神培训班，我作为法学院国际法研究所党支部书记荣幸地参加了此次培训。此次培训班的内容丰富充实，我参加后个人收获很大。正如山西省委党校张志蓬教授所言，习近平新时代中国特色社会主义思想大致可以用一个字、一个词、一句话来加以概括。其中的一个字便是"新"，新便是创新、革新，作为一名基层党支部书记，我此次学习最深切的体会和感受也可以用以下两个方面的"创新"来概括。

首先，党支部的工作开展需要创新。本次培训中，多次强调新时代、新思想、新发展，这充分体现了当前我们党和国家的发展进入了新的阶段。学校、学院包括我们党支部的工作也是如此。在学校创建"双一流"的背景下，基层党支部的工作方式和内容也需要有相应的调整和转变，以配合学校和学院的发展步伐。其中值得思考的一个问题是如何将党支部工作真正地与教师的教学科研工作紧密结合起来，以党支部工作促进教学科研，同时以教学科研为基础带动党支部活动的开展，真正做到结合岗位、结合实践，使党员教师勇于担当作为，以贡献求发展。针对开展党支部活动所遇到的困难，在培训期间的分组讨论中，有担任党支部书记的学员提到，党支部的工作应当耐心、用心、贴心，特别是在两个校区分开的情况下，党支部的活动有时候很难统筹安排，此时则需要党支部书记以上述高标准要求自己。值得一提的是，在培训期间观看优秀党员事迹短片以及分组讨论的过程中，我深切地感受到北理工师生党员和参加培训的各位学员对学校真挚而浓厚的情感。此次学员中很多人都毕业于北理工，对母校的深厚感情也让他们克服了种种困难，把大量的时间和精力投入党支部活动中去，这也将成为支部活动顺利开展的重要精神支撑和保障。

其次,学习习近平新时代中国特色社会主义思想的方式方法要创新。省委党校张志蓬教授在讲座中提到,学习习近平新时代中国特色社会主义思想面对的两个主要问题是学什么以及怎么学。在学什么方面,应首先明确新思想的意义在于比较集中地系统地回答了新时代坚持和发展什么样的中国特色社会主义、怎样坚持和发展中国特色社会主义等重大时代课题,包括新时代坚持和发展中国特色社会主义的总目标、总任务、总体布局、战略布局和发展方向、发展方式、发展动力、战略步骤、外部条件、政治保证等基本问题,并且根据新的实践对经济、政治、法治、科技、文化、教育、民生、民族、宗教、社会、生态文明、国家安全、国防和军队、"一国两制"和祖国统一、统一战线、外交、党的建设等各方面做出理论分析和政策指导。在学习和工作过程中,应对"八个明确""十四个坚持"进行深刻的理解,以习近平新时代中国特色社会主义思想全方位武装头脑。

学校党委副书记包丽颖在培训班的结业讲话中指出,党员在开展学习时应当上好"四门课"。其一是"必修课",包括十九大报告、党规党章等党的基本文件;其二是"专业课",是指习近平教育思想;其三是"实践课",就是说教师党员应当深入师生、深入支部开展学习调研活动;其四是"精品课",即应当组织好学习十九大思想和习近平新时代中国特色社会主义思想的精品活动。在怎么学方面,首先应当提高学习水准,深刻把握习近平新时代中国特色社会主义思想与十九大精神的关系。此外重要的是每一个党员都应当读原著、学原文、悟原理,在学懂、弄通、做实上下功夫。上述学习的过程是进行时,而非完成时。上述内容都对我今后开展党支部学习活动起到了很好的指导和参考作用。

上述两个方面的创新,前者主要是关于党支部开展活动的实践和具体思考,后者是关于学习习近平新时代中国特色社会主义思想的理论思考。除此之外,在本次培训班中我们还听取学习了"乡村振兴战略""吕梁市脱贫攻坚的实践""从一代廉吏于成龙看党员干部的廉政与担当"等讲座报告,并实地走访调研了北理工定点帮扶的吕梁市方山县以及桥沟村,这些都使得我对包括习近平新时代中国特色社会主义思想以及十九大精神在内的党的理论及其发展,以及学校的各方面工作有了更为深刻的认识,并将对我今后开展党支部的理论和实践活动，以及我个人的学习和发展起到积极和深刻的指引作用。

作　　者：杨　宽（法学院）
成稿时间：2018年7月

打赢脱贫攻坚战　书写新吕梁英雄传

在学校党委和党委组织部的精心策划和组织下,我有幸参加了北京理工大学学习贯彻习近平新时代中国特色社会主义思想和党的十九大精神培训班。六天中,聆听了山西省委党校张志蓬教授的习近平新时代中国特色社会主义思想解读报告、刘兆征教授的乡村振兴战略报告、吕梁市扶贫办副主任贾永祥的吕梁市脱贫攻坚的实践报告;并实地参观了中阳钢厂、中阳县北航帮扶创业孵化园、贫困村阳坡村及我校帮扶的方山县肉牛养殖基地、中药材种植基地、电商扶贫示范点、脱贫村桥沟村等,深入学习和了解了吕梁脱贫攻坚第一线的情况及脱贫成果。同时还参观了中共西北局旧址,了解了革命老区的情况。

一、革命老区现贫困,中央地方齐帮忙

战争年代,山西吕梁市是革命老区,也是中央后方工作委员会和中央西北局的驻地,抗日战争时期是保卫延安的前哨和屏障,解放战争时期是延安的大后方,红色的土地为革命的胜利作出了卓越的贡献。然而在时代发展的今天,革命老区由于地理、资源、人才等多种原因导致地方经济社会发展尤其是山区农村发展受到了严重的阻碍,经济发展不理想。为帮扶老区发展经济,中央和地方出台多种政策、派驻多种人才、想尽各种办法以快速提升革命老区的经济发展水平。我们在学习班听到的报告和实践参观仅仅是脱贫攻坚的点滴。2013年11月,习近平总书记在湖南省湘西州十八洞村考察时首次提出"精准扶贫"概念,指出"扶贫要实事求是,因地制宜。要精准扶贫,切记喊口号,也不要定好高骛远的目标"。2014年10月的首个"扶贫日",习近平总书记作出重要批示:"各级党委、政府和领导干部对贫困地区和贫困群众要格外关注、格外关爱,加大扶持力度,善于因地制宜,注重精准发力,充分发挥贫困地区广大干部群众能动作用,扎扎实实做好新形势下扶贫

开发工作，推动贫困地区和贫困群众加快脱贫致富步伐。"在习近平新时代扶贫思想的指导下，中共中央、国务院先后颁布《关于打赢脱贫攻坚战的决定》《"十三五"脱贫攻坚规划》等，要求各级党委和政府要把扶贫开发工作作为重大政治任务来抓，实施全党全社会共同参与的脱贫攻坚战。山西省先后颁发了《山西省农村扶贫开发条例》《山西省"十三五"脱贫攻坚规划》《山西省推进特色产业精准扶贫工作的若干政策》等；吕梁市也先后发布了《吕梁市"十三五"脱贫攻坚规划》《吕梁市农村最低生活保障制度和扶贫开发政策有效衔接实施方案》等。为有效帮扶吕梁市打赢脱贫攻坚战，我校也委派了两位精干人员进驻帮扶，分别挂职方山县副县长和桥沟村第一书记，开展了深入的工作，实现了桥沟村的有效脱贫。

二、真心实意扎根农村，新吕梁英雄值得称赞

我校挂职方山县副县长的赵汐和方山县桥沟村第一书记的刘伟光两位同志年富力强，真心投入方山县的脱贫攻坚战，扎根农村，深入贫困山区第一线，与贫困群众吃住在一起，与地方政府官员和村两委领导共商脱贫大计，共同带领群众谋出路，拿规划、建农场、兴产业……想出了一系列的"致富经"。实践考察中，我们看到了在桥沟村挂职第一书记的刘伟光同志只身住在空旷的暑期学校一角，房间是学生们的读书室，角落里摆放一张床；简陋的村委会办公室内室里的一张床是挂职副县长的赵汐同志经常休息的地方。生活条件的艰苦难不住两位年轻同志，更激发了他们帮扶的斗志。在习近平新时代中国特色社会主义思想和党中央政策的指引下，经过北京理工大学的帮扶和地方政府的努力，两位挂职干部的心血没有白费，他们与帮扶的方山县桥沟村的领导们一起带领全村村民实现了脱贫，让有劳动能力的贫困群众实现自力更生，不仅让其在生活上脱贫，也让其在意识上脱贫，让他们树立起艰苦奋斗的品质，避免再度返贫。我校的两位挂职干部只是全国打赢脱贫攻坚战洪流中的小小一员，但他们代表着千万帮扶干部，用青春书写人生，用实际行动表明党性，是新时代的吕梁英雄！是我们学习的榜样！

作　　者：郜　岭（人文与社会科学学院）

成稿时间：2018年7月

伟大源自奋斗，担当才能前行

2018年7月8日至13日，按照学校党委组织部的安排，我到吕梁参加了"北京理工大学学习贯彻习近平新时代中国特色社会主义思想和党的十九大精神培训班"。通过学习培训、实地调研，我对吕梁当地脱贫攻坚情况和积累的宝贵脱贫攻坚经验有了深刻认识，引发自己对新时代历史使命、干部担当、精准开展工作，全力支撑保障学校"双一流"大学建设进行了全方位深入思考。

一、马克思主义中国化的最新理论成果源于实践、指导实践

习近平新时代中国特色社会主义思想是十九大报告最突出的亮点、最重大的历史贡献，十九大报告全面系统地阐述了习近平新时代中国特色社会主义思想，通篇贯穿、全面体现着马克思主义中国化最新成果，它源于中国特色社会主义建设的伟大实践，又在新的历史方位指导我们踏石留印、抓铁有痕，投身奋斗于中国特色社会主义建设实践工作中，处处闪耀着唯物主义辩证法光芒。其中，有一些重要关系对学懂弄通习近平新时代中国特色社会主义思想和十九大报告具有重要启迪，需要辩证看待、加深理解、准确把握，从中汲取智慧和力量。

二、扶贫攻坚意义非凡，立足岗位作出贡献

实施乡村振兴战略，是党的十九大作出的重大决策部署，是决胜全面建成小康社会、全面建设社会主义现代化国家的重大历史任务。乡村振兴，摆脱贫困是前提，必须坚持精准扶贫、精准脱贫，把提高脱贫质量放在首位，坚决打好精准脱贫这场对全面建成小康社会具有决定性意义的攻坚战。

吕梁脱贫攻坚实现再战再胜，产业扶贫取得新进展，易地搬迁取得新突破，转移就业迈出新步伐，保障兜底达到新水平，帮扶合力得到新加强。

2017年，445个贫困村退出，14.8万贫困人口减贫；2018年要确保354个贫困村退出，12.56万贫困人口脱贫。并在推动生态建设与脱贫攻坚有机结合、易地扶贫搬迁等方面积累了宝贵经验。

提升"双一流"大学后勤服务保障水平，也可充分借鉴扶贫攻坚"六个精准""五个一批"的工作思路与方法。比如对后勤现状精准掌握、存在问题精准分析、实施方案精准落实、改进措施精准到位、改进成效精准评估、师生满意精准体现，全面提升后勤服务保障能力和水平。

后勤服务保障群体多元化，很多一线员工来自祖国各地，甚至贫困地区，提升后勤管理能力和水平，做好后勤保障顶层设计、制度谋划也与扶贫攻坚有异曲同工之处。具体来说，通过发展生产，例如开办集就餐、学习、交流于一体的国际化现代新型食堂，激发一批资质好、潜力大的员工发挥聪明才智；通过资源整合、内部流动，调动一批员工工作积极性；通过岗位技能的再教育、再培训，提升一批员工技能和岗位胜任能力；通过充分发挥"三级巡检"督促检查，促进一批员工改进工作；通过保障兜底，安置一批老员工，确保校园和谐稳定。后勤服务保障的方方面面均需要在深入分析问题的基础上，采取更加有力的举措、更加精细的工作，全力提升支撑"双一流"大学建设的后勤服务保障水平。

三、履行"双一流"大学使命，践行北理工干部担当

正如赵长禄书记在《光明日报》上发表的文章所讲，"高等教育应勇于站在时代潮头，勇于承担新时代赋予的历史使命，以新时代新思想为引领，开启中国特色世界一流大学建设的新征程。"

北理工派驻方山县和桥沟村的两名挂职干部，是我校落实中央扶贫工作定点向贫困地区派驻干部的代表，他们全身心投入脱贫攻坚战，用智慧与汗水为扶贫攻坚战留下的浓墨重彩的扶贫战绩，体现了北理工人应有的担当。北理工的广大干部职工，尤其是肩负中坚力量的处级干部，要有办好中国特色社会主义大学的政治自觉，要自觉践行北理工干部担当，提升自身履职能力，对照学校发展建设目标，突出以人才培养为核心，结合岗位工作，加强执行力，攻坚克难，不断挖掘发展潜力、拓宽发展路径，为学校的发展建设担当应有的使命，贡献应有的力量。

不忘初心，方得始终。中国共产党人的初心和使命，就是为中国人民谋幸福，为中华民族谋复兴，这个初心和使命是激励中国共产党人不断前进的根本动力。只要我们以习近平新时代中国特色社会主义思想为指引，增强"四个意识"，坚定"四个自信"，牢记使命，永远奋斗，履职尽责，勇于担当，就一定能推进学校的发展建设和中国民族的伟大复兴不断前行。

作　　者：孙金锋（校医院）
成稿时间：2018年7月

坚持忠诚干净担当，以苦干实干诠释忠诚

北京理工大学党委书记赵长禄在学校纪念建党97周年座谈会讲话中指出："党的事业就是我们全体师生员工的奋斗方向，也是一代代北理工人的情感共鸣和动力源泉。不忘初心，牢记使命，希望我们通过学习不断提升政治素养、牢固树立四个意识，为坚持社会主义办学方向，聚焦中国特色这一根本特征，立德树人这一根本任务，提高质量这一战略主题，在学校'双一流'建设的征程中，做出无愧于时代，无愧于师生，无愧于自己内心价值追求的一流业绩。"

正值党的十九大胜利召开9个月，习近平总书记视察山西一周年，我校对口帮扶山西省方山县三周年之际，我们一行来到吕梁，意义重大。六天的教学培训情况总体上可以简单概括为：时间紧凑、经历集中、内容丰富、主题突出、形式多样、成效显著。

此次培训，我主要有以下三点感受：

一是切实感受到领导重视、组织得力、学员团结是根本保障。组织部副部长周波率徐碧瑢、刘峥全程统筹协调、克服万难，确保每个细节零失误；当地挂职干部大力支持、默契配合丰富了调研环节；吕梁市委党校专门邀请高水平专家授课。整体上不论课程设置还是考察环节和后勤保障，都安排得非常紧凑、非常严谨、非常科学、非常合理。特别是校党委副书记包丽颖专门推掉星期四和星期五的会议安排，暖心看望，与学员们同吃同行同考察，让我们倍感幸福、倍感温暖、倍感兴奋、倍感鼓舞。学员们通过互谦互让、互帮互助、相互学习、交流分享达到增进友情、共同提高的目的。

二是切实提高了认识水平，是一次十九大精神和习近平新时代中国特色社会主义思想的再学习再贯彻。对于习近平新时代中国特色社会主义思想和党的十九大精神，我们要真学、真信、真懂、真用，在学懂弄通做实上下功夫，同时需要我们长期学习、长期坚持、长期巩固。特别是通过四堂专家党

课，我们再次聚焦"八个明确""十四条方略""乡村振兴""从严治党"等重大课题，意义深远。习近平总书记2017年6月考察山西时概括了艰苦奋斗、顾全大局、自强不息、勇于创新的"吕梁精神"。切身实地感受吕梁精神，与我校传承的"延安精神"与"延安根、军工魂"的学校精神动力和文化内核，都是党的伟大精神，是相融相通、一脉相承的。

三是切实感悟到学校对山西省方山县实施精准扶贫的努力和贡献。党委书记赵长禄在《大学生社会实践要精准定位》一文中指出：在社会实践活动中，行动可能只是点滴，但"获得感"却将什么是"青年服务国家"的重大责任写在了青年的心中。通过对方山县、桥沟村的实地考察，我们深刻感受到，2015年开始学校选派优秀年轻挂职干部在方山县挂职副县长和桥沟村任第一书记，他们任劳任怨、勤恳工作，学校领导、机关单位、相关学院到方山学习考察，西部支教、暑期学校、"理工梦想"助学金、五色计划、桥沟模式、电商扶贫，群策群力、实实在在为当地教育、科技、产业扶贫方面做了大量工作和艰苦努力，得到了方山县干部群众的广泛赞誉。

通过本次学习，结合学校"双一流"建设和人才培养中心工作来思考，我认为从个人来讲，接下来要做到"四要"：

一要讲政治。自觉做两个"维护"的表率，树牢"四个意识"，坚定"四个自信"。坚决维护习近平总书记的权威和核心地位，坚决维护习近平同志为核心的党中央和集中统一领导。特别是在人才培养工作中，要主动把握方向，发挥专业所长，服务奉献学校和社会，培养学生家国情怀，引领学生而非迎合学生，筑牢学生精神高地，将青年学生凝聚于党旗之下。

二要重实干。自觉做担当作为的表率，树立高标准、心无旁骛、雷厉风行、尽心竭力推进工作，一级带着一级干，一级做给一级看，坚决把中央和校党委的决策部署落到实处。特别是在大学生思想政治教育工作中，要立足实际，强化目标导向和问题导向，回应"四个挑战"，聚焦"双领"人才培养目标。

三要强能力。自觉做善为善成的表率，不断增强八个本领，切实提升学习能力、调查研究能力、破解难题能力，成为分管工作的行家里手，靠作风吃饭、拿数字说话、凭事迹交卷，牢牢掌握工作主动权。特别是要坚持以生为本，把爱和尊重贯穿始终，不断增强学生的获得感。

四要守底线。自觉做廉洁自律的表率,坚持做到管好自己不逾矩,管好家人不添乱,管好下属不出事,坚定不移把我院全面从严治党引向深入。

一句话:坚持忠诚干净担当,以苦干实干诠释忠诚,让校党委放心、让全院师生满意,为培养"胸怀壮志、明德精工、创新包容、时代担当"的领军领导人才不懈奋斗,这就是我全部工作的出发点、落脚点和根本归属。

作　　者:周芳集(外国语学院)

成稿时间:2018年7月

下 篇
一片赤诚惟报国 →

躬耕献真心

聚力铸恒心

桃李孕匠心

Part 04

躬耕献真心

主动担当作为　成就青春梦想

3月29日至31日，我作为北京理工大学德学骨干项目培养成员，有幸与30余名大学新提任干部一同参加了北京理工大学新提任中层领导人员能力提升培训班。培训内容丰富、课程充实饱满，在培训过程中，我还认真研读了教材《习近平在正定》、重新学习了习近平总书记在中央党校（国家行政学院）中青年干部培训班开班式上的重要讲话，结合自身学生工作经历，我有以下几点认识：

第一是要坚定信念，对党绝对忠诚。学习强国App中有一句话，"正确的政治方向、坚定的理想信念，对干部成长来说，如同木之根、水之源"。我本人也一直在学习政治理论知识，增强"四个意识"、坚定"四个自信"、做到"两个维护"。从大方面讲，就是要求我们在思想上、行动上同以习近平同志为核心的党中央保持高度一致；从小方面来说，就是要向学校的育人目标看齐，与学校踏实奋斗的步调保持一致。作为国防生，更要做到听党指挥，在政治问题上时时刻刻拧紧总开关，旗帜鲜明讲政治、不折不扣树忠诚，把对党的忠诚内化于心、外化于行，把对党的忠诚作为个人成长的"压舱石""指明灯"，始终保持清醒头脑和政治定力，当政治上的明白人。

第二是要常学常新，提高理论修养。信念坚定、对党忠诚不是凭空就有的，政治上的坚定离不开理论上的坚定。我们平常在学习中也有这样的体会：同样一个理论，每学一遍就有新的理解和新的认知，每学一遍对精神实质的理解和把握就更深一层。一个理论一个论断，刚学习时可能理解得不那么透彻、不那么深刻，但是随着学生工作经历的增长和学生工作实践的深入，再去学、去看，认识就会更深一层，就会有新的认知、新的收获。"学习如春起之苗，不见其增，日有所长；辍学如磨刀之石，不见其损，日有所亏。"习近平总书记关于青年工作、学生工作的重要思想也同样内涵丰富、博大精深，其中对广大青年学子的话语既是谆谆教诲，又是殷殷期望，想一蹴而就地学好学透是不现实的,只有深研细读,常学常新,才能真正做到学习进一步、认识深一分,才能不断提高理论水平、增强理论自信。

　　第三是要勇于担当,在实践中成长。习近平总书记指出,武装头脑、指导实践、推动工作,落脚点在推动工作;学懂弄通做实,落脚点在做实。对党忠诚也好,常学常新也好,都是要最终在工作实践中落实。作为学生干部、作为国防生骨干,更要崇尚实干精神、树立实践思想,在实践中加深对理论的领悟,在实践中锻炼成才。勇于实践最可贵的方面在于勇于担当,无论是线上还是线下,面对大是大非的问题,要敢于发声、勇于亮剑、勇挑重担、冲锋在前,要弘扬青年学子的朝气和锐气,敢于动真碰硬,只有这样才能真正担负起新时代使命任务。

　　总的来说,我通过本次培训长了见识、开了眼界。今后更要用学生干部的一腔热情和一身正气去赢得广大同学的一心一意,团结带领广大同学弘扬正能量,引导广大同学争做担当民族复兴大任的时代新人,助力学校"双一流"建设。

　　　　　　　　　　作　　者:李　帅(信息与电子学院)
　　　　　　　　　　成稿时间:2019年4月

参加"春田雨耕"能力提升培训班的个人心得体会

2019年3月29日至31日，我参加了北京理工大学组织部与党校举办的新任中层领导人员能力提升培训班。在历时三天的各个专题讲座与工作交流中，我澄清了自己在思想上的一些疑惑，了解了学校各职能部门的架构和工作任务，学习了工作中所需要的一些专业知识，结识了志同道合的朋友，比较圆满地完成了此次培训任务。

在这次培训中，我更加深刻理解了党对干部的要求：忠诚干净担当，要弘扬延安精神，坚定理想信念，坚持艰苦奋斗，廉洁奉公，坚持为群众服务，为师生服务。这些要求将牢牢铭刻在我的思想中，提醒我在今后的工作中将更加严格要求自己，完成从普通教师到干部身份上的思想转化。

在专题讲座"从立法角度谈依法治国"中，有很多精当的说法令我受益匪浅。虽然有很多术语我依然不能完全理解其中的深意，但有三点我将不会忘记：第一，中国特色社会主义法律体系已经形成；第二，中国特色社会主义法治体系正在建设中；第三，无论今后开展什么工作，牢记四字真言"法条之上"。提醒我今后做工作时要认真严谨，依法办事，避免急躁冒进，好心办了错事。

我的工作内容与保密有很紧密的关系，有关保密条例讲解的讲座让我收获满满。一个个鲜活的事例让我思想中警钟重鸣，没有想到，首都中竟然有多达12万的各国间谍，而我校的学生也有被策反的实例。作为党的干部和涉密人员，今后对学院中的保密工作要加倍重视，对涉密项目人员常提醒，多提醒，涉密面前无小事。

培训中的教材也对我未来开展工作有很大启发。在《领导干部核心能力提升》一书中，提出领导干部要总揽全局，统筹规划。在实践中，要树立这样一种观念，各项工作是一个辩证统一的整体，要处理好中心与全面、重点与非重点的关系，注重加强薄弱环节，善于抓住和解决牵动全局的主要工作、事关长远的重大问题，把工作的着力点真正放到解决改革发展稳定中的重要问题上。毛泽东同志在《关于领导方法的若干问题》一文中曾经有这样一段论述，他指出："在任何一个地区内，不能同时有许多中心工作，在一定时间内只能有一个中心工作，辅以别的第二位、第三位的工作……领导人员依照每一具体地区的历史条件和环境条件，统筹全局，正确地决定每一时期的工作重心和工作秩序，并把这种决定坚持地贯彻下去，务必得到一定的结果，这是一种领导艺术。"这让我思考在这一年中物理学院开展科研工作的重点应该是什么，以及如何开展相应的工作。物理学院在去年国际评估的分析基础上，科研工作的重点放在提升科研论文与科研经费的数量与质量上。在现有资源有限的情况下，顺势而变，守正出奇。在会议结束后，我计划和院长讨论围绕工作重点逐步制定具体方案。例如，根据许多教师对博士后的招募还比较陌生，加大宣传学校的博士后制度，在科研上充分发挥博士后的作用。又比如，主动出击，联系各大著名专业期刊的主编或者编辑举办讲座，建立良好的学术联系等。也要建立行之有效接地气的政策，既创造条件关心新体系青年教师的成长，也要鼓励已经评上教授的教师继续努力。

通过这次培训学习，我感受到了学校对我们新任干部的殷切希望和深深关怀，我将把学习收获应用到今后的实际工作中。感谢组织培训的同志们为这次培训班付出的辛勤劳动，也感谢同学们对工作的交流分享，让我们加深彼此了解，为今后跨部门的精诚合作奠定了基础，希望以后这样的培训班能越办越好。

作　　者：郑　宁（物理学院）

成稿时间：2019年4月

"春田雨耕"新提任干部能力提升培训总结

2019年3月29日至31日,春暖花开,端坐教室,全身心投入,聆听刘新刚教授的新时代国家治理的新方案及其启示、李文长教授的学习实践习近平总书记重要教育论述、于兆波教授的从立法角度谈依法治国、张建卫教授的重塑工作幸福感、杜岗坡教授的管理沟通与协调的专题讲座,以及几位领导与同事的工作分享和交流。短短三日,由宏观到微观,满满的正能量,使我感觉如脱胎换骨般,思想认知上升了一个新的高度,牢固树立"四个意识",坚定"四个自信",坚决做到"两个维护",重新认识了自己工作的意义,找到工作中的幸福感。通过本次培训,结合本职,我有几点浅显体会。

第一,作为一名审计工作者,要有四心:忠诚心、学习心、敬业心、淡泊心。忠诚心即对党忠诚,拥护党的领导。学习心,要善于学习,将学习贯穿始终,坚持政治学习和业务学习。学习是一项艰苦的过程,要时刻保持学习心。敬业心,要有热爱本职工作的定力,要有奋斗精神,工作中全心投入,心无杂念。淡泊心,要有淡泊名利的坚守,时刻牢记责任和使命,珍惜手中的权力,廉洁自律,从细节做起,从小事做起。

第二,重新理解了工作幸福感的重要性。在审计工作中因烦琐枯燥以及遇到抵触和不理解,难免会有负面情绪产生,所以应及时认识、及时调整,时刻保持积极的情绪、宁静的心态、饱满的热情、专注的投入。当工作能力与挑战高度匹配,工作中产生成就感,在工作中找到乐趣,一个人就会在工作中实现自我价值和找到幸福感。我努力使本职工作由事业导向转向使命导向,将使命作为终身追求的目标,并将自己的积极情绪传递给身边的同事。

第三,重新理解了沟通与协调的重要性。审计处是学校监督部门,如何与各部门沟通和协调也是重中之重。管理沟通与协调的专题讲座正契合了我目前的工作状态,使我豁然开朗,将沟通与协调的"共情"运用到工作中,分析原因，找到措施，采取行动。

以上只是我通过党委组织部精心安排的专题培训后对本职工作的几点浅显认识，我会以此为开端，加强思想政治学习和业务学习，全面提升自己作为新提任管理人员的能力。不忘初心，牢记使命，有担当、有责任，有作为，重塑工作幸福感，发挥自己所长，为加快学校的"双一流"建设助力！

作　　者：贾小伶（审计处）

成稿时间：2019年4月

常修"四心",走好"四路"

2019年3月29日至31日,我参加了"春田雨耕"新提任干部培训班。三天时间很短暂,但是内容很充实。国家教育行政学院原副院长李文长教授、北京理工大学马克思主义学院刘新刚教授、法学院于兆波教授和人文与社会科学学院张建卫教授分别以"学习实践习近平总书记重要教育论述""新时代国家治理的新方案及其启示""从立法角度谈依法治国"和"重塑工作幸福感"为题做了报告;党政办公室主任郭守刚、党委组织部常务副部长李德煌、人力资源部副部长杨静和保密办公室主任郑重也分别针对本部门的工作内容进行了交流。培训中有理论宣讲、政策解读,也有素质拓展、经验交流,形式和内容都非常丰富。

下面,我谈几点感想:

一是要常修"忠诚心",走好信仰之路。衡量干部是否有理想信念,关键看是否对党忠诚。对党忠诚,理想信念就坚定,站位就高,心胸就开阔,就能坚持正确的政治方向,做到"风雨不动安如山"。培训结束以后,我要继续增强"四个意识"、坚定"四个自信"、做到"两个维护",严守党的政治纪律和政治规矩,在政治上坚定拥护核心,思想上高度认同核心,行动上坚决追随核心,情感上衷心爱戴核心。

二是常修"求知心",走好学习之路。善于学习,就是善于进步。政治上的坚定、党性上的坚定都离不开理论上的坚定。干部要成长起来,必须加强马克思主义理论武装,抓好理论学习这门必修课。培训结束以后,我要继续学深悟透马克思主义基本原理、习近平新时代中国特色社会主义思想等内容,要把自己摆进去、把职责摆进去、把工作摆进去,紧密结合新时代新实践,紧密结合思想和工作实际,做到学、思、用贯通,知、信、行统一。

三是常修"敬业心",走好实干之路。坚持知行合一、真抓实干,既是成事之基,也是成长之道。能否敢于负责、勇于担当,最能看出一个干部的党性和作风。干部成长没有捷径可走，经风雨、见世面才能壮筋骨、长才干。干部干部，干字当头。敢不敢扛事、愿不愿做事、能不能干事，是识别干部、评判优劣、奖惩升降的重要标准。培训结束以后，我要多方调研，深入基层、深入实际、深入师生，以调研实践推动干事创业，用实际行动诠释对党的忠诚、对人民的赤诚。

四是常修"淡泊心"，走好修身之路。为政之道，修身为本。一个人廉洁自律不过关，做人就没有骨气，就会在各种诱惑面前迷失自我、丧失底线。只有强化自我修炼、自我约束、自我塑造，不断加强党性修养和品质修养，干部才能行得端、走得正，做到清清白白做人、干干净净做事。培训结束以后，我要继续提升道德境界，追求高尚情操，自觉远离低级趣味，自觉抵制歪风邪气，始终严于律己，时时绷紧廉洁自律这根弦。

我们要在习近平总书记的坚强领导下，坚持新时期好干部标准，进一步解放思想，努力工作，不断为学校"双一流"建设作出新的更大的贡献。

作　　者：徐碧瑢（党委组织部）
成稿时间：2019年4月

做学校"双一流"建设的润滑剂

2019年3月29日至31日,有幸参加由党委组织部、党校举办的新提任干部能力提升培训班,为期三天春风化雨般的封闭培训,让我从思想政治、政策把握、管理沟通等多个维度得到锻炼和提升。我主要从以下几个方面总结:

一、优质的专题课程,提升学员硬核能力

系统的专题课程学习,让学员用知识武装自己,提升使命担当。李文长教授、刘新刚教授、于兆波教授,从学习实践习近平总书记重要教育论述的时代内涵、新时代国家治理、从立法角度谈依法治国三个层面强化了学员的思政理论体系,帮助学员理论联系实践,以习近平总书记重要论述来指导创新人才培养具体工作,领悟高等学校管理服务工作的新启示。同时,张建卫教授的幸福心理学和杜岗坡老师的管理沟通技能,更是让学员体会工作的快乐和沟通的乐趣。幸福有如春风化雨,沟通好似如沐春风,积极的心态和沟通的技能也是学员能力全方位发展的重要方面。

二、务实的部门交流,强化学员使命担当

四位主任和部长的细心讲述,是本次培训的重中之重。从学校的治理体系架构介绍,到干部队伍建设现状分析,从人事制度改革思路和举措,到保密制度规划意识建设,每一部分讲解都传达着干部肩负的使命,每一部分交流都寄予了干部承载的担当。我们要跳出部门看事业、心怀大局谋发展,强化统筹谋划、自觉维护团结、聚焦主责主业、主动担当作为、严守政治纪律,服务于学校"双一流"建设中。

三、结合自身的工作,总结以下3点领悟

1. 做好科室的统筹者

作为七级管理人员,除完成上传下达的基本任务之外,还需要全面组织

和统筹好科室的各项工作，盘活起同事之间的沟通桥梁，统筹起各项工作的连带关系，建设起学校"一盘棋"工作的基本单元。

2. 做好部处的组织者

七级管理人员是部处领导的重要助手，是工作落实开展的具体组织者。创新实干谋突破，强化发展勇担当，工作从一点一滴落实，改革从一段一篇开展，我们要自觉提升自己，做好人才培养的改革落实。

3. 做好学校的建设者

学校每一位管理人员的工作，好似"双一流"建设运转重要的润滑剂。用良好的教风学风展现一流的精神和风貌，只有细致到位、一丝不苟、创新实践才能更好地为学校人才培养改革添砖加瓦。

本次培训课程编排紧凑，内容覆盖面大，每一位学员牢固树立"四个意识"，坚定"四个自信"，坚决践行"两个维护"，自觉把思想和行动统一到中央重大决策部署上来，为推动学校"双一流"建设贡献力量。

作　　者：朱元捷（教务部）

成稿时间：2019年4月

筑牢信念，为学校"双一流"建设插上腾飞的翅膀

3月29至31日，我有幸参加了由校党委组织部、机关党委共同承办的"春田雨耕"培训班。这次培训班课程设计丰富，安排精心周密，组织高效有序。对我来说，意义重大，不仅学习了知识，开阔了视野，解放了思想，收获了友谊，还筑牢了理想信念。从听课到交流讨论，从读原著到素质拓展，每时每刻，每一节课，都让我有所感动和收获。加之与来自学校不同部门、不同岗位的同学齐聚一堂，相互交流工作经验，使我的理论水平和工作实践能力都得到了显著的提高。

一、锤炼意志，坚定信念

国家行政学院李文长教授讲习近平总书记关于教育的重要论述，梳理、概括、分析了党的十八大以来习近平总书记关于教育的重要论述，帮助我们更好地理解其科学内涵和精神实质，更好地坚定信念、武装头脑、指导实践、推动工作；在原著讨论课，通过对《习近平在正定》的学习讨论，我们看到了习近平总书记在正定工作的峥嵘岁月，也被习近平总书记要改善老百姓生活、改变中国贫穷落后面貌的初心所感染，我们的灵魂得到洗礼、精神得到鼓舞、思想得到升华、工作得到启迪。作为学校七级管理岗干部，我更要进一步坚定理想信念，牢固树立"四个意识"，坚定"四个自信"，坚决维护以习近平同志为核心的党中央权威和集中统一领导，为教育强国的建设而奋斗。

二、增长知识，开阔视野

这次培训安排了政治、经济、法律、教育学等方面课程，还有学校大部制改革、干部队伍建设、人事制度、保密教育等课程，讲课人员既有学校知

名教授，也有来自各机关部门的相关负责人，他们知识渊博、见解独到、解析精辟，让我们享受"知识盛宴"的同时，开阔了眼界、增长了学识。同时，也启示我知识是"常学常新"，要不断更新知识储备，"学历代表过去，能力代表现在，学习力才代表未来"，只有通过不断学习，才能不断进步，增强个人的履职实力。

三、提升素质，增强能力

张建卫老师的"幸福课"，帮助我们寻找"福流"体验，在工作中创造酣畅淋漓的快乐；杜岗坡老师的"沟通课"，帮助我们提升沟通能力，更加主动、积极地处理矛盾、应对困难、解决问题。培训班的课程紧随潮流，实用性很强，在今后的工作中，我应该将理论与实践充分结合，高标准、严要求，提高自己的综合素质和能力。

四、激发动力，强化担当

这次培训使我们对国家的前途命运、对两个一百年的"中国梦"有了更深刻的认识，中国共产党的初心就是为中国人民谋幸福，为中华民族谋发展。"双一流"建设是高等教育强国和实现人力资源强国战略的必然选择和重要举措，是中华民族伟大复兴征程的重要组成部分，这极大地激发了我干事情的自觉性、主动性、积极性，激励我奋发有为、积极进取，使我更有力量和勇气在学校"双一流"建设中攻坚克难。

进入新时代，我将以一往无前的奋斗姿态，扎根于学校的"延安根、军工魂"，做好新时代的担当，不负时代，不负当下，砥砺前行，为学校"双一流"建设插上腾飞的翅膀。

作　　者：贺欢欢（后勤基建处）

成稿时间：2019年4月

不辜负我们的年轻时代

在3月底这个春光明媚的时期，在平谷教工休养院这个景色宜人的地方，很荣幸参加了学校党委组织部和机关党委组织的"新提任干部能力提升培训班"。三天，很短暂，但，确实学到了很多。

三天的课程安排得很紧凑饱满，课程设置涵盖广泛，学来收益良多。刘新刚教授关于"新时代国家治理的新方案及其启示"的讲座，涉及古典政治经济学、国家治理、金融领域和文化教育领域等多方面，既有学术理解，又有时代背景；于兆波教授从立法角度谈依法治国，详细介绍了中国特色社会主义法律体系的形成、法治体系的建设和全面依法治国的基本格局，并启发如何树立法治思维的思考；国家行政学院的李文长教授从理论的高度详细阐述了习近平总书记关于教育的重要论述，加深了对教育的理解；从张建卫教授那里，学到了如何重塑工作幸福感，从杜岗坡老师那里，学到了沟通的小技巧。三天5个理论专题讲座，我学到了很多的知识，也开阔了视野，提升了政治素养。

在工作交流中，党政办主任郭守刚介绍了学校的治理体系，党委组织部常务副部长李德煌介绍了学校干部队伍建设情况，人力资源部副部长杨静介绍了学校人事制度改革的情况，保密办公室主任郑重讲解了学校的保密制度规范。通过学习，我增加了大局认识，感受到了学校"双一流"建设的重要性，作为一名北理人，作为一个新提升的七级管理人员，我也有我的时代使命。

在素质拓展中，大家加深了认识，提升了团队荣誉感，不忘"葫芦娃"是我的一个标签；在分组讨论中，大家热情发言，时不时碰撞出思想的火花；在结班仪式上，机关党委书记李汉军关于要修"忠诚心""求知心""敬业心"和"淡泊心"的谆谆教导，也指明了我的前行方向。

课余读了《习近平在正定》这本书,感触良多。正定时代的习近平,是他的年轻时代,年轻的习近平有坚定的信念,有远大的理想,有踏实肯干的作风,有为国为民的情怀。习近平总书记是我们学习的榜样,我们还在路上,绝不能辜负我们的年轻时代。

作　　者:秦　锋(后勤基建处)
成稿时间:2019年4月

"春田雨耕"新提任干部能力提升培训班学习总结

2019年3月29日至31日,我参加了由学校党委组织部、机关党委举办的新提任干部能力提升培训班,受益匪浅,真正做到了学有所思,学有所获,并结识了许多新朋友。在此向学校对新提任干部的关怀,向为我们提供如此精良培训的校党委组织部、机关党委表示由衷的谢意。通过此次培训,我将自身的提升总结为以下两方面。

一、理论素养提升和工作业务交流

培训班的理论学习包括国家政策学习和学校党政部门工作交流两个部分。"新时代国家治理的新方案及其启示"讲座从"百年未有之大变局"的经济学现象作为切入点,深入分析新时代我国国家治理的新方案,并引申至高等教育,对高校办学方向、创新支持和管理服务工作进行启发式思考。"从立法角度谈依法治国"讲座主要讲述中国特色社会主义法律体系和法制体系,强调我们要在理念上相信法治,在工作和生活中都要树立法治思维,并拓展学习教育相关法律及当前依法治校需要注意的问题。"学习实践习近平总书记重要教育论述"讲座主要讲述中国特色社会主义教育的时代背景、面临重大问题,以及中国教育要坚持立足基本国情、遵循教育发展规律,坚持立德树人、内涵发展、改革创新,坚持党对教育事业的全面领导。学校党政办公室、党委组织部、人力资源部、保密办公室领导分别对学校相关建设情况和部门业务进行介绍,并扩展到学校工作、干部要求等方面内容,使我对学校有了更全面的认识和更深层次的了解,并深受授课领导统筹全局谋划、主动担当作为、严守政治纪律精神的鼓舞。在今后的工作中,我将更多地着眼于宏观,认真学习党和国家的方针政策,结合学校实际情况,指导我所在岗位具体涉及的学校"双一流"建设和学科发展工作,为学校发展献策献力。

二、个人能力提升和生活感悟

通过"重塑工作幸福感"讲座，我感觉全身心投入学习中，进入了"福流"状态，荡涤心灵，明确对人生的态度、对生活的追求，纠正了以前对家庭、对子女教育的一些幼稚的认识，对工作的积极进取心也得到提升。带着对待工作的最高导向"使命导向"，在"管理沟通与协调"课程中，我在老师的引导下，通过各类情景深入分析，学习提高沟通成功率、效率的技巧，并与同学们开展热烈交流。我的工作岗位是需要频繁、深度与各机关部门、各学院打交道，学习内容很好地弥补了我工作技巧方面的不足，如面对不同的部门，采取不同的方式，在大量的信息中富集主要信息，用最短的时间交流所需的信息。此外，在素质拓展趣味运动会和交流学习环节，我与活动组织部门领导老师、同学们增进了友谊。

今后我将牢记课程中所提到的教师三要素"职业精神、专业素养、人格魅力"，努力做到"政治要强、情怀要深、思维要新、视野要广、自律要严、人格要正"。我将努力协调好工作与家庭的关系，使家人成为我全力投入祖国教育事业和学校"双一流"建设的坚强后盾，同时也将好好利用学到的知识，为工作、生活中的沟通带来便利。

作　　者：那　奇（计划财务部）
成稿时间：2019年4月

"春田雨耕"培训学习心得

三天的学习转眼就结束了。在这三天里我们接受了由党委组织部、党校举办的新提任干部能力提升培训班为期三天的春天雨耕的封闭培训。

李文长教授、刘新刚教授、于兆波教授,从习近平总书记重要教育论述的时代内涵、新时代国家治理、从立法角度谈依法治国三个层面强化了学员的思政理论体系,帮助学员理论联系实际,以习近平总书记重要论述来指导创新人才培养具体工作,领悟高等学校管理服务工作的新启示。张建卫教授和杜岗坡老师让我们重建了工作的幸福感并且掌握了实用的沟通交流技巧。

同时,培训还安排了来自党政办、组织部、人事、保密各个部门的领导的分享,让我们对学校政策、干部要求、工作使命和保密规定有了更深的了解和认识。通过学习,我的收获很深。

第一,作为一名党员和干部,学习不能停止。"学向勤中得,萤窗万卷书","勤学"就是不能把学习局限在"集体学",要充分利用工作生活的"海绵时间",挤出时间学习,要以勤学的态度认真学习。要提升学习本领,牢固树立"终身学习"理念,作为一名党员干部,要做好学习的表率,变"要我学"为"我要学",把工作、生活学习化,既要自己学,更要带动身边的人一起学,把学习作为一种自觉行动,通过持之以恒的学习提高自身素质,增强理论基础,坚定自己的理想信念,增强党性修养。

第二,要做好学校"双一流"建设的"螺丝钉"和"润滑剂"。七级管理岗是管理岗位面向老师学生的第一站,我们的一言一行、一举一动,一个文件、一个政策都影响着老师的工作积极性和学生学习的各个环节。我们应该用良好的学风展现精神和风貌,只有细致到位、一丝不苟、创新实践才能为学校人才培养改革添砖加瓦。

第三,作为我自身的岗位,教务部教学研究室主任,我负责着本科人才培养方案的制订、修订管理工作,同时负责学校教育教学研究改革的管理工作。我深刻地意识到岗位责任重大，需要认真学习世界一流大学的人才培养规律，深入落实全国教育大会和《加快推进教育现代化实施方案（2018—2022年）》精神，贯彻落实新时代全国高校本科教育工作会议和《教育部关于加快建设高水平本科教育 全面提高人才培养能力的意见》、"六卓越一拔尖"计划2.0系列文件要求，全面落实学校工作报告的精神，将SPACE+（寰宇+）计划落实在工作的各个环节，为学校"双一流"建设尽自己的力量。

最后，还是想借此机会，感谢学校为我们提供了这样宝贵的学习计划，让我们再次明确树立"四个意识"，坚定"四个自信"，坚决践行"两个维护"，切实把思想和行动统一到中央重大决策部署上来，更加努力为学校"双一流"建设奋斗不止。

作　　者：刘　媛（教务部）
成稿时间：2019年4月

后勤管理室沟通的技巧与实务

一、沟通和协调的定义

沟通的定义是人们分享信息、思想和情感的任何过程。这种过程包含口头语言和书面语言。

协调的定义是和谐一致，配合得当。通过协调可以正确处理组织内外各种关系，为组织正常运转创造良好的条件和环境，促进组织目标的实现。

二、沟通和协调的关系

沟通是方式，协调是方法，两者都为过程动作，沟通是协调的前提。两者的目的是：日常工作中妥善处理好上级、同级、下级等各种关系，使其减少摩擦，能够调动各方面的工作积极性。一个优秀的管理人员，要想做到下级安心、上级放心、同级热心、内外齐心，必须要有良好的沟通和协调能力。

三、沟通、协调的技巧

1. 沟通的技巧

（1）积极沟通。重视且乐于沟通，愿意与人建立联系；在遇到沟通障碍时，能够以积极心态和不懈的努力对待冲突和矛盾，而不是强权或回避。

（2）换位思考。能够打破自我中心的思维模式，尝试从对方的角度和立场考虑问题，体察对方感受，促进相互理解。

（3）及时反馈。重视信息的分享；用心倾听各方的意见，并根据实际情况及时做出调整和回应。

（4）机制保证。能够有意识地在组织中搭建沟通平台，通过机制建设确保沟通渠道的顺畅。

2. 协调的技巧

（1）沟通协调方法。在管理过程中出现的矛盾或失调，有不少是因为信息沟通不畅或受阻，或信息传递中出现某种干扰而产生的。七级管理岗虽不具有解决问题的强制权力和支配权力，但具有枢纽的优势，只要通过及时传递真实全面的信息，促进彼此相互沟通，消除隔阂或误会，矛盾或失调问题就能得到解决，使其恢复协调状态。

（2）变通协调方法。有时在非原则问题上各方各执一词，使矛盾激化，引起失调，这时可采取变通协调方法。具体应注意：一要肯定有关各方所坚持的看法和观点中的合理部分，淡化各方的对立情绪，使其心理上得到满足；二要避开差异之处，提出一个各方都可以接受的协调方法，强化各方的认同感；三要强调变通协调方法对各方都有利，事业的整体利益更需要各方的协调配合，由此促进各方接受变通协调方法。

（3）融合协调方法。对于因局部的权利冲突和利益冲突而引起的各方在整体配合上的失调，可采用融合协调方法。协调此类问题应注意：一要从失调问题中的相关因素入手，将其中的共同之处、相容之处与差异之处、对立之处分开；二要强调整体目标、整体利益的重要性，使各方都充分认识到配合失调对整体是极为不利的；三要在各方相同、相近或相容的基础上，提出一个各方都可以接受的协调方案，对差异之处以有关政策法规为依据，采取灵活的折中的方法加以处理。

（4）政策法规协调方法。实践中的某些失调现象，是由于理解或执行有关政策出现偏差造成的，处理此类失调问题时应注意：一要了解失调现象是由于对哪些政策的理解或执行的偏差造成的；二要全面理解有关政策，准确把握其精神实质，并对照失调现象，具体分析在哪些方面出现偏差；三要让有关各方一起学习相关的政策，提高知识水平；四要在提高认识的基础之上，统一认识，共同研究，遵照政策，研究出恢复协调配合的具体办法。

四、后勤管理室沟通协调所面对的要素

管理要素：管理职能、监督职能、规划职能、成本职能。

环境要素：上级命令、平行单位协调、师生协调、第三方单位协调。

过程要素：后勤管理室主要面对全校师生对后勤投诉管理、对物业公司

业务管理、对学校后勤建设规划管理、后勤各项数据情况的汇总上报、学校政策和工作任务的执行。

五、后勤管理室沟通协调需要的方式

现在后勤管理室沟通协调的方式分为书面沟通、会议沟通、电话沟通。

书面沟通包括请示、报告、来函、合同、洽商、联系单、变更、PPT展示纪要等，此项方式主要以正式沟通为主，必须具备过硬的公文写作、工程专业规范、专业经验、数据收集统计能力，才能实现沟通协调目的和有效结果。书面沟通是最有效最具执行力的沟通方式，不需要推理思考，单边执行即可，适合于执行阶段和收集数据阶段。

会议沟通包括组织沟通、组织传达、理论研讨等，最终要实现上传下达、信息告知、共同决策、分配任务、协调关系，最终有利于工作的有效推进。会议沟通方式是后勤管理室现行最直接沟通方式，它略低于书面沟通的有效性，适合决策阶段。

电话沟通是后勤管理室重要的沟通协调渠道，每天沟通对象包括师生、领导、外单位检查人员、政府行政人员、项目承包方、项目技术方等。电话沟通直接有效地介于书面沟通和会议沟通，它具有会议沟通的直接特性，同时低于会议沟通的正式性，也不需要像书面沟通一样单边执行，更具有非常好的私密性，适合数据收集阶段，事后调解阶段。

网络沟通是后勤管理室未来沟通协调重要方式，随着微信公众号、网络监督平台的流行，网络作为流传面最广、流传速度最快的沟通方式，在后勤管理室的工作中占有越来越重要的地位。它最大特点是具有公开性，这是以上三种沟通方式不具备的特性，同时他还具有书面沟通和电话沟通的许多特性，也正是基于此，网络沟通需要按照比以上三种沟通方式更谨慎的态度执行。

以上就是我参加新任干部能力提升培训班后的一些总结，面对未来更加繁重的工作任务，我还需要深耕沟通技巧，捋顺业务流程，做好学校组织结构中承上启下的基础干部。

作　　者：唐　冰（后勤基建处）

成稿时间：2019年4月

增强党性 勇于担当
在创新中开创工会工作新局面

2019年3月29日至31日，我有幸参加了学校党委组织部、机关党委组织的"'春田雨耕'新提任干部能力提升培训班"。时间历时三天，培训包括专题讲座、工作交流、素质拓展、分组交流研讨，时间安排饱满，内容丰富充实。

一、增强了党性和责任担当意识

通过刘新刚教授"新时代国家治理的新方案及其启示"、张建卫教授的"重塑工作幸福感"、于兆波教授"从立法角度谈依法治国"、李长文教授的"学习实践习近平总书记重要教育论述"五个专题讲座，武装了自己的头脑，丰富了自己的理论知识，更加增强了工作的使命感和责任感。通过杜岗坡教授的"管理与沟通"案例讲座，丰富了自己的实践基础，并通过情景模拟再现等环节实际训练增加了工作的实际应用性，更加开阔了眼界，启发了思路，对实际开展工作有着积极借鉴意义。通过李德煌部长、杨静副部长的组织干部工作要求、人事制度等工作交流，使自己进一步增强了党性，明确了干部的责任使命和担当、人事制度对自己和同事的激励举措，对下一步开展工作有着重要的意义。通过读原著《习近平在正定》《凌达干部核心能力提升》，使得自己开阔了视野，对共产党精神的理解更加深刻，对马克思主义辩证思想认识更加清醒，精神实质把握更加准确，更加增强了一种责任意识。素质拓展环节加深了同事们的了解，对部门协同开展工作，助力学校"双一流"建设有着重大意义。机关党委书记李汉军出席结班仪式并做总结交流，他对新任干部提到："希望全体干部，修忠诚心、走好信仰之路，修求知心、走好学习之路，修敬业心、走好实干之路，修淡泊心、走好修身之路，坚持正确的政治方向，真抓实干，说北理话，做北理事"。自己更加强了责任担当意识,在以后的工作中一定创新开展工作,在顶层谋划中求发展,在改革创新中求实效。

二、增强了创新中开展工作的激情和动力

通过学习培训进一步认清了新时代学校"双一流"工作面临的新形势,每个干部要从自身做起,学会勇于担当,扎扎实实开展工作,在工作中求得实效。

在新岗位工会工作中将认真贯彻习近平总书记指示:"引导职工群众听党话、跟党走,巩固党执政的阶级基础和群众基础,是工会组织的政治责任"。开展工会工作要在激情和创新中开展工作,要多做组织群众、宣传群众、教育群众、引导群众的工作,多做统一思想、凝聚人心、化解矛盾、增进感情、激发动力的工作,更好地强信心、聚民心、暖人心,使广大职工在理想信念、价值理念、道德观念上紧紧团结在一起。要紧密围绕学校中心工作,坚持群团组织引领作用,发挥群团组织的政治性、先进性和群众性,凝心聚力、团结动员广大教职员参与学校管理和建设,鼓励广大教职工在本职工作岗位上建功立业,营造积极向上、美美与共的校园文化生态、助力"双一流"大学建设。

作　　者:黄明福(校工会)

成稿时间:2019年4月

北京理工大学新提任干部
能力提升培训班学习心得

为期三天的"春田雨耕"系列之北京理工大学新提任干部能力提升培训班圆满结束,虽短暂但十分充实。通过专家理论理授课和个人自学,进一步提升了新时代自身的政治修养;通过学校职能部门谈工作经验,进一步厘清了自己对新职责的认识;通过与同学的学习分享,进一步激发了自己对新岗位的奋斗热情。作为一名共产党员和北京理工大学兵器学科特区的专职干部,结合自身工作实际,我有两点心得体会:

一、只有加强自身政治建设和能力建设,才能达到新时代的好干部标准

通过学习本次培训的五门专题课程和四次党务部门负责人的工作交流,我深切地认识到,当前国家发展对新时代干部提出更高的要求和标准,那就是要坚定不移以习近平新时代中国特色社会主义思想为指导,树牢"四个意识",坚定"四个自信",践行"两个维护",立足岗位,聚焦主责主业、主动担当作为、严守政治纪律,对学校建设国际一流的兵器科学与技术学科所面临的问题和挑战,迎难而上,努力工作,为推动学校"双一流"建设贡献力量,争做新时代的好干部。

二、只有敢于责任担当、真抓实干、严守规矩,才能有效推进事业的发展

通过学习实践习近平总书记重要教育论述,进一步提高了对国家优先发展教育的战略高度,增强了发展教育的大局意识;通过聆听"新时代国家治理的新方案及其启示"课题,认识到不仅高等教育领域要立德树人、扎根中国大地,各行各业也应该如此;通过聆听"从立法角度谈依法治国"课题,认识到要践行好国家全面依法治的战略举措,在理念上相信法治,树立法治思维,坚持"法条之上",依法依规推进工作。新形势下学校建设国际一流的兵器学科并实现大幅引领并非一件易事,因为需要有巩固和发展兵器学的科服务面向的心劲,需要有协同推进各项兵器学科要素发展的韧劲,需要有充分凝练兵器学科新方向与新内涵的冲劲。为此,在实际工作只有勇于担当、真抓实干、依法依规,才能把学校建设兵器学科特区的各项部署和政策真正落到实处,进而有效推进学校"双一流"和兵器学科一流的建设。

作　　者:柏　利(兵器科学与技术学科特区领导小组办公室)
成稿时间:2019年4月

Part 04

聚力铸恒心

坚定理想信念　提升服务意识

本人作为一名刚刚提任的副处级领导干部,非常珍惜学校提供的学习机会。通过这段时间的学习,自身的党性修养和理论水平有了一定程度的提高,现将学习心得汇报如下:

一、坚持中国共产党的领导,坚定理想信念

中国共产党的领导是中国特色社会主义最本质的特征,是中国特色社会主义制度的最大优势。只有坚持党的领导,我们国家才能集中优势办大事,才能高效推进各项事业发展。面对此次突发的新型冠状肺炎,在习近平总书记带领的中国共产党的领导下,各级地方政府采取有效措施,一切以人民生命利益为出发点,尤其是武汉封城之举以及全国各省市驰援武汉、湖北,最终取得了武汉、湖北抗疫的胜利,让我备受鼓舞,增强了作为一名中共党员的自豪感和使命感,使我的理想信念更加坚定。

二、加强制度建设,推进治理体系完善

十九届四中全会提出要围绕坚持和完善共建共治共享的社会治理制度,保持社会稳定、维护国家安全,保障国家长治久安、社会安定有序、人民安居乐业。高校的校园治理工作重要的是要夯实制度基础,完善制度建设,那么如何判断一个制度的好坏,我觉得主要看是否能有效推进工作以及实施后的效果。所以,作为机关管理单位在研究制定制度文件时,除了要考虑便于管理还要考虑如何执行以及执行效果等。在科学合理的制度体系下,学校的校园治理工作才能更好地开展。

三、以人民为中心，服务意识不断增强

中国共产党代表中国最广大人民的根本利益，始终坚持"从群众中来，到群众中去"的根本原则。自中国共产党诞生以来，无数的共产党人为了民族独立、人民解放和国家富强，抛头颅、洒热血，这些都体现了中国共产党为人民服务的根本宗旨。作为一名在高校机关工作的管理工作者，应该要把服务好全校广大师生作为首要目标，不断提高管理水平，转变机关工作作风，增强服务意识，为学校的"双一流"建设作出应有的贡献。

以上是通过这段时间学习得到的一些浅显体会。在未来的日子里，我将继续认真学习，刻苦专研，努力提升自己的理论水平和业务能力，保持"疫情思维"，全身心投入本职工作之中，为学校的发展贡献微薄之力。

作　　者：张晓丹（资产与实验室管理处）

成稿时间：2020年6月

坚持立德树人　锐意改革创新
优化治理体系　勇担复兴大任

十九届四中全会是中国共产党站在"两个一百年"奋斗目标历史交汇点上召开的一次十分重要的会议，是在中华人民共和国成立70周年之际、我国处于中华民族伟大复兴关键时期召开的一次具有开创性、里程碑意义的会议。本次"深入学习贯彻党的十九届四中全会精神 推进教育治理体系和治理能力现代化"专题培训的主要内容可分为五个主要部分：坚持和完善中国特色社会主义制度，推进国家治理体系和治理能力现代化；坚持立德树人，着力培养担当民族复兴大任的时代新人；坚持依法治教，推进现代学校制度建设；坚持教育优先发展，构建服务全民终身学习的教育体系；坚持党对教育事业的全面领导，开创新时代教育改革发展的新局面。通过对这五部分主要内容的学习，深入领会了十九届四中全会的重点内容和精神实质，并对教育治理体系和治理能力现代化有了进一步的体会。

作为一名党员，不仅要积极学习十九届四中全会会议精神，更要将其与实际工作相结合，落实全面从严治党工作的各项要求，在工作中严格要求自己，不搞形式主义，勇于担当，勇于负责，落实学校各项要求，为学校的发展建设贡献自己的力量。作为一名教育工作者，要深入学习理解推进教育治理体系和治理能力现代化的各项内容。在教育工作中，要坚持立德树人，对学生的教育不仅包括增加其文化知识，更要包含坚定其理想信念，加强其品德修养，从而增强学生综合素质。在终身教育时代，大学必须对传统的教育制度进行反思、批判、拓展、创新，通过教育制度价值的提升，更好地履行大学面临和承担的社会责任，从而为国家和社会培养担当民族复兴大任的时代新人。同时，在管理岗位上，坚持高等教育法治建设，重视学校师生权益保护，加大学校依法治理力度，将各项工作落到实处，创新学校内部管理，提升治理能力和治理水平，推动学校事业科学高质量发展。新型冠状病毒感染肺炎疫情的蔓延、持续，正以一种不可抗拒的力量影响人们的思维方式、工作生活和经济社会发展，同时使学校的管理面对新的挑战。因疫情带来的挑战，学校管理必须适应环境变迁，对形势和要求作相应的自我调整和平衡。新型冠状病毒引发的肺炎疫情突如其来，如何打赢学校疫情防控阻击战，成为当下学校管理的重中之重。病毒虽然看不见摸不着，但可防可控。学校工作者在面对疫情时，不仅要完成日常工作指标，更要具有疫情思维。根据疫情发展的不同阶段，按照学校疫情防控要求，保持沉着冷静，全方面考虑问题，结合当前疫情形势和工作任务，提出不同的管理方法，把对疫情的防控融入工作中，把疫情防控工作做实，从而进一步加强我校新型冠状病毒感染肺炎疫情的防控工作，保障师生员工的生命安全与身体健康，维护校园安全稳定。

作　　者：龚　鹏（研究生院）

成稿时间：2020年6月

学习党的精神与中国之治
推动后疫情时代工作发展

2020年7月，通过在网上学习的方式，本人比较系统地学习了十九届四中全会的精神，从总体的宏观层面和具体的解读观点，多方面了解了十九届四中全会精神，从而对于"中国之治"有了更为深刻的理解。

国家制度是随国家产生而形成的政治上层建筑。在视频讲座中，主讲人从中国共产党是如何专注于国家制度、如何致力于国家治理、中国之治具备什么样的优势，以及实现中国之治的根本保障等方面，给出了中国共产党确立的三步走目标的安排与中华民族伟大复兴三个阶段相匹配的发展趋势，进而充分说明十九届四中全会审议通过的"决定"，开创了中国之治的新境界。

培训平台上的相关内容涉及很多方面，系统的学习也对本人的管理工作很有启发，尤其是在中国和世界都面临这场突如其来的疫情的大环境下，如何围绕学校的发展目标，结合现在的实际环境，做好相应的制度与管理工作，是我们需要继续深入思考和进行实践的。

鉴于全球疫情发展的情况，今年甚至今后几年的研究生国际化工作都将大受影响。本人带领负责研究生国际化工作的干事积极配合学校国际交流合作处，从1月中下旬开始就密切注意和组织国内未派出学生的安置、境外已派出需返回学生的安全等各方面的具体工作，同时还认真组织2020年度的CSC国家高水平项目申报，积极寻找各类网络交流资源推广给学生，并准备从提升内功的角度，把教师建设全英文课程的积极性调动起来，从生源、渠道和师资等角度为后疫情时代研究生国际化能力进一步提升做好多方位的准备工作。

此外，从持续提升研究生学术素养的需求出发，本人带领业务干事克服了疫情对传统学术交流讲座带来的不利影响，结合先进的网络技术，开办了

"百家大讲堂online"的学术活动,通过请来学术大师、采用网络直播的方式,开办了以两院院士和各领域著名学者为主讲人的系列学术讲座,内容涵盖专业技术发展、科学素养培养、科学问题思考等。百家大讲堂从线下转为线上,从交流效果来讲,虽然因无法对面交流增加了人们的物理距离,但是丝毫没有减弱精神鼓舞的作用,每次讲堂的参与人数远远大于线下可到场人数,反而是扩展了大讲堂的辐射与带动效果。因此,这既是疫情带来的工作形式上的一个转化,同时也给我们的管理工作提出了启发,后续我们将继续思考如何把现代化的技术手段应用于管理工作,以推动学校事业科学高质量发展。

作　　者:张景瑞(研究生院)
成稿时间:2020年6月

深学笃用全会精神　凝心聚力培根铸魂

党的十九届四中全会于2019年10月28日至31日在北京胜利召开。这次全会是我们党站在"两个一百年"奋斗目标历史交汇点上召开的一次十分重要的会议,是在中华人民共和国成立70周年之际、我国处于中华民族伟大复兴关键时期召开的一次具有开创性、里程碑意义的会议。

本人将学习贯彻党的十九届四中全会精神作为重大政治任务。学好学深习近平总书记关于坚持和完善中国特色社会主义制度、推进国家治理体系和治理能力现代化的重要论述,精读研究"决定"文本。坚持用习近平新时代中国特色社会主义思想铸魂育人,全面推动党的创新理论"三进",打牢大学生成长成才的科学思想基础。要加强制度自信教育,贯穿融入思政教育全过程,把制度自信的种子播撒进青年心灵。

制度,是在一定历史条件下形成的政治、经济、文化等各方面的规则体系,代表了一定社会的组织结构和组织体系,也反映出一定的思想价值。中国特色社会主义制度是党和人民在长期实践探索中形成的科学制度体系,我国国家治理体系和治理能力是这一制度及其执行能力的集中体现。中国共产党自成立以来,团结带领人民,坚持把马克思主义基本原理同中国具体实际相结合,赢得了中国革命胜利,并深刻总结国内外正反两方面经验,不断探索实践,不断改革创新,建立和完善社会主义制度,形成和发展党的领导和经济、政治、文化等各方面制度。

中国特色社会主义科学制度体系是从我们党对共产党执政规律、社会主义建设规律、人类社会发展规律不断探索中得来的,是从党领导人民历经艰辛曲折,创造革命、建设、改革的伟业中得来的,是从党的十八大以来党和国家事业取得的历史性成就、发生的历史性变革中得来的。应该明确,中国特色社会主义制度体系是以马克思主义为指导、植根中国大地、具有深厚中华文化根基、深得人民拥护的制度和治理体系,具有强大生命力和巨大优越性，是持续推动拥有十四亿人口的中国进步和发展、确保拥有五千多年文明史的中华民族实现伟大复兴的制度和治理体系，是以习近平同志为核心的党中央领导全党全国人民，对坚持和完善中国特色社会主义制度、推进国家治理体系和治理能力现代化取得的重大理论成果、实践成果、制度成果的科学总结和提炼升华。

就教育战线来说，这个"决定"提出要构建服务全民终身学习的教育体系，实际上是给教育升了位、赋了能，提出了更高的要求。这是我们加快教育现代化、建设教育强国的历史性任务。

在这次疫情防控过程中，学校紧抓教育契机，深化拓展"时代新人"主题教育活动的内涵载体平台阵地，把铸魂育人的校园小课堂建到现实生动的社会大课堂、建到覆盖全体学生群体的移动互联网，推出了"书记校长专题解读课""媒体矩阵思政观察课""线上支部朋辈辅导课""服务保障人文关怀课""智能平台教师公开课"等一系列铸魂育人系列课程，带动青年学生以力所能及的形式与以习近平同志为核心的党中央同心同路、同向同行、同频共振。

作　　者：苟曼莉（学生工作部）

成稿时间：2020年6月

深入学习贯彻十九届四中全会精神
——依循"三因"理念推进书院思政工作体系建设

十九届四中全会是中国共产党站在"两个一百年"奋斗目标历史交汇点上召开的一次十分重要的会议,是在中华人民共和国成立70周年之际、我国处于中华民族伟大复兴关键时期召开的一次具有开创性、里程碑意义的会议。全会通过的《中共中央关于坚持和完善中国特色社会主义制度、推进国家治理体系和治理能力现代化若干重大问题的决定》,深刻阐明了坚持和完善目标、重点任务、根本保证。学习期间,我学习了包括"开辟'中国之治'新境界——十九届四中全会总体精神解读""深入学习贯彻党的十九届四中全会精神,推进教育治理体系和治理能力现代化""发挥好'显著优势',坚持和完善党的领导制度体系,提高党科学执政、民主执政、依法执政水平""深刻把握新时代党的建设总体要求 培养担当民族复兴大任的时代新人"等课程,对十九届四中全会的精神进行了深入的学习和思考。结合自己的本职工作,尤其是在疫情期间的学生思想政治教育管理,我有了更深刻的体会。疫情来袭,见不到同事,见不到学生,特殊环境中学生工作面临极大的挑战。此时,扎实推进教育治理体系和治理能力现代化,切实提升教育管理效能,成为我们做好远程学生思想政治教育和管理工作的关键。

一、因事而化,抢占组织管理先机

辅导员是管理学生的第一线,所以如何管理好辅导员,做好我们自己的内部组织建设,是我们首先要落实的事情。疫情给了我们很多的时间和很大的空间来检验和思考内部组织管理、完善和提升。综合来说,可以从以下三个方面开展:对辅导员,提高政治站位,提升管理能力;对书院管理,建章立制,规范管理制度;对学生,立足疫情实际,建立长效机制。

二、因时而进,创新平台管理建设

远程管理不可回避现代社会的网络媒体运用,自媒体视域下大学生思政教育创新必须因时而进。推动网络思政,搭建思想引领线上平台,不管是疫情期间还是在长效管理上都是我们需要突破的关键点。同时,作为新型管理模式的书院,也不能独立于传统专业学院而存在,只有加强院院合作、协同合作、无缝衔接,才能背靠大树、有力发展。学生居家,不可避免会出现时间管理、学习管理、思想管理等方方面面的问题,如何搭建远程平台,促升学生各项综合素质能力,也需认真面对和思考。

三、因势而新,推动传统品牌出新

书院成立两年,各书院都形成了自己的特色品牌活动,面对学生不在校,所有沟通通过线上组织联络,如何保护原有特色品牌,将线下活动转为线上活动,也成为我们的重点工作。精工书院在疫情期间进行了很多尝试,如将"行走的党课"交给远在全国各地的学生预备党员,由他们结合当地特色,通过网络直播和录播等形式,将行走由线下转为线上,获得了很好的效果。

四、思考和感悟

第一,加强辅导员队伍培养:凝心聚力,引才育人,苦练内功。
第二,明确书院发展定位:统筹规划,协同发展,学育融合。
第三,化危为机提质增效:立足实效,长远谋划,建章立制。

作　　者:方　蕾(宇航学院)
成稿时间:2020年6月

以立德树人铸就教育之魂

2018年9月，习近平总书记在教师节前夕发表重要讲话，在全国教育大会上，再次强调了立德树人是中国特色社会主义教育事业的根本任务。对于高校教师来说，我们不仅要明晰立德树人的基本目标，同时还要了解立德树人的本质内涵，这样才能真正回答培养什么人、怎样培养人、为谁培养人这一教育事业的根本问题。习近平总书记同时提出了新时期教育工作要求，为加快推动教育现代化、建设社会主义教育强国、办好人民满意的教育指明了方向。

首先，中华人民共和国经历了从站起来、富起来到强起来的７０余载光辉岁月，我们党的初心和使命、社会主义的国家性质和教育目标蕴含着中华人民共和国教育的社会主义属性和立德树人根本任务。习近平总书记指出："培养什么人，是教育的首要问题。我国是中国共产党领导的社会主义国家，这就决定了我们的教育必须把培养社会主义建设者和接班人作为根本任务，培养一代又一代拥护中国共产党领导和我国社会主义制度、立志为中国特色社会主义奋斗终身的有用人才。"立德树人的内涵、立德树人中"德"的具体含义、立德树人的"人"的具体要求，随着时代的发展而变化。站起来时代的我们要有强健骨骼，富起来时代的青年要有精神支撑，现在，强起来时代的我们要有政治灵魂。

其次，实现立德树人的根本任务，必须要重视教育体系的资源整合。高校的教职员工应该将立德树人作为教育的生命线和育人基石，同时还要探索将思想政治教育与专业教育、实践教育高度融合，实现思政课程与课程思政的协同育人效果。只有将思想政治教育与学科教学、管理体系等育人体系进行系统性的融合，同时制定合理化、科学化的教育目标，才能最高效能地实现立德树人根本任务。除此之外，我们还要积极构建德智体美劳全面发展的综合化、多层次教育体系，重视创新创业人才培养，只有这样，才能为培养高素质人才打下坚实的基础。

再次，高举立德树人根本任务，关键就在于培养德才兼备、德智体美劳全面发展的社会主义建设者和接班人。马克思主义始终坚持实现人的全面发展的基本立场，这同样也是社会主义教育的根本目标。习近平总书记自始至终强调人才的重要性，人才是创新的关键，是发展的关键。社会主义现代化建设需要的优秀人才不仅要具备优秀的专业技能，更要具有坚定的理想信念和高尚的道德修养。当前，我们的高等教育已经认识到了道德教育、思想政治教育的重要性，改变过去存在的只重知识技能传授而轻道德价值培养的现象。

最后，教育大计，教师为本。建设教育强国，推进社会主义现代化，离不开教师的重要作用。这就对教师队伍的建设提出了更高更新的要求。坚持党对教育工作的全面领导，弘扬尊师重教的社会风尚，提高教师待遇，为广大教师专心从事教育事业打好物质基础，为教育事业改革发展凝聚磅礴力量，为培养担当民族复兴大任的时代新人添砖加瓦。

作　　者：邓　岩（信息与电子学院）
成稿时间：2020年6月

不断学习赋能，建设一流大学

本人在干部在线学习平台完成了必修课1350分钟、选修课900分钟，以及"深入学习贯彻党的十九届四中全会精神，推进教育治理体系和治理能力现代化"专题培训栏目24学时的在线学习。

专题学习主要选修了以下课程：

（1）学习贯彻十九大精神 构建终身职业培训体系；

（2）终身教育时代大学的社会责任；

（3）大数据时代高校网络育人的质量提升；

（4）发挥好"显著优势"，坚持和完善人民当家作主制度体系，发展社会主义民主政治；

（5）发挥好"显著优势"，坚持和完善中国特色社会主义法治体系，提高党依法治国、依法执政能力；

（6）发挥好"显著优势"，坚持和完善社会主义基本经济制度，推动经济高质量发展；

（7）发挥好"显著优势"，坚持和完善繁荣发展社会主义先进文化的制度，巩固全体人民团结奋斗的共同思想基础；

（8）坚持立德树人，建设教育强国；

（9）坚持立德树人，创新高职院校人才培养模式。

从中收获颇大的是"大数据时代高校网络育人的质量提升"课程。刘宏达教授从高校网络育人发展历程，分析了高校网络育人质量提升的意义，指出高校思想政治教育工作一定要和大数据相结合。他为大家分享了华中师范大学的学生工作信息化情况，并总结为"四个一"，即"一站式学生服务大厅""一张表学生信息管理系统""一张网学生大数据决策分析系统""一体化学生信息综合运用体系"。刘宏达教授紧紧围绕高校学生工作信息化目标这一主旨，从信息化"减负"、信息化"增效"和信息化"提质"三方面分别进行论述。他还结合自己的工作经历，对于学生工作中出现的一系列问题提出了自己的看法，并结合实际提出高校大数据提质的发展趋势。

此外"学习贯彻十九大精神，构建终身职业培训体系"一课，也给予我深刻的思考。教育行业应该构建立体化高校教师职业培训体系，不断提高教师的业务能力、思政能力、技术能力。同时要加强职业道德教育，增强教师的责任感，尤其是对青年教师，增强他们爱岗敬业的精神，扎扎实实地工作，努力学习，不断提高自己的业务水平。可以通过健全各项规章制度，完善教师专业技能的要求和标准，通过各类技能竞赛，校企合作，技能培训及奖励的多种形式，促进这一体系的可持续发展。我校在这方面对于教师发展的支撑力度很大，学校给予资金的支持，支持教师做访问学者，有目的、有要求地学习新知识和理论，提高教师的专业水平。同时教师发展中心近年来发挥了较大的作用，聘请校内外专家举办讲座与交流工作坊，为教师职业技能提升提供了有力保障。

作　　者：张莱湘（外国语学院）

成稿时间：2020年6月

加强党的全面领导
推进教育治理体系和治理能力现代化

按照学校要求，我完成了"深入学习贯彻党的十九届四中全会精神 推进教育治理体系和治理能力现代化"专题线上视频课程学习，参加了学院党总支理论学习组的线下学习和交流研讨。主要学习心得如下：

第一，通过学习"开辟'中国之治'新境界——十九届四中全会总体精神解读"、十九届四中全会审议通过的《中共中央关于坚持和完善中国特色社会主义制度、推进国家治理体系和治理能力现代化若干重大问题的决定》开创了"中国之治"的新境界。学习了《决定》的制定背景、基本内容和基本精神概述，认识到"中国之治"致力于国家制度、致力于国家治理，"中国之治"具备了十三个显著优势，"中国之治"实现的根本保障是十三个"坚持和完善"，了解到十三个"坚持和完善"的必要性和基本内容，从而较好地准确把握了十九届四中全会总体精神。

第二，通过学习"发挥好'显著优势'，坚持和完善党的领导制度体系，提高党科学执政、民主执政、依法执政水平"，充分认识到党的领导制度是国家的根本领导制度，了解了新时代党的领导环境与问题、党的领导制度体系的主要内容、新时代加强党的领导的原因。推动全党增强"四个意识"，坚定"四个自信"，做到"两个维护"，自觉在思想上、政治上、行动上同以习近平同志为核心的党中央保持高度一致，坚决把维护习近平党中央的核心地位和全党的核心地位落到实处。

第三，通过学习"深入学习贯彻党的十九届四中全会精神，推进教育治理体系和治理能力现代化"，进一步了解中国特色社会主义制度发展和我国国家治理的历史性成就，深入领会了习近平总书记在全会上的重要讲话精神，从坚持和完善中国特色社会主义制度、推进国家治理体系和治理能力现代化等角度准确把握全会的重点内容和精神实质。

第四，通过学习"深刻把握新时代党的建设总体要求 培养担当民族复兴大任的时代新人""基层院系党组织落实立德树人根本任务的思考与实践""聚焦课程思政 落实立德树人"，深刻认识到了中国特色社会主义进入新时代面临的四大新挑战，意识形态工作是党的一项极端重要的工作，立德树人则是教育的根本任务。培养什么人？为谁培养人？怎样培养人？对于我们从事中外合作办学的教育工作者，这是不能回避的问题。我们要引进国外优质教育资源、先进教育理念，更要坚持社会主义办学方向，加强学生的思想政治教育，要把做人做事的基本道理、把社会主义核心价值观的要求、把实现民族复兴的理想和责任融入各类通识和专业课程之中，使各类课程与思想政治理论课同向同行，形成协同效应，致力于培养社会主义事业建设者和接班人，培养担当民族复兴大任的时代新人，做学生健康成长的指导者和引路人。

第五，通过学习"从涉诉案件看依法治校重点和难点"，了解了依法治校提出的背景和意义、大学治理面临的问题与挑战以及依法治校存在的重点和难点问题。我们要以此次学院制度建设为契机，补充和完善现有学生管理制度，坚持依法治教，推进学院治理体系建设，提高治理能力。

作　　者：蒋志湘（国际教育学院）

成稿时间：2020年6月

贯彻落实十九届四中全会精神
守正创新做好新时代新闻宣传工作

按照《关于开展中层领导人员"深入学习贯彻党的十九届四中全会精神"培训的通知》要求，本人认真学习了相关课程内容，并结合自身工作进行了深入的思考，现将近期学习心得汇报如下：

一、充分认识和深刻理解十九届四中全会精神

党的十九届四中全会是在中华人民共和国成立70周年之际，在"两个一百年"奋斗目标历史交汇点上召开的一次具有开创性、里程碑意义的重要会议。全会审议通过了《中共中央关于坚持和完善中国特色社会主义制度、推进国家治理体系和治理能力现代化若干重大问题的决定》，具有十分重要的现实意义和深远的历史意义。

2020年，学校即将迎来建校80周年，并召开第十五次党代会。2020年年初，新冠肺炎疫情肆虐全国。疫情防控是对我国治理体系和治理能力的一次大考，同样也是对学校治理体系和治理能力的一次大考。在此种情况下，深入学习十九届四中全会精神，全面思考疫情常态化下如何开展工作，对建立学校正常工作秩序、全面推动学校事业发展具有重要意义。站在新的历史起点上，我们既要面向学校建设需求，也要不断提升管理能力，提高政治站位，要以更大的热情、更强烈的责任感和历史使命感投入岗位工作中，推动学校治理体系和治理能力提升。

二、强化"疫情思维"，统筹做好新闻宣传工作

面对突如其来的疫情，以习近平同志为核心的党中央总揽全局、协调各方，全面加强对疫情防控的集中统一领导，全国各族人民齐心协力、同舟共济，共克时艰。在打赢疫情防控阻击战中，中国共产党领导和中国特色社

主义制度的显著优势进一步彰显。高校作为意识形态的重要阵地和科技工作者的聚集地，我深刻体会到，在疫情防控期间，做好新闻宣传工作，营造良好氛围具有至关重要的作用。因此，在具体工作中，在学校党委的整体工作部署下，坚持以"凝聚战疫力量"为主题，报道学校疫情防控工作举措，普及疫情防控知识，聚焦报道科技助力抗疫，及时挖掘师生员工在疫情防控中涌现的先进典型和感人事迹，以期凝聚起众志成城、共克时艰的强大正能量。

三、做好疫情防控常态化下的新闻宣传工作

2020年，学校正处于发展的战略交汇期，"三步走"发展战略目标的第一步进入冲刺阶段。因此，做好新闻宣传工作，一定要继续以坚持团结、稳定、鼓劲、正面宣传为主，积极讲好北理工故事，传播北理工声音，激发广大师生员工和校友的自豪感、归属感、荣誉感，展现一流大学精神风貌。在这一年的工作中，我体会到：要统筹做好重点宣传和日常宣传，让重点宣传精彩纷呈，日常宣传亮点不断；统筹做好疫情防控和新闻宣传工作，两方面工作要同步推进。要以"新时代新征程"为主题，做好第十五次党代会宣传，充分展示学校自第十四次党代会以来的事业发展成就，激发师生员工爱校荣校情怀，凝聚团结奋斗磅礴力量。要以"讲述北理故事"为主题，做好80周年校庆宣传，充分发挥30万师生校友的力量，上下联动、内外协同，多点发力，持续发声，进一步坚定发展自信，奋进新时代。

猝然而至的疫情如同一张考卷，既是对学校治理体系和治理能力的一次大考，也是对领导干部能力的考试。作为一名领导干部应该不断加强学习，强化思维，提高自身的领导能力，助力学校治理体系和治理能力替提升，为学校"双一流"建设贡献一份力量。

作　　者：刘晓俏（党委宣传部）
成稿时间：2020年6月

推进治理体系和治理能力现代化
不断推动学院工作高质量发展

2020年是一个特殊的年份，在新冠肺炎疫情的大考之下，全国人民经受住了这次考验。北理工全校师生更是共同努力，齐心协力，将学校疫情防控和教育教学等各项工作有序推进。作为法学院的一名干部，结合自己的岗位要求，我通过学校组织的十九届四中全会精神的线上学习，通过对学校年度工作报告和全面从严治党有关内容的学习，更是进一步强化了"疫情思维"，深入思考了工作中如何将自身治理能力和治理水平的提升与法学院事业科学高质量发展统一起来。

一、提升治理信息化水平

疫情的发生倒逼了我们教职员工线上教学和线上办公的能力水平要求。疫情过后，我们如何将线上和线下相结合，切实提高我们的信息化水平和能力，这是我在疫情期间一直在思考的问题。2019年我在教务处的支持下，用为期一年的时间制作了"大学生媒介素养"提升的在线课程，疫情期间两期课程的运营受到了湖北、河北等大学的青睐，有幸被选为他们本学期的课程。通过线上教学、线上学习、线上办公，我感受到了线上的便捷，同时也发现了我们目前工作的需求与我们信息化水平现状的矛盾。这学期法学院已经从构建学院绩效考核系统的角度紧锣密鼓地开启学院的信息化建设之路，我有幸成为其中的一分子，将系统的开发与我的思考结合起来，为切实提升学院的信息化水平、立志建设"智慧北理法学院"贡献力量。

二、提升运行制度化水平

在疫情期间，我根据学院的整体安排，具体操刀制作了学院的文件汇编，将依法治校、依规治院的理念切实落实成为学院工作规范高效有序运行的制度保障。制度汇编一共有170页，共有决策机制、党建工作、师资队伍、人才培养、教学科研、运行保障等6个部分29项制度。通过本次的线上培训，我深刻意识到提升治理能力和水平，制度规范化的同时，运行过程中依规办事是更为关键的一环，所以学院的制度汇编，人手一册，在遇到具体的问题时，全院上下都要依此办事。今后我将以此为基础，持续开展"查漏补缺"式制度梳理，形成一整套更为成熟稳定的制度体系，并推动全院运行制度化在师生员工中入脑入心见行动。

三、提升工作精细化水平

2020年是学校建校80周年，作为我具体负责的一项工作，在全院上下的共同努力下，院史编纂小组疫情期间共同努力，将学院的学科发展史交付完工。这是我们在精细掌握学院历年办学情况，精细访谈师生校友，精细查询档案材料，精细归纳总结编纂等一系列精细化工作基础上的成果。从2019年年初启动这项工作到今年完成，我本着将学科史大局大事做精彩，将每一个历史事件和人物的还原做精细的理念，带领院史编纂小组四处搜集材料，撰稿人几易其稿，修改版本多达20多个。结合这项工作的完成过程，结合本次的线上学下，今后在我的各项工作中，我将继续深入贯彻十九届四中全会精神，延续这种院史编纂的精神和态度，养成细致、精致、极致的作风，坚持从新视角分析工作、用新理念谋划工作、用新举措推进工作，在学院工作中促创新、创特色、出亮点，努力实现纵向比较有进步、横向比较有晋位。

综上所述，作为法学院的一员，通过本次培训，未来在法学院提质升级、科学高效发展，推进法学院"双一流"建设高质量发展中，我将进一步增强"四个意识"、坚定"四个自信"、做到"两个维护"，切实推动全会精神落到我负责工作的方方面面，时刻肩负使命担当，持续奋斗，久久为功！

作　　者：张爱秀（法学院）
成稿时间：2020年6月

发挥制度优势 深化机制改革
全面提升兵器学科建设效能

近期,在组织部组织下,在机电学院党委中心组带领下,我通过多种形式对党的十九届四中全会及其精神进行了学习,结合自身情况心得体会如下:

一、全会立足当下着眼长远擘画中国之治宏图,是今后制度建设的总纲领

党的十九届四中全会是在中华人民共和国成立70周年之际,在"两个一百年"奋斗目标历史交汇点上,召开的一次具有开创性、里程碑意义的重要会议,第一次提出坚持和完善中国特色社会主义制度、推进国家治理体系和治理能力现代化的总体目标,对坚持和完善中国特色社会主义制度、推进国家治理体系和治理能力现代化具有重大的理论与现实意义,是对历史的高度总结,也是对今后制度建设工作的指导与统领。有了总体目标,就要求我们在今后工作中从具体工作要求上进行细化,按统一纲领,尽自己一份力量,确保总体目标的高质量完成。

二、锐意进取,推动学科特区建设,从量到质提升建设效能

对于个人,结合自身工作,全面落实全会精神,就要坚持以习近平新时代中国特色社会主义思想为指导,紧密结合学校和兵器学科实际,锐意进取,对学科特区进行高水平建设;以国家对国防领域的人才培养、科学研究、社会服务、文化传承等时代需求为目标,通过交叉融合、机制体制创新等措施,构建以质量建设为核心的发展机制,构建量化指标体系;资源分配克服唯分数、唯升学、唯文凭、唯论文、唯帽子的顽瘴痼疾,强调效率,兼顾公平;以兵器特区为平台,调动全体兵器学科教师的能动性,推动兵器这

一传统学科高质量发展，提升兵器学科在国内的引领性，增强学科的国际核心竞争力，不断发展一种文化，构建一支队伍，打造一个品牌。在近期，正值学科"十四五"规划之时，虽受疫情的影响，但更应发挥主观能动性，采用创新模式，构建学术交流云平台，促进学术交流和思想碰撞，以交流促发展，以交流促融合，把握兵器学科发展新趋势，结合时代发展和自身特点论证新的学科建设方向，努力挖掘学科方向新增长点。

三、不忘初心，坚持立德树人体制机制，创新人才培养新模式

培养高素质人才，是人才培养的根本目标，是高等院校的核心使命，也是学科建设的重要内容，立德树人的提出是人才培养体制机制创新在教育领域的重要体现。创新立德树人人才培养的体制机制的构建，就要建立立德树人的融入机制，从顶层设计构建先进文化多维融入的培养体系；落实立德树人，就要吸收一切优秀的文化资源，兵器学科历史悠久，具有丰富的文化遗产和优秀的文化资源，"兵器三代人"的挖掘就是一例，如何将优秀的兵器学科文化资源进行挖掘，通培养机制的创新融入课程教学，培养符合时代要求的具有爱国情怀且符合我国国防建设发展所需要的高素质人才，是新时代立德树人机制体制建设的一重要内容。另外，将兵器自力更生文化精神结合具体实践，面向国防发展前沿、交叉技术攻关需求，打造艰苦奋斗、自力更生的创业文化，以兵器学科教育实践中创新创业教育改革为牵引，带动人才培养模式的整体转型，打破学科壁垒，构建创新创业、专创融合、跨学科项目、创业孵化实践的示范性创业培养体系，提升人才培养质量。

作　　者：徐豫新（机电学院）
成稿时间：2020年6月

Part 05

桃李孕匠心

学科协同交叉培养培育复合型领军领导人才

一、行动学习项目概况

（一）项目选题背景

2018年，习近平总书记在北大考察时强调："要下大气力组建交叉学科群和强有力的科技攻关团队，加强学科之间协同创新。"同年，习近平总书记在全国教育大会中指出，要提升教育服务经济社会发展能力，调整优化高校区域布局、学科结构、专业设置，建立健全学科专业动态调整机制，加快一流大学和一流学科建设，推进产学研协同创新，积极投身实施创新驱动发展战略，着重培养创新型、复合型、应用型人才。

复合型领军领导人才不是一个学科能培养出来的，学科协同交叉是培育拔尖创新人才的重要途径和高效手段。

学科协同交叉培育复合型领军领导人才小组以学科的协同交叉为主要学习和讨论的内容，以培育复合型领军领导人才为最终要达到的目标。小组成员经过多次调研、研讨，首先分析了我校在协同交叉方面存在的问题及原因，并分别讨论了相应的对策，从政策引导、资源与平台、交叉课程、交叉指导等四个方面入手，开展行动学习工作，经过项目组9次集中研讨、调研等，取得"四个一"的实际成果。

一个政策建议：通过建立跨学科复合型领军领导人才培养的人才特区，结合优秀资源择优侧供给，实现拔尖人才精细培养、分类卓越的目标。

一个交叉平台：搭建交叉公共平台，促进交叉学科协同发展，为培养复合型领军领导人才提供硬件支撑和保障。

一个交叉课程：依托我校工科优势资源，通过管理+工科课程融合，培养复合型领军领导人才。

一系列交叉指导模式：发挥科研团队资源优势和学科协同作用，构建科研团队指导学术科技创新团队的导学模式,提升学生科技创新指导实效。打造学校交叉专业与学科的导师制培养模式,构建本硕博一贯制培养体系。

(二)难题解决情况

1. 主要难题

如图1所示,学科协同交叉主要有四个难题。

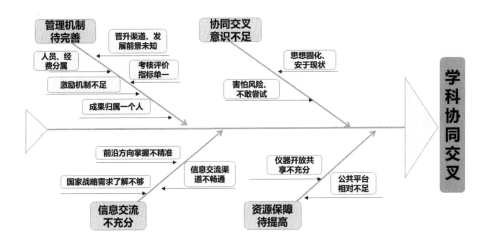

图1 学科协同交叉的主要难题及原因

(1)管理机制待完善

一是管理模式有壁垒,如成果认定,人员、经费都分在不同学院,管理主题是单一学科或学院等。本科、硕博士研究生培养分属不同行政管理部门,培养方案的制定具体归属不同学院,学校的一体化要求并未覆盖跨学科能力培养,造成本/研、各学院/专业间跨学科能力培养的衔接不佳、协调不足。

二是管理制度待完善,如激励机制不足,考核评价指标单一,晋升渠道、发展前景未知等。成果认定机制体制有待完善。

(2)协同交叉意识不足

一是部分学科因工作量饱满,现有工作已经无法保质保量完成,造成对协同交叉没有天然的需求。

二是在思想上相对保守、固化,安于现状,担心风险,不敢也不愿意轻易改变。学校职能部门、学院领导班子、学科建设教师三级之间存在信息传递衰减，部分政策宣传贯彻不够，导致教师在参与学科建设时存在求稳思想。

三是部分学科由多个学院共同支撑建设，因各学院基层学术组织建设程度不足，且协同沟通机制不通畅，导致配合学院对牵头学院的支撑不够，协同支撑效果不明显，未形成合力。

（3）资源保障有待提高

一是公共平台相对不足。学校虽然建成了以良乡分析测试中心为典型代表的校级公共平台以及依托材料、生命、信息等学院的院级公共平台，但是由于分析测试中心地处良乡，距离中关村距离远，再加上材料、生命、信息等院级公共平台主要依托学院建设和管理，设备主要在满足本学院使用的前提下对外服务。

二是仪器设备开放共享不充分。学校虽然一直在大力倡导和推进大型仪器设备开放共享工作，但是，由于开放共享系统尚未正式推广，导致部分老师有仪器设备使用需求却不知道如何查找和预约使用。

（4）信息交流不充分

如信息交流渠道不畅通、前沿方向掌握不精确、国家战略需求了解不够等。

导致信息交流不充分的主要原因在于，一线教师对国家战略需求了解不够深入，兴趣主导的研究不能与需求有机结合，交叉协同难以落地；科研管理部门、工程学科对从事基础科学研究的一线教师的前沿方向的情况掌握不清晰，对不同学科交叉融合的指导和促进作用不显著；不同学科间建立了一定的沟通联系，但是现有信息交流渠道不能满足学科协同交叉的需求，仍然缺乏多学科协同交叉信息集成的渠道。

2. 难题解决情况

小组成员经过与相关的科研院、研究生院、学科办等主要部门和多个学院的调研（如图2所示），从四个主要方面解决多学科融合交叉过程中的难题，主要是在政策引导、资源分配、课程体系、教师指导等方面打出组合拳，在一定程度上解决领军领导人才培养问题。

图2 小组成员专门调研和讨论

在政策引导层面，构建多元化、跨学科、个性化、多渠道发展路径，通过建立跨学科领军领导人才培养的人才特区实现跨学科专业知识互补、综合素质能力提升。

在资源分配层面，建立校级公共平台。如超算中心平台建设，将满足多数用户老师的计算资源需求，持续分散的计算资源建设现象将逐步减少，极大削减科研经费支出，为人才及人才培养工作起到支撑保障作用。考虑到超算中心更新迭代的速度以及师生需求的迫切性，尽快立项建设是需要重点解决的难题。

在课程体系层面，复合型领军领导人才培养的一个难点是如何进行系统性培养，依托管理+工科课程有机融合进行培养是比较典型的培养方式。为此，我们经过多次研讨，提出"引进来"和"走出去"两种模式。"引进来"是在大一、大二的大类培养阶段引入工科基础课和选修课达33学分的课程模块，同时辅以金工实习、生产实践等管理与工科结合的实践活动，从理论学习和行动学习双向发力，按学生的认知规律逐渐加深管理与工科的融合，扩宽学生的工科知识基础。"走出去"主要是通过管理与经济学院开设双学位项目，面向全校招生，其中大部分是工科学生。通过系统学习管理课程，同时结合北京市高水平实培项目，加强工科双学位学生的管理理论学习，提高创新创业实践能力。

在教师指导层面，部分学院学生创新创业项目与学院科研方向关联不紧，科研团队与学生群体互动深度参差不齐，指导学生创新创业体系不完善、精准指导不够，需围绕"大科研"建立新型双创指导模式。学校当前的目标和导向都是精英式小班培养模式，但是本科专业与研究生培养连贯性不够完备，这也直接导致本科生的科研成果匮乏与优秀生源的流失。同时对于带领本科生参加双创、科研竞赛等活动需要年轻导师的一线付出，需要深入学生中去，指导并参与具体科研活动，但由于一贯式培养模式需要导师至少应该有博士生招生资格，很多年轻老师并不具备招生资格，而对于多数拥有招生资格的博导而言对本科生的培养精力投入较少，具体原因是博士指标有限。而在交叉学科领域，需要双导师（校内/校外）共同培养，可额外增加交叉学科共同培养的招生指标，或者对于交叉培养的学时双方导师各增加0.5个指标。

（三）项目实施情况

一是提出了一个政策建议。项目组经过调研、研讨，认为优秀本科生、本直博生、硕博连读生是领军领导人才培养最佳的后备力量，建议学校统筹优势资源，包括校企联培资源、国际交流资源、课程资源等，建立人才培养特区，通过资源侧供给等措施，培育一批具有"胸怀壮志、明德精工、创新包容、时代担当"特点的科学家、政治家、企业家、军事家、金融家及教育家等高层次领军领导人才。

二是创建一个公共平台。围绕学科交叉公共平台建设进行探讨和充分交流，项目组成员一致认为，多个学院多学科均建设计算资源，存在各学院与学科分散建设，规模较小，单台套性能较低，计算资源地理位置分布散乱不集中，重复占用房屋资源等问题，建议学校加快推进超算中心论证和建设相关工作，为促进学科交叉融合提供硬件保障。

三是开设一批交叉课程。在交叉学科课程融合方面，通过课程遴选、人员落实、培育方案修订和动态调整等多个环节来实施并不断改进。通过和多个学院的多次交流，在培育方案修订中已经引入"Python程序设计""智能制造概论""工业互联网""人工智能""区块链"等33学分的工科课程模块，并相应修订了管理+工科融合的培养方案。

四是打造"学科交叉的本科生导学团队制"科技创新指导模式。打破传统"本科生导师制"中"一师一生"或"一师多生"指导模式，创建以科研团队指导学生科技创新团队的指导模式，催生学生科技创新"大成果"。鼓励不同学科导师协同配合，在学科交叉中探索新的科研聚焦点，并梳理凝练新的学生科技创新项目。建立定期沟通机制，以联合组会、专题学术研讨等多种形式，加强技术交流，促进项目推进。围绕交叉学科学生培养模式进行讨论，并针对多导师共同培养模式的招生指标问题及成果归属等问题提出了建议。鼓励交叉学科培养模式应该跨专业和学科一贯制，不受学科约束，在一定程度上实行招生指标的政策倾斜。

二、行动学习项目成效

（一）项目成果及验证情况

小组通过多次研讨，得到了"四个一"的具体成果，并在学校学院层面得到了实施，将有力地推动学校学科交叉培养领军领导人才等立德树人的核心工作的开展。

1. 在一个政策建议方面

目前学校相关部门，如计划财务部、研究生院、科研院、实验设备处等部门均为实现学科交叉制定了相关政策，行动学习小组为这些政策的设计提供了不少具体的政策建议。

通过"双领"人才培养特区来进行学科交叉的人才培养的顶层设计和统筹管理。成立虚拟建制"交叉班"，由研究生院聘任班主任、学术领航导师、创新创业导师和企业行业导师等，负责本计划的管理和有关项目的推进。统筹多学科培养资源，邀请院士、长江学者、行业内总师、技术骨干等知名专家学者担任本计划的顾问导师。以领军领导人才培养目标为出发点，跨学科、跨行业的高层次导师团队联合定期咨询、指导，以实现跨学科专业知识互补、综合素质能力提升。同时，定期举办前沿交叉学术论坛，为研究生提供一个校园内多学科、多领域、高水平的学术交流平台，激励广大师生开展前沿基础和交叉创新研究，促进研究生和优秀教师之间的思想碰撞，培养研究生的创新意识和学术视野，营造良好的学术氛围，打造我校"跨域师生互动交流活动"品牌，深入促进研究生创新能力培养，激发创新热情，拓宽学术视野。

2. 在一个交叉平台方面

超算中心论证工作已经完成。考虑电力供应、网络架构、机房环境改造等一系列关键问题，针对我校电力与网络基本情况，结合三校区现状，拟选择良乡校区实训楼作为建设地点。依据计算节点主频、单周期指令执行数等效计算得出，总算力规模约548 TFlops（万亿次/秒）；结合校外高性能计算调研情况，拟定我校建设总算力规模为550 TFlops。

3. 在一系列交叉课程方面

目前制定出包含管理+工科课程模块的培养方案；获批多项北京市高水平实培项目；跨学科学生团队取得优异成绩，例如2020年度美国大学生数学建模竞赛，2017级本科生于丁一（数学与统计学院）、任微明（计算机学院）、汪斯纯（管理与经济学院）团队在全球数万支队伍中脱颖而出，获最高奖项——特等奖（Outstanding Winners）。

4. 在一系列交叉指导模式方面

宇航学院探索打造"本科生导学团队制"科技创新指导模式，依托无人飞行器自主控制研究所建立"飞鹰"队，年内先后获第六届中国国际"互联网+"大学生创新创业大赛金银铜奖各一项。搭建跨学科导师组协同指导学生科技创新平台，以开展学生科技创新联合指导。修订学院教师考核指标，完善双创项目成果认定细则。

医工融合实验班的人才培养是一项本、硕、博全方位建设的联合培养模式，参考美国哈佛—麻省理工健康科学和技术项目，由北京理工大学与解放军总医院、积水潭医院等15家企业和医院共同努力推进优势工科与临床医学及健康工程的融合，为医工融合领域培养专门人才。医工融合实验班已采用3+X年本硕博贯通动态学制和灵活的"分流+补入"培养模式。入学后第一学期可根据科研讲座了解专业导师研究方向，完成"一对一"专业导师双向选择，导师将指导学生开展专业知识的学习以及从事创新实践等学业活动。专业导师可以延续到研究生阶段的学习，也可以在进入研究生阶段学习后根据学生感兴趣的研究方向变更导师。进入研究生阶段的学习后，实行校内专业导师和医院医学导师（国内/国际）的双导师制，两位导师共同指导学生开展医工融合课题的研究。

自动化学院与管理学院构建自动化+管理的创新创业人才指导模式。通过各出一名双创指导教师、各出一部分双创学生的固定模式，报名参加"互联网+"各级比赛，有望在2021年取得更好成绩。

（二）对校院发展的价值

1. 探索了领军领导人才培养的学科交叉途径

以多元化、多模式、跨学科的个性化培养方式，通过优秀资源择优配置的激励手段，加大分类培养力度，将基础好、素质高、抱负远、活力旺的优秀学生，培育成为一批具有"胸怀壮志、明德精工、创新包容、时代担当"特点的科学家、政治家、企业家、军事家、金融家及教育家等高层次领军领导人才。并将指导老师向新兴交叉学科领军领导人才方向培养。

2. 从平台共享层面解决办学资源紧张的问题

针对我校高性能计算资源匮乏，各学院或课题组自建计算系统小、散、乱且持续建设等突出问题，围绕我校高性能计算迫切需求，推进超算平台建设，面向全校提供高性能科学与工程计算服务，满足各学科领域对大规模数据处理与科学计算的需求，为学校各学科领域的突破发展以及科学研究的高速推进提供强有力的硬件支持。拟建成的超算平台将极大提升我校在高性能计算领域的研究与应用水平，并以此为基础，承接国家重大科研项目，拓展研究领域；同时，此平台还将作为关键纽带，带动相关学科的合作与发展。

3. 培育了一批交叉课程，为领军领导人才全面素质提升提供了手段

对学院而言，扩大了优质课程的来源，打通了管理和理工科的围墙，让学生获得更多理工科前沿知识，为今后成长为复合型领军领导人才奠定基础。对校内多个兄弟学院而言，调动了课程教师的积极性，提高了优质课程优秀资源的分享率。

4. 打造了一批学科交叉人才培养的基地

一是集中科研团队师资优势和科研平台资源优势，强化对学生科技创新

团队的指导和供给，围绕学院学科发展方向、重点科研方向汇聚学生科技创新项目。二是将科研合作模式优化改进，以适应学生科技创新项目指导。协同指导中，明确牵头学科和协同学科，牵头学科重在项目总体设计研究，侧重项目整体推进和过程把控；协同学科重在分系统设计研究，侧重发挥专长优势。三是明确了项目主体成果由牵头学科协商协同学科确定，分系统研究成果以主要参与团队为主，交叉配合所产出成果以该部分牵头单位为主的成果分配模式。

医工融合实验班成为坚实的培养阵地，如果能建设良好的医工融合实验班一贯制培养体系，在面向生命健康的最根本科学问题和前沿技术问题、"健康中国2030"等国家重大战略需求时，我们将可以深度融合多种工学理论及技术，在医学及健康产业形成协同创新和颠覆性技术突破。

（三）对个人和团队影响

1. 个人影响

邓方：行动学习也是干部培训方面的研究型教学方法，让我从中真正感悟、学习和了解到了很多知识、方法与技巧。通过行动学习和组织部的培训，学习了作为中层干部的基本知识，掌握了一些作为中层干部的工作技巧，了解了学校相关部门的运作，结识了很多优秀的同事，并从他们身上学到了很多，提升了自己交流、沟通和组织等各方面的能力，感谢学校，感谢行政学院各位老师，感谢各位队员。

张晓丹：行动学习不仅使我学习到了研究分析问题的"新方法"，增进了对学科交叉协同的理解和认识，加深了对学院和机关单位的了解，同时也感受到了团队成员严谨务实的工作作风，尤其感谢组长对项目的辛勤付出。

吕雪飞：通过行动学习的系统培训，我学会了系统高效的工作思路、工作方法，与各位领导一起交流讨论，开展多次头脑风暴，收获颇丰！

张祥：通过行动学习活动，结识了一批北理优秀代表，了解了不同部门的协同运行机制。通过积极参加小组讨论，了解了不同的挑战，加强了项目组成员的交流和资源共享，对学校运行情况也有了更深了解。通过小组项目，对培养跨学科管理+工科复合型拔尖创新人才的思路和路径更清晰，为跨部门合作打下良好基础。感谢组长辛勤付出，感谢各位成员的相互支持和帮助，感谢学校组织这样的活动，也感谢党校老师的讲授。

冯慧华：行动学习法使得对一些棘手问题的解决有了近乎范式的处理方式，能够促成跨不同组织、处不同学科、拥不同角色的管理者组成高效的工作团队，围绕确定目标，通过分解分析问题、汇聚集成方案，在实践中磨合团队协作效能，在行动中培养解决复杂问题能力，同时也相识了一群优秀同事，这段学习经历将为我今后管理工作留下一笔宝贵财富。

闫天翼：通过行动学习，利用头脑风暴、团队协作、分工合作等方式，我们有针对性地、高效地讨论和分析了问题，明确了学科交叉协调的重要性，并提出了一系列建议和措施。同时提升了自己发现问题和解决问题的能力，不断提高自己的工作效率与团队协作能力。感谢这种全新的、富有针对性的、高效的讨论和决策方法，感谢我们的组长，感谢每一位组员。

都超：本次行动学习让我有机会真正遵循问题导向，系统调查分析创新人才培养客观现状，研究其深层次根本问题，学习如何多视角审视、跨部门研讨、创新思想，如何发挥条块协同优势，群策群力，为拔尖创新人才培养提供一体化解决方案，最终为形成高质量全链条管理协同的工作模式作出个人贡献进行了有益尝试。

龚鹏：通过行动学习进一步加深了学校各职能部门、学院协同协调内涵的理解，初步掌握了如何应对未来工作难点、堵点的方法，对未来工作中解决难题有很大启发与帮助。

张忱：通过课程学习加强了工作中的理论指导，通过集体讨论强化了协作攻坚能力，并进一步拓宽了视野和思路，有助于本职工作的创新和改进。

2. 团队影响

一是学习了解了不同学院和部门的工作，开阔工作思路。通过行动学习学到了很多不同学院、部门和同事好的工作方式、方法、政策措施，也了解了不同学院和部门的具体工作，有助于个人和团队开阔思路。

二是坚定了投入不同学科协同交叉工作，开拓发展路径。通过行动学习，个人和团队成员都更加坚定了投入学科协同交叉工作的信心，可以为各项事业的发展开拓新的路径。

三是设计参与了交叉政策、课程和团队，开创培养模式。团队成员在行动学习中，亲身投入不同政策、课程和学生团队的设计、指导中，为学科协同交叉培养领军领导人才开创了新的培养模式。

三、行动学习经验启示

（一）行动学习告诉我们交叉与协同的重要性

本组的选题在交叉和协同，同时也说明了交叉与协同的重要性，可以产出更多创新性的成果，培养复合型的"双领"人才。三人行必有我师，通过交叉协同会增加团队的多样性，使得团队的适应性和鲁棒性更强。

（二）行动学习告诉我们交流和沟通的重要性

通过与不同部门和同事的交流和沟通，才能了解每一个政策出来的背景和意义，从而做到政策设计的科学、精准、有效。而在政策实施和修正中，交流、沟通和反馈迭代也更为重要，要根据实际情况勇于修正政策中的问题和漏洞。

（三）行动学习告诉我们行动和落实的重要性

行动学习，重在行动，通过结合工作实际，要学会立足实际问题，要大处着眼、小处入手，不能太泛泛，制定政策或者物化成果要具有可操作性。

四、主要意见建议

（一）对校院发展的意见建议

①尽早建立交叉学部，统筹学科交叉人才培养的相关政策；
②建立多模式、跨学科的拔尖人才培养特区；
③开放现有所有课程，供交叉人才培养；鼓励交叉课程，政策上承认交叉后分别在各自学院的工作量和成果；
④推广跨学科交叉的双创育人机制；
⑤在文化宣传层面鼓励协同交叉的学科文化。

（二）对"行动学习"项目的意见建议

建议下次行动学习可以到一个没有人的地方，统一时间、地点开展活动，发挥集体智慧，共同出谋划策、研究问题、分析问题，同时增进友谊，促进感情以及干事创业的热情。

作　　者：邓　方（自动化学院）
　　　　　张晓丹（资产与实验室管理处）
　　　　　吕雪飞（生命学院）
　　　　　张　祥（管理与经济学院）
　　　　　冯慧华（机械与车辆学院）
　　　　　闫天翼（生命学院）
　　　　　都　超（科学技术研究院）
　　　　　龚　鹏（研究生院）
　　　　　张　忱（宇航学院）

成稿时间：2021年3月

优化协同管理,促进学科交叉
——以促进兵器学科方向交叉为例

一、行动学习项目概况

(一)项目选题背景

学科是大学建设的龙头,一流学科是一流大学建设的核心要素,在学科提质升级中,新兴、交叉与融合的学科方向是牵引学科高质量发展的核心与关键。学科本身具有教学、科研、平台等多要素融合的系统性和复杂性,系统思维、体系构建是学科建设的关键;学科建设的落脚点在人,通过学科方向的交叉、融合组建高水平学科交叉团队,实现跨学科融通创新,开展前瞻性、战略性、前沿性基础研究,抢占未来科技制高点,带动学科的快速发展。团队的发展需要资源与服务,学院以及各部门之间的通力合作是实现资源合理调配和优质服务的关键。各部门之间、学院和部门之间形成的合力是多要素融合的学科发展、学科交叉融合发展的核心推动力量,若各部门之间、学院和部门之间协调管理不够,合力没有完全释放,则会影响学科建设内生动力,造成学科建设效费比低。

因此,选择"优化协同管理,促进学科交叉——以促进兵器学科方向交叉为例",以兵器学科为例,通过优化协同管理,促进兵学科的交叉融合,构建协同管理新体制。

(二)难题解决情况

1. 问题分析

根据前期阻碍学科方向交叉原因(见图1)、协同管理问题(见图2)等分析,协同管理难题主要在于:协同交叉管理氛围"淡",部门学院联动"弱",资源配置协同"慢",科学管理方法"缺"。

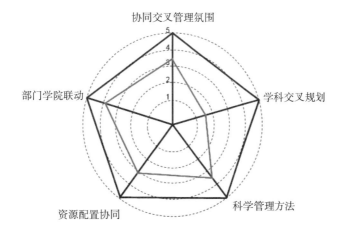

图1 阻碍学科方向交叉原因雷达图

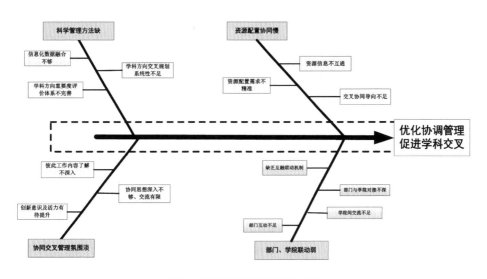

图2 协同管理问题分析鱼骨图

2. 问题解决

针对上述问题，解决情况如下：

①针对协同交叉管理氛围"淡"中协同思想深入不够、交流有限的问题，通过咖啡文化提升协同交叉管理氛围（见图3），取得了显著的效果，在"十四五"学科规划、新学科方向论证、学科评估中得到很好的体现，构建协同交叉管理文化，促进管理创新。

图3　组员之间交流研讨

②针对部门、学院联动"弱"中部门与学院对接不深的问题，通过加强对接学院、互融联通方式，实现了部门与学院联动。在2020年研究生推免中，跟多个学院和教务部及时沟通，在化学强基班导师配备中，进行及时沟通，在化学强基班中配置火炸药领域的优秀导师，都取得了很好效果。

③针对资源配置协同"慢"中资源配资需求不精准的问题，构建以学科方向为导向的资源配置机制，实现"学科方向论证与资源配置相结合的方法"，通过新方向研讨等活动，构建以需求分析为导向的资源配置协同体制，围绕智能无人系统集群系统技术（智能无人平台、群协同）新方向进行资源的协同配置。

④针对科学管理方法"缺"中信息化数据融合不够的问题，通过学科信息数据库建设方案制定，为学科数据采集提供了基础，为后续多样数据的信息融合实现提供了支撑，在一流学科监测和学科评估中发挥了作用。

（三）项目实施情况

①完成了校内兵器学科特区建设的研讨；

②完成了校内化工学院调研；

③完成了校外中国科学院大学的调研；

④完成了兵器学科管理协同机制创新研讨会；

⑤完成了与前沿交叉研究院的交流，围绕方向的交叉进行了初步沟通；

⑥完成了兵器学科新方向——"智能无人系统集群系统技术"新方向的论证，针对新方向进行资源的协同配置。

二、行动学习项目成效

（一）项目成果及验证情况

①通过研讨，提出"强化兵器战略研究、开拓兵器新方向"的建议，具体体现在加强与兵工学会的沟通交流，策划青年科学家论坛、智能毁伤高端论坛等多项活动，加强与各技术专业组的沟通，拟围绕新方向，构建以院士引领、中青年专业组专家为主体的兵器战略智库。

②以学科交叉方向培育为着力点，构建部—部、部—院、院—院联动机制，实现与计财部、科研院、研究生院、宇航学院、机车学院、材料学院、化工学院等单位资源互动。

③以促进兵器学科与信息学科交叉形成新方向为实践，针对"信息赋能兵器"，形成新学科方向建设方案，拟围绕"智能无人集群系统技术"开展兵器新学科方向建设。

④构建学科交叉蓄水池，围绕"智能无人集群系统技术"建立学科方向创立交叉培育基金，对本科生实践培养、研究生学术创新、高端论坛与学术交流、前沿探索性研究等进行资助，培育"智能无人集群系统技术"新方向。

⑤通过咖啡文化，举办"科融汇"促学科交叉，管理协同座谈会，建立以深入了解为依托的，协同思想、创新意识、责权明晰的，提倡主动寻求帮助、互帮互助促发展的协调管理文化。

（二）对校院发展价值

①论证"智能无人集群系统技术"学科交叉新方向，并设立培育基金，

围绕新方向，构建人才培养、科学研究、高端智库等建设体系。

②推动兵器科学与技术学科数据信息化管理建设，形成建设方案，并开始逐步实施，实现数据采集一站式，提升管理服务水平。

（三）对个人和团队影响

1. 个人影响

徐豫新：作为一名新任职干部，又作为组长，助力自己完成了角色转换；同时，很好地了解了各职能部门、各学院的情况，提升了协同管理能力，对促进学科发展的交叉管理有了更深的认识。

刘检华：作为催化师，与小组成员加深了了解，了解并初步掌握了行动学习相关方法，部分领会到催化师营造研讨氛围、倾听大家发言、保持中立等工作技巧，对以后工作中解决具体工作难题有很大帮助和启发。

甘明刚：通过行动学习，工作思路更加清晰了，在工作中能从更多角度思考问题。

黄　韬：增进了我对学院和部门的了解，较好提升了自己整体协同思维的能力。

孙　硕：在行动学习中主动学习、参与研讨、参与汇报PPT制作等，通过学习进一步深化了对学科建设的认识，加强了对相关部门职责、学院特色的了解，加强了与部门合作沟通，汲取兄弟学院人才培养的有益做法和经验，更深刻体会到团队精神、勤恳务实的工作作风。

耿俊明：掌握结构化研讨的模式和方法，为工作中问题解决提供了决策参考。作为小组组员做好研讨记录，通过项目组成员交流，加强了资源共享，更深入了解学校状况。积极推动化学、化工学科与兵器学科交叉融合，促进了跨部门/学院合作与内部融合。

潘晓丽：对相关部门和学院对于财务工作的诉求有了更多了解，加深了对交叉学科发展的认识，对协同多部门推进工作有了更深入的思考和实践。

张　立：课题研究从开始的茫然无措无从下手，到梳理问题逐渐明确方向，从团队成员的并不熟识，到齐心协力形成研究共同体，我感谢课题组长一次次辛勤的付出，促进了团队成员之间的互相沟通与交流，建构了自然和谐的研究氛围，使我真实感受到了团队的智慧与力量。研究永无止境，践行"三牛"精神。

王海涛：坚持问题导向，群策群力，学以致用，解决实际问题。

2. 团队影响

通过行动学习，加强了团队成员之间的了解，以及学校各机构负责人对学校各机构之间的了解，增加了团队的凝聚力和活力。通过项目反馈来推动项目团队执行力，提升了协同管理的认知和行动创造力，提升了整体团队的工作效率，为协同管理工作开展奠定了坚实基础。

三、行动学习经验启示

1. 通过行动学习提升团队协作及行动创造力

通过行动学习，构建行动团队，团队成员在一起查找问题、发现问题，追根溯源，共同制定方案、努力解决问题，提升协作力，通过"做中学习"与"思考中学习"相结合，突出主动性，做到学为所用、学以致用、边学边用，提升团队协作和行动的创造力。

2. 通过协同构建系统学科思维和管理创新力

学科涉及人才培养、师资队伍、科学研究、社会服务与文化传统，学科管理围绕学科建设与发展，是一个系统工程，应全力做好协同管理工作，更好地进行体系化设计，形成系统合力。对每一个部分做好自己管理工作的同时，通过交叉促思想协同，通过协同形成合力，实现"1+1>2"。通过本次行动学习不断思考学科建设多要素耦合复杂性的解决办法，认为信息化水平提升是协同交叉的核心与关键；可通过信息化建设和能力水平提升，实现信息技术发展创新管理模式，管理创新促进效益提升。

3. 坚持问题导向边学边用，提升行动学习效果

行动学习以问题提出与解决为导向，是一个长期的以学促进的过程，是一个系列化的学习过程；行动学习初期问题研讨不一定到位，问题认识不一定深入，通过边干边学，适应具体实施环境，不断学习去解决问题。如本小组在行动学习中发现定期联动的座谈在繁忙的工作中成了一种负担，并不能很好地推动信息的互通传报，且在座谈中前期思考不深、问题暴露也不一定充分，因此，对于这种问题，改进模式，探索新的信息互通发布的模式，在具体实施环境中，边学边用，提升行动学习效果。

四、主要意见建议

（一）对校院发展意见与建议

①在学科发展中，加强战略研究、高端智库建设，尤其是一流学科、A+学科，站在国家层面，谋划未来、布局前沿，体现"国家队"的责任和担当。

②加强信息化建设，让"信息多网上跑、人少地面跑"。部门之间的信息、文件等的传递，通过信息库进行实现，构建分布式办公信息准确采集、信息及时高效传送、数据快速耦合分析的模式，协同优化，高效管理，强化数据积累、分析与决策支撑作用。

（二）对"行动学习"项目意见与建议

建议"行动学习"加强协同管理，构建协同信息通报与管理模式。在行动学习中，行动学习计划的活动经常与其他部门的活动冲突，造成人员不齐，这也突显协同管理的重要性。建议加强优化协同管理。一是创新模式，采用线上、线下结合，提升效率；二是创新工具，构建全校部门活动一盘棋的智能化管理工具，协助规划好每个会议时间，实现组织高效。

作　　者：徐豫新（兵器科学与技术学科特区领导小组办公室）
　　　　　刘检华（研究生院）
　　　　　甘明刚（科学技术研究院）
　　　　　黄　韬（审计处）
　　　　　孙　硕（机械与车辆学院）
　　　　　耿俊明（化学与化工学院）
　　　　　潘晓丽（计划财务部）
　　　　　张　立（附属小学）
　　　　　王海涛（资产经营有限公司）

成稿时间：2021年3月

本科创新人才提智项目

一、行动学习项目概况

(一)项目选题背景

十八大以来,习近平总书记在领导全党和全国人民开创中国特色社会主义新时代的伟大实践中,始终把教育工作摆在突出位置,全面加强党对教育工作的领导,对教育工作作出一系列重大决策部署,指导和推动了教育事业进入快速发展通道。总书记始终强调高校人才培养的核心地位,在全国高校思想政治工作会议上明确指出,"办好我国高校,办出世界一流大学,必须牢牢抓住全面提高人才培养能力这个核心点,并以此来带动高校其他工作。"他在全国教育大会上强调,要坚持中国特色社会主义教育发展道路,培养德智体美劳全面发展的社会主义建设者和接班人。

《关于加快建设高水平本科教育全面提高人才培养能力的意见》指出,"办好我国高校,办出世界一流大学,人才培养是本,本科教育是根。建设高等教育强国必须坚持'以本为本',加快建设高水平本科教育,培养大批有理想、有本领、有担当的高素质专门人才,为全面建成小康社会、基本实现社会主义现代化、建成社会主义现代化强国提供强大的人才支撑和智力支持。"

人才提智组根据组内人员构成均具有本科教学或管理工作经历、了解人才培养全过程的显著特点,围绕本科人才培养这个高校办学核心任务,紧扣当前党和国家事业发展对高等教育的迫切需要,结合学校"胸怀壮志、明德精工、创新包容、时代担当"的领军领导人才这一培养目标,开展行动学习方案,达到真正解决本科人才培养过程中的难点的目的。

全组在第一次碰头会上进行了头脑风暴,就人才培养的五个维度"德、智、体、美、劳"的重要性及学校的达成度进行评分排序,并从五个维度分别进行剖析,找出了数十条当前培养过程针对各个维度存在的问题与差距,比如学生志向不够宏大、后劲不足，综合创新能力不足，文学美、艺术美、心境美不够，系统强健体魄的训练不够，实习实践机会不多等。通过筛选法，在以上五个方面进一步提炼出了当前急需要通过行动学习来改善、可操作性强的两个方面，即智和劳。

在第二次研讨会上（2020年9月3日），全组讨论认为"智"作为人才核心竞争力，解决科技"卡脖子"问题的关键点，亟待通过人才培养的改革措施来实现进一步提升。因此锁定将"提智"作为行动目标，通过分析学校人才培养在智育方面存在的问题，探索应对策略。

（二）难题解决情况

在聚焦"提智"目标后，各组员在催化师催化下，各抒己见，形成了"鱼刺发散"的鱼骨图，而后再提炼层次，集中到学生、教师、课程、环境等4个方面，每个方面剖析3～5个问题，共形成15个问题分支。全组针对每个分支逐一提出解决对策：

1. 学生层面

①将思政点与课程内容深入结合，树立4～5门思政典型课程，引导学生立大志、做"大"人，以解决学生志向不够高远问题。

②结合专业课程体系，开设有特色的专业导论课程，聘请5位左右专业相关领域的知名专家，宣讲专业发展史、知识体系构成、社会需求与发展前景，以解决学习动力、兴趣不足问题。

③开展个性化、多元化教育，推进基于项目的研究性课程建设，开展多种形式的成功案例学习交流、企业专家指导学生等活动，以解决创新能力不足问题。

2. 课程层面

①整合现有专业核心课，构建核心贯通课，帮助学生系统构建专业理论基础；在课程整合时通过大幅压缩课堂上的理论教学学时，增加实践和综合训练学时，并在课内为学生提供实践能力培训以及科研实践训练环节，实现理论知识与实践研究的有机结合，以解决理论、实践脱节问题。

②编写研究型教材，以认知过程螺旋式上升的规律，将对基本概念、基本理论的认知学习，与工程实际、基础科学等综合问题相结合，以适应世界科技发展对教育提出的新需求。

③通过建设激励机制，促进专业教材编写规划，以推动专业教材的体系化、精品化发展。

④按照"学生中心、产出导向"原则，进行毕业要求的能力指标分解，落实到每一门课程，实现"按能力设课，以课聚能力"，以解决课程体系不够优化问题。

⑤组建公共基础课程、专业基础课程和专业核心课程教学团队，加大精品课程培育力度，开展院级精品课程培育计划，以解决精品课程少、内容陈旧问题。

3. 教师层面

①组建跨学科教学团队，开设跨学科课程，开展教师专业教育水平和能力的培训，以解决教师学科视野不宽问题。

②建立院级教学改革规章制度和激励机制，激励教师积极开展多模式的教学研究活动，大力推进"微教改"，以解决教学研究不足问题。

③从顶层规划课程体系，开展教学研究与改革、优化整合教学内容，以解决教学团队建设不足问题。

4. 环境层面

①加强校企合作，为学生提供专业的实习实践基地，以解决实习实践基地少、校企脱节问题。

②制定激励学生的制度，设立与社会需求结合度高的高端课程，以解决缺少激励学生的措施问题。

③将教师的教学产出（如精品课程、教材、教学研究等）与年终考核和年底绩效挂钩，建立以教学产出为目标导向的教师考评激励政策，以解决轻教学、重科研问题。

④重构学院教学督导队伍，构建基于OBE理念的新型教学评价体系，以解决教学评价不合理问题。

（三）项目实施情况

在第三次研讨会上（9月4日），全组集中完善对策，明确分工，正式形成了行动学习方案书和进度表。在第四次研讨会上（9月27日），各组员汇报了阶段性进展情况，细化了工作任务进度，形成了时间甘特图，并明确了在实践过程中强化理论建设的工作要求和逐步探索形成"三结合"教学组织新模式的长远目标。在第五次研讨会上（9月29日），在催化师引导下形成了思维导图，并与其他项目组进行了汇报交流。在第六次研讨会上（10月23日），全组就中期进展和预期成果进行了交流研讨。在第七次研讨会上（10月27日），全组成员根据前期进展情况，进行了再次聚焦和取舍，将开展个性化、多元化教育和专业引导相结合，删除制定学生激励制度，将组建跨学科教学团队和从顶层规划课程体系、开展教学研究与改革合并形成教学团队顶层设计问题，将编写研究型教材和教材规划二者合并，将课程体系不够优化和进行院级精品课程培育结合，最终将15个问题进一步凝练至11个问题和对应举措，并在11月全力推进未完成任务。

二、行动学习项目成效

（一）项目成果及验证情况

由于本科人才培养是个庞大的体系化工作，需要考虑的问题和涉及的方面较多，本组成果涵盖课程、教材、教改、教师团队、专业引导、教学督导、考评激励、育人基地等，初步形成全过程、全方位的育人体系。

1. 树立课程思政典型

在分析各学院课程思政责任点汇编基础上，从教学理念和教育设计两方面提出改进途径和方法。

在教学理念方面，突出价值引领（厚植爱国主义情怀、激发学生的责任感、使命感与荣誉感）、情感激励（加强品德修养、培养奋斗精神，激发学生科技报国的家国情怀和使命担当）、知识传授（拓展知识广度和深度，增长见识，打造"两性一度"金课）、能力培养（培养分析和解决复杂工程问题的能力，交流与合作能力、敬业精神及科学严谨的思维方法和职业态度）。

在教学设计方面，注重把课程思政贯穿于课堂教学、教学研讨、认知实验、作业报告各环节；因内容制宜选择启发式讲授、案例教学、以身示教、现场教学、研究性教学等，拓展课程思政建设方法和途径。培养奋斗精神，激发学生的家国情怀，传承红色基因，为党育人。提出"三个聚焦"，即聚焦国家战略：厚植爱国主义情怀、激发学生责任感，为国育才；聚焦社会痛点：引导学生关注社会问题，增强职业责任感；聚焦综合素质：提高学生思想道德修养、人文素质和科学精神。以自动化学院北京市教学名师彭熙伟教授为典型，树立课程思政榜样，并将其先进教学经验推广至其他学院，形成更多典型案例。

2. 建设专业核心贯通课

构建专业核心贯通课，目标是帮助学生系统构建专业理论基础，在课程整合时通过加强知识体系间的有机结合，大幅压缩课堂上的理论教学学时，增加实践和综合训练学时，并在课内为学生提供实践能力培训以及科研实践训练环节，从而实现理论知识与实践研究的有机结合。

宇航学院力学专业在教育教学改革方面，围绕中国制造、产业升级转型等国家战略和需求，重塑教学理念，针对工程力学专业开展系统性的人才培养教学改革，探索建立"加强通识教育、夯实专业基础、促进创新实践"等符合"认知螺旋式上升规律"的课程体系与教学模式，致力于培养"理论基础坚实、创新能力优异、破解工程问题、开拓产业方向"的工程科学家（见图1）。围绕上述目标和定位，在核心专业课方面做了较大幅度的改革，共开设了4门核心专业贯通课（图2~图5）。其中"数理方法"的主要目标是通过学习常微分方程、偏微分方程、复变函数和积分变换等知识，帮助学生建立力学中常用理论的物理概念及数学求解方法。"动力学与控制""固体力学""流体力学"等3门课的主要目标是帮助学生系统构建力学的理论基础，在课程整合时通过加强知识体系间的有机结合，大幅压缩课堂上的理论教学学时，增加实践和综合训练学时，并在课内为学生提供实践能力培训以及科研实践训练环节，从而实现理论知识与实践研究的有机结合，构建"螺旋式上升"的认知途径。

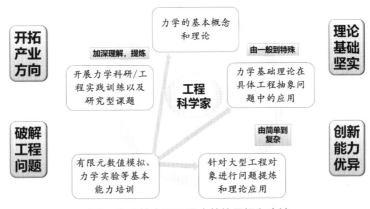

图1 专业核心贯通课改革的目标和方法

- 授课学时：160
- 理论学时：144；实践学时：16；实践与理论学时比例：1∶9

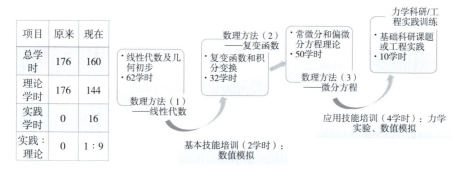

图2 "数理方法"贯通前后对比情况示意图

- 授课学时：192
- 理论学时：144；实践学时：48；实践与理论学时比例：1∶3

项目	原来	现在
总学时	240	192
理论学时	216	144
实践学时	24	48
实践∶理论	1∶9	1∶3

图3 "动力学与控制"贯通前后对比情况示意图

- 授课学时：128
- 理论学时：84；实践学时：44；实践与理论学时比例：1∶2

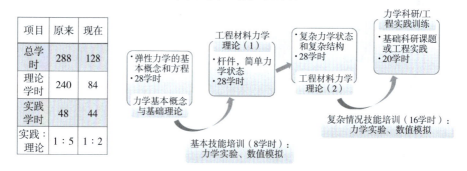

图4 "固体力学"贯通前后对比情况示意图

- 214 -

- 授课学时：128
- 理论学时：96；实践学时：32；实践与理论学时比例：1∶3

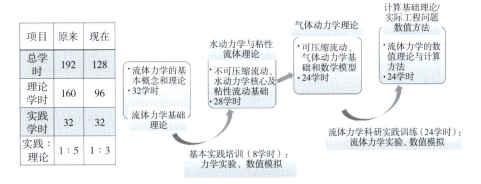

图5 "流体力学"贯通前后对比情况示意图

3. 进行教材规划，开发研究型教材

编写研究型教材，目标是对于基本概念、基本理论的认知学习，通过与工程实际、基础科学等综合问题相结合，使学生通过教材学习体会到解决问题逐步深入的过程，以明确认知过程螺旋式上升的规律。

目前专业教学大部分时间主要用于讲授理论知识，与理论内容结合的实践设计环节偏少；已有的实践课程内容陈旧，偏离实际应用，难以激发学生的学习兴趣，导致学生应用所学理论知识解决实际复杂工程问题的能力不足；教学仍以传授知识为主，缺乏对学生创新能力的针对性培养，导致学生主动创新意识和创新能力不足。我国力学教材的内容体系比较陈旧，既不适应世界科技发展对力学教育提出的新需求，也未能体现改革开放以来我国力学研究的进展，已影响了力学教育的质量提升。

近年来，随着高等工程教育宽口径培养需求的提升、计算力学及其软件的成熟，传统力学课程的学时数大幅压缩，教材内容大幅删减。近年来，在我国航天、航空、船舶等工程项目研制中出现的若干力学问题表明，新一代设计师、工程师急需夯实理论基础。面对知识经济所推动的社会发展，为了促使力学教育走向研究型学习为主，应该对我国的力学教材内容体系进行改革和创新，建设一套体现时代变化、中国特色的力学教材体系。人的认知水平提升需要通过理论和实践的反复循环，才能实现螺旋式上升。对于基本概念、基本理论的认知学习，需要通过不同视角的审视，通过解决综合问题的锻炼，才能获得螺旋式上升的成效。

基于上述的认知学习规律，宇航学院胡海岩院士最近撰写了《振动力学：研究性教程》，试图帮助读者在经典线性振动范畴内探索研究型学习途径。该教程通过若干研究案例来提出科学问题，激发读者对相关科学问题的兴趣，带着学术兴趣学习全书内容，思考和解决这些科学问题，在此过程中强化理论基础，掌握研究方法。

4. 评选院级精品课程

结合学院实际，将国家级和省级一流课程建设"双万计划"落到实处，重点从推进模块化课程建设与管理、丰富优质课程资源、促进科教深度融合、推动科研成果转化、构建线上实践育人资源，以信息技术为支撑、开展多模式教学等方面入手，构建学科金牌基础课程群和特色专业课程群，从基础课程、专业基础课程、专业课程、特色课程、实践课程等五个方面打造具有高阶性、创新性和挑战度的金课体系。学院在学校提供一流课程培育项目经费基础上，自主设置一流课程培育内容及其目标，初步计划于2023年建设形成北理工金课34门，国家级金课10门。

5. 开展学院级"微教改"

以经济社会发展和学生职业生涯发展需求为导向，构建自主性、灵活性与规范性、稳定性相统一的专业设置管理体系；推进招生计划、人才培养和就业联动机制，健全本科专业动态调整机制；升级改造化学工程与工艺、化学等传统专业，做强主干专业；打造制药工程、能源化学工程、应用化学等特色优势专业；拟资助学院级教改项目11项。

6. 设计跨学科课程和教学团队

从点—线—面多维度构建教学团队：

①点—横向（本科）：以单门公共基础课程，构建两个公共基础课程教学团队；

②线—横向（本科）：以"理论—应用—实践"课程群为主线，构建9个专业基础课程教学团队；

③面—纵向（本硕博贯通）：以本科课程为基础，本硕博贯通课程群为主线，构建14个专业课程教学团队。

7. 建立教师考评激励政策

①建立中青年教师国内外访学、挂职锻炼、社会实践制度，完善校企、校社共建教师企业实践流动岗机制，共建教师企业实践岗位。

②切实落实教授全员为本科生上课的要求。

③将教师指导学生创新创业、社会实践、各类竞赛展演以及开展"传帮带"等工作，计入教育教学工作量，纳入年度考核内容。

④健全助教岗位制度，完善选拔、培训、评价、激励和反馈的全流程助教岗位管理制度。新入职教师承担的助教工作应纳入教师工作量考核。

8. 重构教学督导队伍

出台指导文件，成立学院级教学指导委员会和本科教学督导组，并分别制定相关工作细则。

9. 面向学生进行专业引导

（1）举办国际高水平专家讲座

北理工设计与艺术学院"Design AND..."（见图6）系列国际化高水平讲座自2020年疫情期间开始筹备，邀请国外高水平专家围绕与设计相关的话题进行讨论，已经以"设计与兴奋""设计与教育""设计与包容""设计与交通"等为主题举办了5场线上讲座，嘉宾分别来自英国、澳大利亚、比利时等不同国家。Design AND系列希望通过与设

图6　Design AND...

计师的访谈，以比较轻松的方式，讨论与设计相关的话题，探讨设计师式的思维过程，带给同学们更广阔的思维方式，为同学们介绍自己最新的设计案例与理论研究，极大地开阔了同学们的视野，提高了同学们对国外先进设计理论的认识。本系列讲座未来还会持续举办并在国内外继续推广，打造北京理工大学设计与艺术学院的国际化学术品牌效应。

（2）举办国内专业翘楚讲座

各学院邀请专业内的翘楚人士，从理论和实践相结合的角度，对学生进行专业引导。例如：2020年11月，敦煌研究院院长、敦煌研究院学术委员会主任委员赵声良先生以"敦煌艺术的传承创新"为主题结合自己的研究生动地为同学们讲述敦煌文化（见图7）；12月，法国Coldefy & Assocaites建筑设计规划事务所亚洲区负责人、建筑师王琢女士（校友）来举办学术讲座；北汽集团研究总院副院长、造型中心主任单伟先生，举办主题为"国潮背景下的设计创新和北汽越野的设计探索"讲座，为同学们生动地介绍了汽车设计文化以及汽车设计的方法。

图7　赵声良先生讲述敦煌文化

（3）举办专业座谈会

学院邀请各系主任开展一系列学科建设专题讲座，介绍专业特点、专业课程设置、专业发展现状、专业需求能力及职业前景。通过专业教育，强化学习是学生的第一要务，帮助学生了解专业发展动态，提升专业归属感，树立专业学习信心，培养他们的专业意识和思维能力，激发学生的学习动力。

10. 建设协同育人基地

（1）成立圆明园研究高校联盟

北京理工大学与圆明园共建协同育人基地，建设北京理工大学圆明园研究院，致力于开展文化创新、推进产教融合。通过设计、研究、推广三个方向助力协同育人：通过设计助力圆明园的文创产品开发，为加速构建圆明园互联网生态布局；项目双方利用各自优势领域的学术影响力，共同策划、举办大型创新论坛，定期组织大型国际学术研讨会；参与到赛事和展览策划、教学课程及业务培训、公众讲座活动策划，以及图示、音像制品出版策划等各个方面。

（2）推进北汽协同育人基地建设

学院与北京汽车集团越野车有限公司基于2021北京越野设计大赛的方式建设协同育人基地。2020年12月1日，北汽集团研究总院副院长、造型中心主任单伟先生，北汽集团研究总院造型中心外形设计总师邱旭，北汽集团研究总院、北京品牌工作室科长傅勇熙，走进北理工，开展了题为"国潮背景下的设计创新和北汽越野的设计探索"的讲座；12月8日，学院师生前往北京汽车产业研发基地，参观北汽文化展厅以及造型中心。后续，学院将于北汽进一步探索协同育人模式，通过讲座、实习、参观等多种方式探索协同育人方式。

（3）智能机器人产学合作协同育人实验平台建设

依托自动化实验教学中心现有智能机器人实验教学课程和相关教学设备，与北京博创尚和科技有限公司联合建设实验平台，集中优势资源围绕智能机器人和服务机器人方向进行综合性开放实验平台的建设，推动产学结合。其特色与创新点有：按照现有实验课群建设模式，充分利用实验设备资源，建设完善实验实训环境；与企业结合紧密，有效促成实验平台实用性和前沿性；大幅度增加创新性实验，以项目教学为牵引，有效地提升教学水平和质量；面向全校师生、社会开放，充分发挥教学实验中心的示范性和辐射性功能；建设成集教学、研讨、培训与科研相结合的综合性实验教学平台。

11. 教学团队顶层设计

在教育理论和思想政治理论研究基础上，提出"三结合"新型教学团队的构思，融合并发挥基层党组织、基层教学组织、基层学术组织在本科人才培养工作中的作用，促进学生"立大志、树大德、创大智"。

(二) 对校院发展的价值

1. 物化成果1

胡海岩院士撰写的《振动力学：研究性教程》中，第1章介绍研究型学习的起点。该章提出6个研究案例，包括绳系卫星系统的初步论证、液压—弹性隔振系统的设计、对称结构的密集模态理解、细长结构的瞬态响应分析等，它们均来自作者所从事的工程咨询、学术研究或教学过程。该章介绍了这6个研究案例的提出背景、相关的12个科学问题、对每个问题的研究思路，使读者了解以问题为导向的科学研究，激发开展研究型学习的兴趣。

教程的第2章为进行研究型学习提供学术准备和思想准备。该章从美学视角回顾振动力学的基础知识，帮助读者温故知新。该章的内容和体系完全不同于国内外现有教材，旨在引导读者从新视角、新高度来领会已学习过的振动力学基础知识，并以这样的视角和高度去学习后续章节。

教程的第3章～第7章详细介绍作者对上述12个科学问题的研究内容和结果。虽然这些研究内容和结果仅仅是对线性振动力学的补充和完善，但有助于读者了解这些科学问题的解决过程。这5章的结构布局类似于论文集，每节相当于一篇论文，始于研究背景，止于研究结论。但在介绍研究内容时，则采用教材风格，给出详细的推理，并配有大量注解和例题。此外，每章末均给出若干建议思考的问题和拓展阅读的文献。这样的教材内容体系设计可作为对"教材—专著化"或"专著—教材化"的一种探索。

我国研究型教材建设的道路还非常漫长，其探索不仅需要符合认知学习规律，还需要丰富的学术研究积累，更需要通过教学实践的检验和不断完善。我国高等教育水平的提升，迫切需要一批长期从事学术研究的学者来潜心研究教学，并且著书立说，打造一套体现时代变化、中国特色的教材体系。

2. 物化成果2

研究提出基于点—线—面多维度构建教学团队的思路，并在拥有化学、化工两大学科分支的化学与化工学院试点，形成多个跨学科教学团队布局（见图8）。

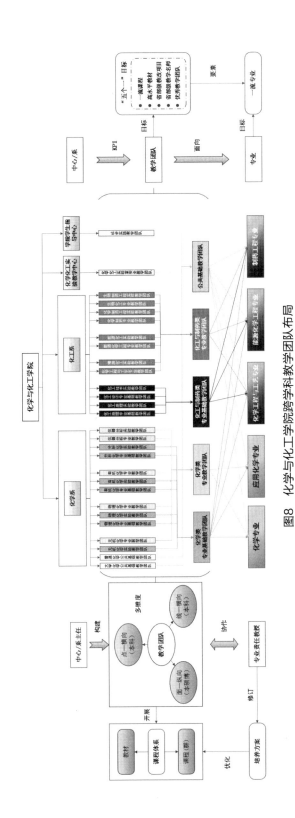

图8 化学与化工学院跨学科教学团队布局

（三）对个人和团队影响

通过本次行动学习，各组员均表示学习并实践了多种分析、解决实际问题的方法和工具，学到了新的思考问题方式和促进工作有效推进的新方法，研究了新问题，打开了新思路，收获了团队协作的情谊，为今后更进一步合作打下了基础。

通过本项目的理论探索和组织实施，在相关学院内组织开展了专业建设。通过制定新一轮教师岗位职责，对承担教改项目、获批精品课和规划教材等方面提出了具体指标，进而在教师中广泛宣传学校关于教学改革、专业建设的各项政策，并有针对性地对有基础的教师和项目进行培育。在学院内部形成了重视教学探索和改革的氛围，并取得良好的效果。其中宇航学院本学年在教学改革项目申请方面，获批1项北京市重大教改项目、2项校级重点教改项目、15项校级一般教改项目；在教材撰写方面，获批18本校"特立"教材；在教学成果奖方面，获批校级教育教学成果奖特等奖1项、一等奖1项、二等奖3项。

在后续工作中，各学院将进一步总结经验，继续积极落实国家和学校对专业建设、教学改革的各项政策，在学院层面制定相应制度，组织专业责任教授、责任教授助理、系教学主任等有目标、有计划、有组织地推动此项工作，同时将实践过程中的先进经验推广至其他学院。

三、行动学习经验启示

①行动学习得以成功实施，重点要把握好工作目标设定环节，要在短时间内探索解决问题的方式并产出成果，需要制定一个契合的工作目标，避免大而全。

②要将理论学习、方法学习和工作实践相结合，促使自身理论素质提升和组织能力得到锻炼。

③要将行动方案持续、深入推进，对其中好的工作思路或方案加以资源投入、进行培育，以期产生更大的成果。

四、主要意见建议

（一）对校院发展的意见建议

1. 学院的本科生人才培养方面

有利于国家一流专业建设，探索拔尖人才培养途径。加强飞行器设计与工程、工程力学两个国家一流专业的建设，推动宇航学院全部专业进入国家和北京市一流专业；推进工程科学班的设立，同时结合工程力学强基计划、飞行器设计与工程（卓越工程师计划），探索开展拔尖人才培养的课程体系建设及教学模式创新。

2. 学校的本科生人才培育方面

有利于提升本科课堂教学质量，建立优秀高端师资队伍。依托精品研究型课程建设，促进科研反哺教学、理论实践结合、创新实践能力培养等工作，申报并获批线下、线上、线上线下混合式、虚拟仿真和社会实践等国家级金课，出版校级及以上规划教材，培育省部级及以上名师或团队，筹划省部级教学成果奖等。

3. 学校发展方面

本次行动学习的经验和存在的问题值得系统总结，结合学校第十五次党代会提出的战略目标和部署，以适当方式和节奏，将行动学习方法推广到全体中层干部中，力争产生成果，助力战略目标早日实现。

（二）对"行动学习"项目的意见建议

本次学习组员们都非常重视，尽力参加理论学习和课后研讨，但鉴于组员们在学习的同时还得处理日常繁杂的工作事务，有时会力不从心，集中研讨时间也不太好协调一致，因此建议尽量采取假期集中学习的方式，更有利于头脑风暴产出成果。

作　　者：王美玲（自动化学院）

　　　　　　林　海（珠海学院）

　　　　　　张　东（资产经营有限公司）

　　　　　　尹　力（教务部）

　　　　　　黎汉生（化学与化工学院）

　　　　　　霍　波（宇航学院）

　　　　　　杨　毅（自动化学院）

　　　　　　张梦雯（设计与艺术学院）

成稿时间：2021年3月

北理工学生双创能力提升方案

一、行动学习项目概况

（一）项目选题背景

北京理工大学学生双创能力提升组围绕"重要并紧迫需要解决、真实而没有现成或唯一答案、对问题及背景有一定熟悉程度、在职权范围内能够解决、共同关注"等原则，经过充分讨论，确定了行动学习项目，即：提升北理工学生双创能力，切实提高北理工创新型人才培养质量。

习近平总书记指出：创新是社会进步的灵魂，创业是推动经济社会发展、改善民生的重要途径。青年学生富有想象力和创造力，是创新创业的有生力量。"双创"已然成为我国当前社会发展的时代潮流。

该选题既是学校开展双创工作的重点，又是推进双创工作的难点。当下，创新创业教育工作虽然无论从认识论到方法论都日趋深入和完善，并初步形成了一批可复制、可推广的制度成果和经验，但重理论传授轻实践教育等问题依旧突出，已成为制约双创教育进一步发展的瓶颈。所有这些问题都共同指向一点，打造双创教育升级版势在必行。团队希望通过加强顶层设计，狠抓创新创业人才培养质量；完善教学平台，构筑双创教育基石；打造较为完整的创新链条，提高学生创新能力。

（二）难题解决情况

在课题研究过程中，主要难题有以下四个方面：

1. 高校对双创支持力度不足

这包括政策导向性不够、课程体系不完备、资源投入不够等问题。针对政策导向性不足，增加保研、毕业激励措施，加强宣传力度；课程体系不完备表现为目前学校缺少双创课程，且现有课程脱离实践前沿；资源投入不足则是由于目前学校没有足够的场地、资金、设备与教师。

2. 学生对双创的重要性认识不够，分配时间不够，双创能力不足

针对学生认识不足，增加双创通识课程及专家讲座；针对能力不足，应增加学生暑期社会实践覆盖面和考核，以及暑期集训环节。

3. 高校双创与社会脱钩，同时社会认可度不够

针对双创项目与社会脱节组织双创项目路演，并对双创人才定向推荐。

4. 双创教师师资经验不足，教师动力不足且团队不完整

针对师资经验不足，组织指导教师相关培训；针对动力不足，将双创纳入学院职称评审、绩效考核条件；针对团队不完整，聘用校外双创指导专家、指导项目、培训教师。

（三）项目实施情况

根据开题评审会的专家评审意见，我们进行了项目实施计划安排。具体实施步骤如下：

①整个团队在明确职责分工和时间进度的基础上，分解阶段工作安排，以有效控制进度执行。

②根据分工，在校内进行双创举措多地试运行，建立双创基地，出台管理办法，组建双创指导教师委员会，构建导向—课程—实践—就业创业全链条人才培养模式。

③组内讨论。研究期间，我们共开展两次讨论会，采用分组专项研讨和全组研究两种形式。分组专项研讨，是结合分工和实际需要，组织特定人员的研讨，有利于聚焦主题，提高效率。全组研究，是针对共性、方向性、成果性的事项，群策群力。

④成果验证。对各责任人完成的成果进行汇总查验，组织研讨并完善，并启动成果验证程序。

⑤汇集成稿。汇总物化成果，编制完成最终报告，并在组内复核。

（四）工作举措

材料学院成立双创指导教师库，由近百名双创指导教师组成，提供模块化双创实践培养体系，向全体学生开放共享；建立材料学院创新创业实践基地，保证项目的立项与孵化工作顺利完成；设立材料学院专项奖学金，激励学生双创实践积极性。引导学生全员参与创新创业和社会实践，打通了"生源、课程、实践、社团、竞赛、成果转化、产业转移和市场认同"八个相统

一的双创人才培养链条，建立了多个品牌团队，形成示范效应。

信息学院整合资源，加强顶层设计，成立"信息与电子学院创新创业教育教学指导委员会"；推动专业教师带领本科生开展学生科创新局面，建立由20名专业教师组成的创新指导教师库，出题立项110余项；实施科创俱乐部计划，成立微系统与集成电路俱乐部、雷达俱乐部、网络安全俱乐部和电路与系统创新创业俱乐部4个课外科技创新兴趣社团；举办首届海峡两岸电子设计邀请赛。

机电学院分别从场地、设备、资金、人员4个方面提供全方位支持，建设机电学院大学生创新创业基地，投入经费60万元购买设备，动员专业教师63人作为本科生科创导师，提供创新项目86项，较上一年度增加240%；成立北京理工大学智能无人系统队；举办2020年全国特种装备创新设计大赛，全国参报项目300余项，参与人数1000余人。

二、行动学习项目成效

（一）项目成果、验证情况及对校院发展的价值

本组所研究的课题形成的成果主要表现在双创竞赛获奖方面。

材料学院、信息与电子学院和机电学院组织双创队伍，参与中国国际"互联网+"大学生创新大赛、第十二届"挑战杯"中国大学生创业计划竞赛等国家级创新创业赛事。全年累计获得国家级奖项百余人次，省部级奖项300人次，并荣获第六届中国国际"互联网+"大学生创新创业大赛全国冠军、金奖，第十二届"挑战杯"中国大学生创业计划竞赛金奖，取得历史性突破。同时举办2020年全国特种装备创新设计大赛以及首届海峡两岸电子设计邀请赛等多项创新创业赛事，促进学校双创事业高速发展。

（二）后期计划

回到工作岗位后，我们首先将相关成果向学校其他部门以及学院推广。其次，跟进学院教师与学生，了解实际效果。最后，根据教师学生反馈情况，进一步对相关成果进行完善。项目团队后期具体工作举措如下：

①邀请校外专家开展双创方面的指导。

②以企业需求为导向，建立揭榜挂帅模式，以此模式为基础进行双创项目立项与包装。

③举办材料类创新创业类竞赛,补充竞赛空白。
④举办一次由社会机构参加的创新创业路演活动。

三、行动学习经验启示

1. 团队合作的重要性

在整个小组中,每个人都有每个人的分工,但是也需要共同的努力与协作,在独自完成自己本职分工后,进行研讨,互相指出优缺点,团队成员互相学习,通力合作,在合作的过程中共同提高能力。

2. 系统分析的重要性

利用"行动学习",通过对问题进行深层次系统分析,将复杂问题分解为一个个相互联系的较小的子问题,并通过小组形式对子问题进行解决,使得复杂问题简单化,成员们也都能参与其中。

3. 亲身实践的重要性

对于复杂问题进行反思—行动—在反思—再行动,大大提高工作效率,快速地解决问题。同时在实践行动中,团队的凝聚力进一步增强。

四、主要意见建议

(一) 对校院发展的意见建议

①学校应加大学生创新创业的重视程度,在多方面对双创团队给予支持,开设全方位双创通识课程,提高创新能力,增强学生创业意识。
②建议学校设立双创专项奖教学金,激发学生与教师双创热情。
③建议学校成立双创学院,聘任校内外导师,形成学生双创能力全链条培养。

(二) 对"行动学习"项目的意见建议

①建议以线上线下相结合的形式进行"行动学习"的培训和交流。
②建议将短线培训逐渐转变为长链条系统培训。

作　　者:王浩宇(材料学院)

邓　岩(信息与电子学院)

王亚斌(机电学院)

祝烈煌（网络与安全学院）

　　　　徐贵宝（物业管理与后勤服务公司）

　　　　韩姗杉（机电学院）

　　　　陈　翔（管理与经济学院）

　　　　吴晓兵（唐山研究院）

　　　　刘伟光（人文与社会科学学院）

成稿时间：2021年3月

大学教师激励机制创新与实践

一、行动学习项目概况

（一）项目选题背景

项目组在"师资引育"主题的结构化研讨中，通过头脑风暴、多维雷达图分析，凝练了师资引育"理想状态"的六个维度，可概括为：学校应该围绕"双一流"建设目标，加强顶层谋划，营造以科学考核评价、优质激励机制、个人/团队/学校三位一体协同发展等为主要特征的良好人才生态，从而夯实人才金字塔，切实提升教师的获得感、幸福感。在六个维度中，项目选取了"激励机制"这一维度进行深入研讨，并进一步将选题聚焦为"大学教师激励机制创新与实践"。

激励机制是激发人才创新活力的关键。习近平总书记在2020年6月2日专家学者座谈会上强调，要深化科研人才发展体制机制改革，完善战略科学家和创新型科技人才发现、培养、激励机制，吸引更多优秀人才进入科研队伍，为他们脱颖而出创造条件。习近平总书记的重要讲话为健全完善科技人才发展机制和政策体系、深化科技管理体制改革指明了努力方向，提供了重要遵循。

在学校建设"双一流"大学和世界一流大学过程中，需要构建有利于人才成长发展的良好制度环境，完善有利于激发创新活力的激励保障机制，增强科技人才的凝聚力向心力，积极营造尊重人才、尊重创造的校园氛围。进一步破除制约人才发展的体制机制障碍，以创新和完善人才分类管理、分类评价机制为突破，建立和完善有利于优秀拔尖人才发挥作用、有利于青年人才脱颖而出、有利于队伍创新能力提升和结构动态优化的人才制度体系。精准激励保障服务国家战略、承担国家使命的重点人才和重点团队，形成鼓励承担国家重大任务、潜心重大基础前沿研究、突出重大业绩贡献、体现公平公正与激励约束的科技人才收入分配制度体系。

（二）难题解决情况

小组结合教师的日常工作，聚焦学院/学校发展和个人/团队发展目标不完全一致的关键难题，具体分为5个方面：

①公共事务。公共事务耗时费力，与教师的晋升等评价无关，教师参与度普遍不高。

②学生培养。学校教师增长速度大于研究生/博士生指标增长速度，教师人均研究生指标下降，教师之间分配难以均衡。

③教学。教学费时费力，在教师考核中权重太低，而且存在师生矛盾等，造成教师在教学上投入力度不够。

④科学研究。北理工是一所军工导向的学校，相当人数的教师从事军工（横向）项目研究，对民口纵向投入力度不够。

⑤综合。学校政策宣传贯彻不到位，政策不延续。

围绕上面5个方面的难题，小组通过鱼骨图对存在的问题进行分析，找出各个维度难题存在的根本原因，如图1所示。

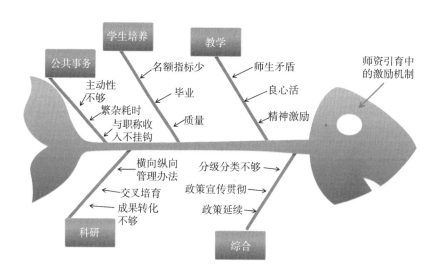

图1 存在的主要难题及原因分析

围绕这5类具体难题，小组结合成员所在部门职能和具体负责事项，从收入待遇、职称考核、精神关怀3个维度，将激励机制设计贯穿教师发展全过程，具体形成9项激励方案，如图2所示。

①面向青年教师的个性化定制化运动处方；

②面向青年教师子女的少儿图书馆；

③三全育人、公共事务纳入年底KPI考核；

④基于重点项目获批情况动态分配研究生指标；

⑤教学课时和科研成果动态置换；

⑥教学能力促进和教学改革经费支持；

⑦协助优秀青年教师开展学术活动；

⑧同类型课程并行开设小班；

⑨在学院开展"优秀教师"评选。

1. 面向青年教师的个性化定制化运动处方
2. 面向青年教师子女的少儿图书馆
3. 三全育人、公共事务纳入年底KPI考核
4. 基于重点项目获批情况动态分配研究生指标
5. 教学课时和科研成果动态置换
6. 教学能力促进和教学改革经费支持
7. 协助优秀青年教师开展学术活动
8. 同类型课程并行开设小班
9. 在学院开展"优秀教师"评选

图2　解决思路和具体对策

上述9项方案形成12项报告或制度，在学院或机关试点执行，在校内取得较好的反响。

（三）项目实施情况

1. 小组的具体实施情况

①9月1日，集中，行动学习启动，制定行动学习方案；

②9月8日，集中，专家评审行动学习方案；

③9月24日，小组讨论激励政策建议；

④9月29日，集中，讨论进展及问题对策，确定下一步方案；

⑤10月27日，集中，查摆问题，小组内与小组间交流讨论；

⑥11月5日，小组讨论职称考核的激励；

⑦11月24日，小组讨论人文关怀激励；

⑧12月1日，小组讨论收入待遇激励；

⑨12月10日，小组集中整合材料。

2. 小组分工情况

①面向青年教师的个性化定制化运动处方（王娟/体育部）

②面向青年教师子女的少儿图书馆（牛振东/图书馆）

③三全育人、公共事务纳入年底KPI考核（胡晗/科协、王伟达/机车）

④基于重点项目获批情况动态分配研究生指标（霍毅欣/生命）

⑤教学课时和科研成果动态置换（王伟达/机车、胡晗/科协）

⑥教学能力促进和教学改革经费支持（牛振东/图书馆、陈洪玲/马院）

⑦协助优秀青年教师开展学术活动（胡晗/科协、赵先/管理）

⑧同类型课程并行开设小班（霍毅欣/生命）

⑨在学院开展"优秀教师"评选（张锋/化学、欧阳哲/外语）

二、行动学习项目成效

（一）项目成果及验证情况

1. 在学术活动举办方面

为激励学院教师潜心科研，提升学术研究水平，产出高水平研究成果，扩大学院影响力，学院以学术活动为主线，打造了包括青年学者学术研讨会、高端论坛、暑期班、明理讲堂、教授面对面——学术启蒙篇、午间学术分享会等多个品牌学术活动。高层次学术活动层出不穷，日常交流活动覆盖全年，受众涵盖所有师生群体。学院以实际行动，从不同维度激励学院教师，全面支持个人发展。

（1）青年学者学术研讨会

活动形式：活动邀请45周岁以下、副教授以下（含）教学科研岗的全体青年教师，就本人近一年来在相关学科领域开展的研究工作及研究成果进行报告，由学院统一组织评审。评审工作设立学科组和学院组两个环节。学科组每组邀请2~4名评审专家（其中校外专家1名）；学科组评审结束后，各学科推荐报告人参与学院组评审，学院将邀请5~7名校外知名学者，对每位青年学者的报告进行点评、指导和培训，针对每位青年学者报告的选题新颖性、内容完善性、方法的创新性、可行性及合理性给出建设性意见。

激励机制：青年学者研讨会坚持公平公正公开的原则，通过科学设计、高效组织为青年学者的成长搭建了平台，特别是校外评审专家的评审建议，为青年学者提供了更具有针对性的修改意见，为青年学者日后申请高层次科研项目、人才项目开阔思路，提供帮助。

（2）高端论坛

活动形式：陆续举办了工商管理研究方法工作坊、经济学高端论坛、工商管理学科高端论坛、管理科学与工程学科高端论坛，囊括管理科学与工程、工商管理、应用经济三大一级学科。高端论坛邀请海内外该领域及相关领域的顶级专家学者到场分享学术前沿最新研究成果，并对学院相关领域教师的汇报进行点评。

激励机制：高端论坛活动的举办让为教师搭建学习交流的平台，领略国内外顶尖专家学者们研究思路，接触到更深层次的理论知识，学习新概念、新方法，提升教师专业实力。

（3）暑期班

活动形式：活动邀请学院所有学科、专业及交叉领域的，有顶级期刊发表经验的海内外学术大咖，分享顶级期刊发表经验。

激励机制：活动为教师提升学术论文撰写水平，掌握顶级期刊发表技巧，提升学术成果层次和科研实力提供交流机会。

（4）明理讲堂

活动形式：活动以周为频次进行，既有学院新进教师对于自己研究领域的介绍，也有海内外其他高校的学者对于成果的分享。

激励机制：为院内外的学术交流与合作提供了平台，也为学院教师跨学科、跨专业、跨领域寻找合作机会、创新合作模式提供了平台。

（5）教授面对面——学术启蒙篇

活动形式：活动以周为频次进行，邀请学院教授赴良乡校区，面对本科生进行学术启蒙，介绍各自研究领域，分享科研心得体会。

激励机制：为教师日后招收本校（院）硕士、博士研究生提供了提前了解学生科研素养的机会。

（6）午间学术分享会

活动形式：活动以周为频次进行，邀请学院各研究中心就各自研究领域、研究成果进行汇报。

激励机制：为学院教师深入了解学院研究方向，寻求院内学术强强联合，科研携手共进搭建平台。

（7）百家大讲堂

活动形式：以学校的名义，协助青年教师邀请国内外知名院士来校进行学术交流，协调校领导出席。

激励机制：为青年教师、团队、学院的发展，建立高端人才的联系通道。

（8）特立青年学术沙龙

活动形式：以学校的名义，帮助青年教师邀请"杰青""长江""四青"人才来学校进行学术交流汇报，协调学院领导出席致辞。

激励机制：帮助青年教师建立学术人脉，拓展学术影响力，为学术交叉融合、项目申报提供帮助。

（9）科技下午茶

活动形式：面向青年教师，提供前沿学术交流的平台，打破青年教师互相不了解研究方向和进展的壁垒，加强校内青年教师的交流。

激励机制：促进学术的交叉融合，充分发挥学术交流对科技创新的引领力。

2. **公共事务纳入年底KPI考核**

针对教师的主要精力放在教学、科研、项目等方面，对学生管理、服务等工作的参与度不高的问题，解决方案是在年底的绩效考核里，将三全育人纳入KPI考核，由学院学生工作办公室一年度为单位记录教师三全育人的服务时长，依据服务时长计算全院教师的工作绩效分值。具体包括：

①参与学生个体辅导；

②参与学生团体辅导；

③承担学生教育管理相关岗位；

④指导学生开展创新、创业、社会实践等工作；

⑤参与学生各类荣誉评选活动；

⑥参与学院人才培养专项工作；

⑦汇聚资源支持学院人才工作。

形成"年度KPI考核试点办法"，在信息学院试行1年。学院在学生双创、汇聚校友资源、疫情期间帮助学生学习生活方面卓有成效。

3. 在帮助青年教师成长方面

学院定期组织青年教师工作坊，进一步增强青年教师的论文写作能力，熟悉论文投稿程序和技巧。举办青年教师教学基本功大赛，提升青年教师教学能力，助力青年教师快速成长。每年举办国家社科基金项目申报动员会，学院提前布局，定向动员，确保申报数量。成立国家社科基金项目申报工作小组，梳理可申报人员名单，召开国家社科基金申报动员会，要求"应报尽报"，多措并举，提高质量。先是组织有经验的教师与申报基金的教师"一对一"结对辅导；然后组织集中辅导，及时解答教师共性与个性化问题；最后聘请国内知名专家，有针对性地对学院教师的选题、论证和申报书填写进行指导，保证了课题申报的整体质量。

4. 在多维度科学评估体系及平台方面

提出个性化多维度的教师评价方法并构建相关系统，整合构建多维度的教师教学、科研数据，并提出基于知识图谱的高校教师评价方法，旨在为高校教师的多维度评价提供科学指导。重点包括：

①构建多维度教师教学科研信息，包括论文、专利、基金、专著、奖励、国际合作、产业化、人才培养和社会兼职数据等，并以此为基础构建高校教师相关知识图谱。

②研究提出包括产出预测学术发展因子（TADF）等多种个性化评价指标，并据此提出综合评价模型。

5. 在图书馆增设少儿图书方面

研究如何建立面向青年教工子女的少儿图书库，并利用开放网络数字资源，为青年教师子女学习推荐网络学习资源。

①已同（教育部）国家基础教育资源共建共享联盟秘书处（https://www.g12e.org/）联系，我校附小可申请加入国家基础教育资源共建共享联盟，并享受相关高中、初中、小学优质课程学习资源。

②拟免费试开通"中华数字书苑",访问网址是http://www.apabi.com/kjbzsjhfw,只要是学校列出的IP范围都可以直接访问,无须密码即可登录。这也是全球最大的正版中文数字图书库,内容十分丰富。

③调研建立少儿书库方案。

6. 在精神激励方面

化学与化工学院学生工作组于2020年11月面向在校生和广大校友发出了征集"我心目中的好老师"的活动,在校生和校友可以在提名"好老师"的同时,也提交一些好"故事"。此次活动共征集到140余条"故事",学院将整理汇总所有"故事",并筛选出一些典型进行广泛宣传,传播正能量的同时,通过榜样的力量激励更多的教师。本次活动是一次尝试,已经取得了一些效果,化学与化工学院未来将进一步扩大规模,完善体系,逐步形成制度,并希望能打造成一个品牌活动。

(二)对校院发展的价值

在帮助青年教师成长方面,2020年度北理工马院喜获6项国家社科基金项目,成果丰硕,极大地振奋了马院师生士气,也必将有力推进教学质量提升,推进学术体系和学科体系建设,为学院"十四五"规划的高质量实施注入新的动能。

科技下午茶聚集了不同学院的年轻老师进行学术交流,目前信息学院叶建宏、人文学院徐源等分别围绕脑电信号分析、人工智能伦理等方向申报基金项目。

(三)对个人和团队影响

后续将加强机关与学院间的协同激励,探讨更加个性化、人文化的激励政策。

三、行动学习经验启示

成功实施"行动学习"项目应该做到以下几点:

①选题:立足实际问题,要大处着眼、小处入手,不能太泛泛,制定政策或者物化成果要具有可操作性。

②组队:选择有相关背景、有时间精力的人共同开展,把握好顶层设计,充分交流,广泛协调。

③组织：制订详细的计划，督促落实，总结经验，持续改进。
④对策：制定政策或者物化成果要具有可操作性。

"行动学习"对于能力素养和组织绩效的提升，可以从以下几个方面实现：

①系统化设计：基于需求定制化培训方案。应用系统型培训模式，采用分析、设计、开发、实施与评估五阶段流程开发学习发展项目；通过分析，确定共性化调训需求和个性化选学需求；紧扣主业主课，构建模块化课程体系，并差异化选定专业课程，形成模块化教学方案。

②互动式教学：确保理论与实践无缝对接。采用"课前预习探疑、课中研讨质疑、课后反思释疑"的学习模式。课前推送预习资料，为高效研讨互动提供充分学时保障；选配兼具理论和实践经验的讲师，保障学习效果；课后通过"焦点呈现法"课程反思和课程测试，强化学员对教学重难点的掌握，将已"固化"的知识重新融合、修正、延伸和再创新。

③群策群力法：敏捷分析与解决难题。通过"聚力工坊"培训模式深度研讨发展中的热点、难点问题，形成解决方案并推广应用，同步提升能力与组织绩效。

四、主要意见建议

（一）对校院发展的意见建议

学校的主体应该是"教师"，应该围绕人才队伍建设，提升教师的成就感、归属感、幸福感。然而目前社会的导向更多的是围绕学生，强调学生权益，强调学校在培养学生过程中的主体责任等，对教师的能力成长、家庭关怀、精神健康方面关注度不够，建议：

①在学校和学院强化对教师的人文关怀，比如帮助教师主动健身、帮助青年教师子女托管等。

②个人发展、团队发展、学院发展之间的激励平衡。

③如何激励有科研能力的教师更多投入教学，突出教学内容的前沿性和基础性。

④教师对学院、学校的贡献与实验条件、学生名额分配直接挂钩。

（二）对"行动学习"项目的意见建议

①学习地点：行动学习尽量选择在封闭环境开展，建议集中在行政学院内部或者单位内部封闭开展。目前所采用的形式，很难兼顾工作和学习，对两类活动都有影响。

②题目选择：行动学习尽量选择有导向性的课题。目前选题没有太多限制，有好处，也有不利的地方，有些题目太宽泛或者已经实施，对于选题的可实施很难界定。

③人员分组：目前分组基本上是自由分组，每组人员的背景各异，对于最后选择的题目是否能有贡献难以衡量，是否有足够的时间参与难以衡量。

④考核标准：很多课题实际上是职能部门已有工作的开展，这些课题和行动学习没有必然关系。

作　　者：胡　晗（科学技术协会办公室）
　　　　　牛振东（图书馆）
　　　　　赵　先（管理与经济学院）
　　　　　霍毅欣（生命学院）
　　　　　王伟达（机械与车辆学院）
　　　　　欧阳哲（外国语学院）
　　　　　王　娟（体育部）
　　　　　陈洪玲（马克思主义学院）

成稿时间：2021年3月

新体系教师的全周期科学考核评价

一、行动学习项目概况

(一)项目选题背景

站在学校由世界知名大学向世界一流大学迈进的关键起点,在一流大学建设发展进入提高质量的升级期、变轨超车的机遇期、改革创新的攻坚期新形势下,人才强校战略的实施比以往任何时候都更为坚定和紧迫。人事制度的创新活力直接影响办学的核心竞争力和发展内生动力,新体系教师作为学校人才引进的主体队伍,其水平和发展关系到学校的内涵建设和可持续发展,围绕新体系教师引育开展相关制度研究,对推进一流队伍建设具有重要意义。在学校2020年工作报告中,明确提出"立足人才引育练细功,完善全球人才精选体系,围绕学科精细化引进人才;坚持引育结合,以育为主,完善人才的发展、使用、保障机制;优化人才评价和激励机制,聚天下英才而用之"。

项目组在"师资引育"主题的结构化研讨中,通过头脑风暴、深度调研、多维雷达图分析,凝练了师资引育"理想状态"的六个维度,可概括为:学校应围绕"双一流"建设目标,加强顶层谋划,营造以科学考核评价、优质激励机制、个人/团队/学校三位一体协同发展等为主要特征的良好人才生态,从而夯实人才金字塔,切实提升教师的获得感、幸福感。在六个维度中,项目组选取了"科学考核评价"这一维度进行深入研讨,并进一步将选题聚焦为"新体系教师的全周期科学考核评价"。该选题围绕新体系教师"引进—培养—发展"的全周期进行研究,切实贯彻了学校"引、立、留、长"的师资队伍建设理念,将为学校创新机制,营造良好人才发展生态、厚植人才扎根沃土的这一重点工作提供有益借鉴。

（二）难题解决情况

1. 问题分析

结合目前学校新体系教师的引育工作，项目组将新体系教师引育的全周期分为以下3个阶段：阶段1，新体系教师引进阶段；阶段2，新体系教师培养阶段；阶段3，新体系教师聘期考核及晋升阶段。各阶段存在的问题及原因见图1。

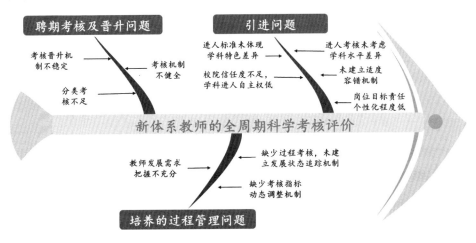

图1　存在的问题及原因分析鱼骨图

引进阶段主要存在新体系教师进人评审问题，最终聚焦解决教师引进评价标准与学科特色结合度不高、学院评审自主权低两个方面的问题。

新体系教师培养阶段主要存在新体系教师培养的过程管理不健全问题，具体如下：

①关于新体系教师文化认同、爱校荣校的问题。新体系教师较大比例没有在北理工工作学习的经历，对"延安根、军工魂"以及北理工精神都缺乏深入的了解和理解，不利于凝心聚力、统一思想推进"双一流"建设，也不利于北理工精神的传承和发扬。

②关于新体系教师人才培养能力提升的问题。新体系教师中有高等学校教育教学经验的人数并不多，不能很好地适应"落实立德树人根本任务，培养一流拔尖创新人才"的要求，在掌握教育教学技能、提升育人能力上需要进一步加强。

③关于新体系教师把握快速成长机遇期的问题。新体系教师都具备良好

的科研素质，很多具有海外学习或者博士后工作经历，但是对国内科研、人才等项目申报相关知识和经验储备不足，对种类繁多的项目的层次和互斥性了解不多，容易出现申报项目顾此失彼、申报人员排序冲突等情况，错失个人发展最佳机遇。

新体系教师聘期考核及晋升阶段主要存在新体系教师聘期考核评价、岗位晋升考核评价问题。岗位目标责任书是聘用合同不可分割的组成部分，与聘用合同具有同等的法律效力，是明确教师受聘期间基本岗位职责和目标以及下一聘期是否续聘的重要依据。学校现行的岗位目标责任书基本使用统一的内容，这种方式简单可行，但比较固化，存在不少的问题。

①这种方式不能很好地体现不同教师的个性特点并发挥每个人的优势。每个教师的起点和禀赋不同，有的教师成绩比较突出，有的虽然不突出但也很不错，有的教师长于教学，有的教师长于科研，有的教师擅长基础科研，有的教师擅长应用研究。如果完全拘泥于现有的模板，不同特点、不同优势的教师只能朝着一个共同的岗位职责努力，必然会大大约束每个教师能力的发挥，限制每个教师对最大潜能的挖掘，也无法实现教师资源的有效整合。

②从考核角度来看，采用统一标准的岗位目标责任书便于进行考核，但是很容易出现考核虽然有效却难以培养优秀人才的问题。由于岗位目标责任完全一致，不能体现教师的个性特点，因此岗位目标责任书在各方面只能是满足一个基本要求，不能提出过高的要求。这种情况下，教师在各方面都会朝着一般要求努力，以满足考核要求，实现各方面齐头并进，而不能在自己拥有优势的方面聚焦发力，无法在某一方面形成独有特色和优势。

③从教学科研单位来看，这种岗位目标责任书单一一致的方式也不能满足学科发展和师资队伍培养的需要。每个学院都有两个以上的学科，每个学科的研究实力、国际影响、发展重点都不一样，每个学科的努力目标也不同，单一的岗位目标责任书无法体现学科特色，无法按照学科发展目标来构建师资队伍。

2. 问题解决

针对上述问题，解决情况如下：

（1）解决人才引进问题

针对人才引进问题四个方面的原因，建议在建立校院两级信任机制的基础上，学校通过实施管理重心下移，从根本上解决人才引进的问题。提出由学院结合学科特色、学科发展目标制定教师引进标准，并在此基础上实施自主评审。绘制完成学院开展教师引进评审的基本流程图，并依托数学与统计学院、化学与化工学院、网络空间安全学院的实施情况进行验证分析。主要包括以下3项措施：

①在学校统筹规划指导下，各学院制定与学科特色、学科发展目标相匹配的人才引进标准。

②在强化各学院目标、责任的前提下，学校给予学院更多人才引进的自主权。

③结合学科特色、发展目标以及教师个人发展定位，强化岗位目标责任个性化制定。

（2）解决教师培养的过程管理问题

结合教师培养的过程管理问题三个方面的原因，建议通过建立完善校院两级机制解决，主要包括以下措施：

①在新体系教师融入学校方面：一是加强校院两级专题培训，充分利用延安红色教育基地、校史馆等教育资源，讲透校史故事和北理工精神；二是结合基层单位情况，开展丰富的师德传承、沟通交流等活动，营造和谐向上的氛围，增强凝聚力；三是充分发挥基层党组织作用，通过谈心谈话等方式，了解新体系教师生活和发展诉求，跟踪解决实际问题和困难。

②在新体系教师育人能力提升方面：一是加强基层教学组织的建设，使新体系教师能够找到系统学习研讨教学问题的平台；二是建立健全"传帮带"的工作机制，加强各部门和专业学院的工作协同；三是以实践促能力提升，完善教学基本功比赛机制，推进教案教材一体化建设，加强课堂教学督导和教育教学研究。

③在新体系教师快速成长方面：一是帮助新体系教师个性化设计职业成长规划，一人一策，跟踪指导和支持；二是科学开展长短周期相结合的考核评价，保障新体系教师的发展空间，减少妥协性的精力投入；三是加强交叉类、开放型培养项目的设计，帮助新体系教师处理好学术自主性和团队适配性的平衡。

（3）解决聘期考核及晋升问题

围绕聘期考核及晋升问题的三个方面，建议通过建立完善校院两级机制解决，具体包括以下4项措施：

①学校制定完善稳定的、可预期的聘期考核及晋升机制，避免出现各年度淘汰率差异太大的问题。

②根据学科特点进行分类考核。

③学院根据实际情况，完善新体系教师参与公共服务的考核机制，构建其深度融入学校、提升认同感的有效路径。

④加强考核评价与激励的关联机制。

目前，数学学院、管理与经济学院、化学与化工等学院、宇航学院等已逐步探索推进分类评价、多维度考评，按照"分类发展、动态调整，精准定位、个性施策，做强增量、盘活存量"的原则，依据学院教师承担的人才培养、科学研究、公共服务等工作量，设置"多型多类"教师岗位，引导教师明确目标、分类成长，充分发挥个人特长优势，凝聚学院发展合力，形成高质量发展路径和氛围。教师岗位设置方式见表1。

表1　数学学院"两型五类"教师岗位设置方式

类型		对象	占比	备注
教学研究型	1类	优秀人才	10%	引领学科发展和队伍建设，开展精英人才培养和前沿科学研究，主要考核标志性成果
	2类	教研并重	40%	从事教学科研工作，支撑高质量的人才培养和高水平的创新研究，主要考核教学科研工作量和高水平成果
	3类	新聘教师	25%	以科研工作为主，提升学术能力，主要考核获批基金和高水平论文
	4类	教学侧重	10%	以教学教研工作为主，保障教学任务，开展一定的科学研究，主要考核教研和科研成果，在聘期内实现转型
教学型		授课教师	15%	从事教学教研工作，保障教学任务，主要考核教学时长和教研成果

每位教师在选定其类型和岗位后，学院领导或聘用委员会专家在深入调研国内外知名大学同学科岗位职责制定情况的基础上，对受聘人员个人情况进行充分考察，与受聘人员进行深入谈话。结合其学科发展目标和个人实际情况，如已发表成果、在研课题、科研计划、讲授课程等商讨其个性化岗位

职责要求，同时也为受聘人员提供薪酬议价空间，对于承担更多、更高难度工作任务的教师，由学院经费支持，提供补充薪酬激励。

（三）项目实施情况

根据鱼骨图分析以及分工安排（见表2），我们科学考评组线上、线下进行了4次行动学习会（见图2）。

表2 行动学习的活动安排及分工

活动安排	时间	解决问题	预期成果	跟进行动	责任人	时限
教师引进流程设计	9月	优化进入流程	进入流程图	商讨、确定内容	颜志军 孙天全	9月下旬
教师培养跟踪机制设计	9月	加强过程管理	跟踪机制流程图	商讨、确定内容	龙 腾	9月下旬
教师聘期内动态调整方式设计	9月	建立完善动态调整机制	动态调整方式流程图	商讨、确定内容	乔 栋	9月下旬
教师聘期考核模式设计	10月	优化考核模式	聘期考核模式流程图	商讨、确定内容	陈 珂 刘 莲	10月中旬
教师岗位目标责任个性化设置指导文件制定	10月	完善差异化	指导文件1份	完善文件草案	颜志军 孙天全	10月下旬
教师聘期分类考核指导文件制定	10月	强化学科特色	指导文件1份	完善文件草案	陈 珂 刘 莲	10月下旬
化学与化工学院全周期试点方案	11月	可行性验证	试点方案1份	制定、优化试点方案	张加涛 陶 军	11月下旬
整体研究报告	12月	固化成果及推广	研究报告1分	完善总结报告	龙 腾 王一飞	12月上旬

图2 科学考评组组织的两次典型线下讨论会

（左图：学习小组邀请学校人力资源部杨静部长交流讨论；右图：学习小组在管理与经济学院学习、交流）

①完成了校内教师引进自主评审的研讨。
②完成了新教职工校院两级专题培训的研讨。
③完成了新系统教师培养过程管理的研讨。
④完成了校内教师考核评价与激励的关联机制的研讨。
⑤完成了"多型多类"教师岗位的研讨。

二、行动学习项目成效

（一）项目成果及验证情况

对应上述问题和举措，学校有关部门已经开展了部分工作，学院也进行了一些有益的尝试，取得了一定成效。

1. 新体系教师引进阶段

（1）学科特色化教师引进标准的验证

项目组对化学与化工学院、数学与统计学院、网络空间安全学院制定的教师引进标准及其实施情况进行了研讨，认为：

①结合学科特色、学科发展目标制定的教师引进新标准具有较好的导向作用。

②在保证整体标准不低于学校要求的前提下，新标准可以覆盖更多学科发展所需的人才，学院遴选教师的自主权更大。

③化学与化工学院根据化学与化工两个一级学科的理科、工科差别，深化人才引进制度改革。继续深化化学学科的人事制度改革，高质量推进"预聘—长聘—专聘"制聘用管理体系。推动化工学科人才引进改革，完善分类科学、分类卓越，建立科学合理、人岗相宜的聘用标准，坚决破除"五唯"，区别之前论文为主标准，重视工程背景，制定符合化工学科发展的新体系教师引进标准。突出教育教学实绩，注重个人与团队相结合的多元化评价，大力推进"大团队+优秀青年"的人才引进方式，同时利用新的平台增长点吸引人才，实现化工学科人才队伍跨越式发展。

（2）教师引进自主评审的基本流程

项目组研讨提出了学院教师引进自主评审的基本流程，见图3。

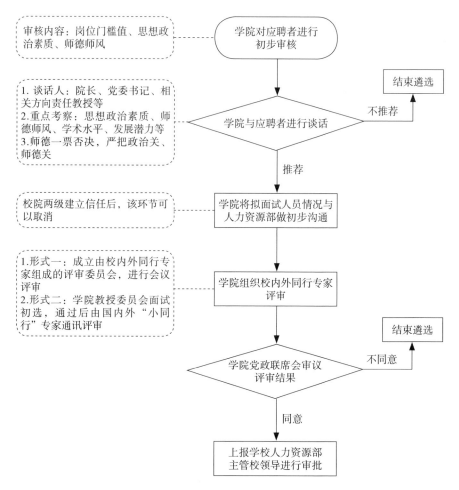

图3 教师引进自主评审基本流程图

结合数学与统计学院、网络空间安全学院、化学与化工学院与宇航学院开展教师引进自主评审的情况,小组认为:

①依托自主评审机制,学院可以根据学科特色,选择多元化的评审机制,实现"小同行"评议,保障评价机制的合理性。如数学学科更侧重基础性、理论性,因此将国内外"小同行"专家通讯评审纳入选择,甚至包括国际同行专家;网络空间安全学科更多面向国家国防重大需求,因此选择了由校内外同行专家进行会议评审。

②依托自主评审机制,引进教师的周期缩短,有助于提升引才效率。

宇航学院高层次人才引培机制改革,克服疫情影响,实现人才队伍提质发展。为了切实加强人才队伍建设，实现由"自由申报"向"组织谋划申报"的转变，学院成立人才专项工作小组，积极组织，严格把关，持续提升人才申报材料质量，进入会评的候选人数量大幅提升；学院成立专家评审组，通过组织专家对答辩材料进行评审和凝练，显著提升答辩质量，人才队伍建设克服疫情影响取得新突破。设置团队进人科研经费门槛，促进个人与团队融合发展。以构建科研大团队为牵引，学院积极调整师资队伍引进的考核标准，设置团队进人科研经费考核门槛。将新进教师未来融入团队科研方向的可行性，切入团队所在行业领域的潜力、学术基础与目前团队主流科研方向的吻合度以及产生科研新增长点可能性的考核前置。同时，团队也需为新进教师提供充足的资源保障，促进新进教师的快速发展。

2. 新体系教师培养阶段

（1）在新体系教师融入学校方面

①延安寻根。2018年以来，学校人力资源部组织新入职教师"觅寻延安根，传承军工魂"延安培训班（见图4），至今已经开展六期。通过培训加强新入职教师理想信念教育，大力弘扬爱国奋斗精神和爱校荣校传统，引导新入职教师争做党和人民满意的"四有"好老师。

图4 "觅寻延安根，传承军工魂"延安培训活动

②入职交流。学校定期组织新入职教职工座谈交流会（见图5），学校领导在讲话中回顾学校的光辉历程和历史成就，介绍学校教育事业发展情况，听取新教师对学校的感受和发展困惑，有关部门协同解决问题。专业学院结合自身情况，开展各类活动，如数学学院举办"薪火相传"退休教师荣休与新教师入职仪式，传承师德师风和数学育人精神（见图6）。

图5　新入职教职工交流座谈会　　　图6　"薪火相传"退休教师荣休与新教师入职仪式

③校史学习。为帮助新入职教师深入了解校史校情，系好职业生涯"第一粒扣子"，学校在校史馆组织青年教师校史校情现场教学活动（见图7）。

图7　青年教师校史校情现场教学活动

赵长禄为新入职教师讲授了"师德第一课",为帮助新入职教师尽早融入学校事业发展、快速成长成才打下了良好的基础。多个学院结合课程思政建设,组织了专题的校史学习。

(2)新体系教师育人能力提升方面

①基层学术组织建设。数学学院以综合改革为契机,优化学院治理体系,以项目牵引建立11个大课、学科竞赛等负责团队,签订目标责任,激发内生动力,为新体系教师搭建平台,系统提升教育教学能力(见图8)。

图8 数学学院建立大课项目组进行育人能力提升

②聆听师道。2020年党委教师工作部牵头组织,依托校院两级平台,开展了30余场线上线下相结合的"聆听师道"青年教师主题沙龙活动(见图9)。围绕青年教师关心的热点难点,开展交流研讨,帮助青年教师加深对职业的理解,助力青年教师快速成长。

③以赛促练。校院两级的教学基本功比赛对青年教师育人能力提升起到很好的积极作用。数学学院定期开展比赛,邀请专家针对每位参赛教师的课

图9 "聆听师道"青年教师主题沙龙活动

堂教学方式、教学态度、仪表形态、语气语速等方面细致提出意见与建议，对课程的思政点设置进行讨论与沟通，青年教师收获极大（见图10）。

图10 专家指导教学基本功比赛

（3）新体系教师快速成长方面

①个性化培养。数学学院根据学科方向和青年教师特点，科学制定发展目标，帮助新体系教师平衡好教学与科研的精力投入，合理安排首聘期工作任务，鼓励和支持其在聘期前段赴海外与一流学者合作，夯实研究基础，同时通过基层教学组织，帮助其提升教学能力。

②动态评价。数学学院探索长短周期考核相结合的评价模式，分类细化评价指标，年度考核以人才培养、公共服务为主，聘期考核以科学研究、队伍建设、对外交流为重点，注重以任务为引导的团队项目制考核。同时在聘期中期阶段，加强过程管理，适度调整指标，推进青年教师发挥特长、分类发展。

3. 新体系教师聘期考核阶段

近几年，数学学院、管理与经济学院、化学与化工学院和宇航学院等普遍采用了个性化岗位目标责任书，得到了教师的良好反馈：

①个性化的评价标准使教师可以结合其工作特点和发展目标做出更合理的发展规划，优化时间分配，提高工作效率。不同类型的教师根据其定位的不同，聚焦于不同方向，有的教师重点关注顶级期刊发表和科学基金申请，有的教师注重人才培养和教师任务，有的教师侧重于专业学位课程建设，通过这种个性化岗责的设置，使每个教师能够发挥其最大潜能。

②学院各方面工作得到全面发展。由于个性化岗责的设置，使每位教师能够在不同方面为学院作出积极贡献，有的注重课程创新和建设，有的注重高水平研究成果的形成，有的注重人才培养，有的重点服务专业学位项目，教师们在不同方面发挥了积极作用，为学院各方面事业发展奠定了基础。

针对聘期考核存在的几个问题，如不同类型教师的考核标准、公共服务和激励机制等，化学与化工学院在体制机制改革过程中，本着学校分类卓越的指导方针，初步形成了以下的考核全周期试点方法：进行分级分类考核，细化各级各类教师不同的考核指标；单列公共服务考核，全员定量参与学院公共服务；明确人才激励机制，基于人才充分成长空间和时间。

①分级分类考核：化学与化工学院按级制定了"预聘—长聘—专聘"的考核要求，按类制定了各级教师的细则考核。分级：每级教师考核要求不同，杰出教授、讲席教授、特聘教授、长聘教授；长聘副教授、预聘副教

授；预聘助理教授。分类：同级教授不同类型考核要求也不同。

以长聘教授为例，考核分为以下5类，突出差异化考核：

a．教学研究类：本科生课1门，主持核心课教改，主编教材1部，亲自指导学生创新和实践并取得成果；面上项目1个或经费30万元，S/N期刊1篇或IF10以上期刊2篇或顶级期刊6篇以上论文；科研获奖（国家前5、省部前3）；引人1名。

b．教学课程类：年均256学时且优秀；国家级教学成果（成果奖、精品课程/教材、教改论文）2项；主编有影响力教材1部，亲自指导学生创新与实践；支持国家级重大教改1项。

c．基础研究类：面上项目2项；N/S期刊1篇或IF10以上期刊3篇或顶级期刊8篇以上论文；科研获奖（国家、省部前3）；引人1名。

d．应用研究类：重大重点项目，年均400万元；发明专利2项且转化或国家奖/省部奖前3；作为负责人获批1亿元以上项目。

e．研究转化类：参与指导学生创新和实践；科技成果转化年均到校500万元以上或作为负责人承担配套项目年均到校3000万元以上。

③公共服务考核：化学与化工学院已经明确规定公共服务不再是鼓励参与，而是必须全员参与。除杰出教授和讲席教授外，所有教授参与学科建设、队伍建设、教育教学及其他公共事务，接受学校学院安排的公共事务工作，每年不少于50小时。预聘（长聘）副教授和助理教授公共服务每年不少于30小时。公共服务基于额外的绩效奖励。

③人才激励机制：为确保各类人才潜心教学科研，化学与化工学院给予获批人才在聘期内减免相应考核内容。如：聘期内入选国家高层次人才特殊支持计划（杰出人才、科技创新领军人才、百千万工程领军人才、教学名师）、国家杰出青年基金获得者、教育部"长江学者奖励计划"特聘教授等，科研或人才培养免考核。

在新体系教师聘期考核及晋升阶段，宇航学院以学科贡献度为牵引的岗责修订，鼓励分类卓越，引导追求卓越。学院全面考虑学科特点，积极调整评价考核标准，推行以学科贡献度为牵引的岗责修订，加大精品课、规划教材、教研教改、学生科创等教育教学活动在岗责中的比重；同时，增加了对学科建设、重点实验室建设、学生实习实践、招生就业等公共服务类岗责的考核，鼓励分类卓越，引导追求卓越。学院本着"立德树人、成果导向、质量优先、公平公正"的指导思想，根据导师在培养质量、学科建设、教学成果、科研奖励和特殊贡献五方面的情况，持续优化研究生招生名额奖励机制，深化供给侧改革，将研究生招生名额与导师综合业绩直接挂钩，同时将招生资源向优秀导师倾斜。

（二）对校院发展价值

①教师引进自主评审、多元化的评审机制、引进教师的周期缩短，有助于精准引才，提升引才效率。

②通过新体系教师的快速成长动态追踪和评价，精准了解其所需，增进新教职工学校融入度，助力青年教师快速成长，有机融合"立德树人"根本任务，系统提升新体系教师的教育教学能力。

③制定个性化岗位目标责任书，发挥新体系教师潜能，有助于学校的"十四五"全面开启中国特色世界一流大学建设新征程，优化同新发展格局相适应的一流师资，打造高素质教师队伍"新高地"，加快推进学校"双一流"建设高质量发展。

（三）对个人和团队影响

1. 个人影响

张加涛：通过这次行动学习，与小组的其他成员有了更多的了解和学习，向兄弟学院在师资引育、培养、考核等方面学习到了很多先进的经验和做法，为自己主管的人事工作起到了极大的促进作用。在以后的工作中，会更加全面、多角度看问题，找思路。

龙腾：与小组成员协作运用行动学习的思想、技术与工具，针对新体系教师的全周期科学考核评价开展调研，分析问题，定制举措，并在学院工作中予以实施，对于推动人事工作改革起到积极作用。个人履职能力也同步得以提升。

陈珂：通过行动学习，了解和掌握到新的学习和工作方法，辩证思维和创新思维的能力都有所提升。

颜志军：这次行动学习从学校层面对师资队伍建设进行了全方位的再思考、再认识、再创新，增进了对学校师资队伍建设重要性的理解，学习了兄弟学院的创新方法和改革举措，对后续的工作开展有很大启发。

乔栋：通过这次行动学习，比较全面深入地认知了师资引育、培养、考核等方面的问题和解决方法，特别是学习了兄弟学院的先进经验和举措。开阔了视野和创新思路，提升了发现问题和解决问题的能力，对后续工作有极大促进作用。

陶军：通过学习和与小组成员间的交流，学到了发现问题与解决问题的全新思路，感觉个人在行动能力上有了较大的提升。

刘莲：本次行动学习对我而言是一次学习的机会，是一种成长的体验，也是一个反思进步的过程。通过与小组成员共同完成项目，对学院师资队伍建设工作有了更加全面的认识，为自身开展工作提供了有益借鉴。

孙天全：通过这次学习，不但掌握了行动力相关理论，最重要的是深入学习了学校各项组织制度、人事制度，加深了对各学院的了解，通过讨论、调研、总结提高等环节，切实提高了个人的学习能力和行动力。

王一飞：在行动学习中，通过头脑风暴、深度分析等集体研讨方式，在学习和反思中汲取团队智慧，实现自我发现和自我创新，掌握科学的学习和决策方法，提升发现问题和解决问题的能力，提高工作效率和行动力。

2. 团队影响

通过行动学习、几次讨论学习，团队成员之间配合更加默契，增进了学校各机构及各学院、书院的联动，加深了团队成员之间的了解，增强了团队的凝聚力和创造力。通过调研反馈创新的模式，提升了项目团队的行动力以及工作效率，为全面开展工作奠定了坚实基础。

三、行动学习经验启示

1. 通过行动学习提升团队行动力和创造力

团队成员工作繁忙，且分布在两校区办公，利用线上线下相结合的方式，最大限度发挥团队成员的合力，随时解决问题，全面落实项目任务。

2. 通过行动学习提升团队解决问题能力

行动学习中，对学校已有政策，尤其是师资引育方面的宏观精神进行调研和学习。在分工明确的基础上，通过与人力资源部职能部门的沟通、学习，进行了有针对性的方案设计。

3. 坚持问题导向、目标导向的行动学习思路

在这次行动学习中,通过鱼骨图分析问题以及结合学校"十四五"的师资引育目标,团队成员的行动学习目标性、针对性更强,分析问题更加高效、准确。因此团队成员在工作繁忙之余,学习效率和效果俱佳。

四、主要意见建议

(一)对校院发展意见与建议

①在新体系教师全周期考核评价中,突出个性化发展,进行分类分级,充分响应"破五唯",分类引进,分类评价,分类卓越。细化各项指标,给予人才充分成长空间和时间,促进新体系教师成长。

②学校新体系教师比重越来越大,相应的研究生指标(尤其是博士生指标)要有相应的配套支撑政策。

③科学考评中,深度融合"立德树人"根本任务,坚持科教融合、师资引育中有机结合新兴交叉学科的协同发展,完善多维度评价、激励机制,扩大自主审权试点学院范围。

(二)对"行动学习"项目意见与建议

①行动学习项目时间周期和安排与被考核、培训干部的日常行政工作冲突,建议充分考虑。

②根据学校中层干部与企业的不同,行动学习项目的周期安排,建议应更有实效性。

作　　者：张加涛(化学与化工学院)
　　　　　陈　珂(数学与统计学院)
　　　　　颜志军(管理与经济学院)
　　　　　乔　栋(宇航学院)
　　　　　陶　军(化学与化工学院)
　　　　　孙天全(法学院)
　　　　　刘　莲(网络空间与安全学院)
　　　　　王一飞(明德书院)

成稿时间:2021年3月

"双一流"高校院系提升党建质量的实践探析
——以北京理工大学为例[①]

党的十九大明确提出"不断提高党的建设质量"的新时代党的建设目标的新要求,这是以习近平同志为核心的党中央深刻把握管党治党规律作出的理论创新。习近平同志在十九大报告中指出,"要加快一流大学和一流学科建设,实现高等教育内涵式发展",指明了我国高等教育发展当前和今后相当长一个时期的发展理念和重点任务。作为中国特色社会主义事业发展的重要推动者、两个强国建设的重要支撑者、我国高等教育内涵式发展的领跑者,"双一流"高校院系必须以高质量要求为遵循,着力提升党建工作的精准度和有效性,以高质量党建引领和推动"双一流"建设高质量发展,在高等教育领域发挥好表率作用。

质量是指物体的一种性质,也指一项工作的优劣程度。对于党建而言,质量表现为党建工作的优劣程度。对于高校院系党建而言,质量表现为院系党组织抓政治建设、思想建设、组织建设、作风和纪律建设的优劣程度。本文通过工业和信息化系统党建工作座谈会精神、工信部专项巡视的反馈意见、北京理工大学19个专业学院2017年书记抓党建工作述职报告,以及有关文献的研究和个人实践,从政治、思想、组织、作风和纪律四个方面对院系党建质量现实进行了审视,对提升党建工作质量的实践逻辑进行了探索。

一、"双一流"高校院系党建工作的成效分析

重视基层党组织建设是马克思主义建党的一条重要原理,也是无产阶级政党的一个显著特征。党的十八大以来,高校院系党组织始终抓党建、促发展,出实招、谋实效,有效发挥政治核心、战斗堡垒作用和党员先锋模范作用,取得了显著的成绩。

---

① 本文部分内容已于2020年6月发表于《高校党建与思想教育》2020年第11期。

（一）坚持把政治建设摆在首位，旗帜鲜明讲政治

从19份述职报告中可以发现，所有院系党组织都把认真学习贯彻中央和上级精神放在党建工作首位，以主题教育活动为主线，以会议体系、学习体系、培训体系等进行落实，增强"四个意识"，坚定"四个自信"，坚决做到"两个维护"。同时，通过完善机制促进党政一起想事业、谈事业、干事业，共同推进综合改革和"双一流"建设，强化了班子成员的凝聚力和责任感，党建工作融入业务、促进业务的氛围日益浓厚。政治站位高，高度重视巡视整改工作，所有学院都按照要求制定了方案并逐步推进落实。

（二）高度重视抓思想建设，不断坚定理想信念

各院系党组织都十分重视理论学习，把党章、中央和上级重要会议精神作为学习的主要内容，以中心组—党支部—党小组-党员四级学习体系，加上教育培训等作为主要形式，提升学习效果，进一步坚定理想信念，并努力把理论优势转化为工作优势，坚定扎根中国建设"双一流"的自信。北理工19个专业学院中绝大多数制定了加强思想政治工作的方案，坚持通过中心组学习每年开展2次专题研究意识形态工作，坚持每月半天的教师理论学习。各院系普遍重视师德建设，通过开展"四有好老师、四个引路人"活动等提升教师的师德水平。

（三）大力加强组织建设，发挥党支部战斗堡垒和党员模范带头作用

各院系党组织高度重视抓基层打基础工作，普遍建立了班子成员联系支部制度。以固本强基为出发点，以提升组织力为目标，以党建创新为突破口，加强党支部建设，发挥党支部战斗堡垒作用。北京理工大学近些年开展了"一党委一品牌、一支部一活动"工作，各个院系非常重视抓品牌，每个学院都结合自身实际，特别是围绕提升创新能力培养了品牌支部。在承担重大项目、取得重大成果、发表高水平论文、教学教育成绩显著的教师中，党员比例高，涌现出了以创新团队带头人毛二可院士、耕耘在本科生讲堂的两院院士王越教授为代表的一大批模范共产党员。

（四）狠抓作风和纪律建设，为干事创业营造了良好的工作和学术氛围

各院系党组织紧紧围绕服务师生，持续推动作风和纪律建设，大力建设风清气正的政治、工作和学术生态。通过党课、知识竞赛、参观学习、党风廉政建设宣传月等各种形式，加强党规党纪、反腐倡廉学习教育；坚决按照

巡视要求，回应群众呼声，严格遵守八项规定，有力反对"四风"，改进工作方式，建设职权清单，为师生干事创业提供了良好的作风和纪律保障。

二、"双一流"高校院系党建工作存在的突出问题分析

最坚实的力量支撑在基层，最突出的矛盾和问题在基层。随着"双一流"高校推进综合改革，权力不断下放，院系党组织承担的职责也不断加大，出现了不适应新时代新形势新任务新要求的、质量不高的工作环节，很大程度地影响着党组织的创造力、凝聚力和战斗力。

（一）抓政治建设还不够强，从严治党主体责任层层衰减有待进一步扭转

今年全国工业和信息化系统党建工作座谈会指出，基层党组织在落实全面从严治党主体责任方面存在力度衰减现象。部专项巡视反馈指出的问题包括：一些党组织党内政治生活不够严肃规范，双重组织生活制度落实不够到位，民主生活存在查摆问题及整改措施敷衍了事现象，"重业务、轻政治"的现象一定程度地存在。院系党组织位于学校党委和基层党支部之间，是高校党委联系师生员工的纽带，发挥着承上启下的作用。但院系党组织过于关注显示度高的"双一流"硬指标建设，重业务轻党建的倾向没有彻底改变。同时，担心教师教学科研压力大、学生学习压力大，安排党建工作时缺乏底气和硬气，向下传递压力时打了折扣，导致传递不到位，不仅没有起到"加压站"的积极作用，反而起到梗阻的消极作用（如表1所示）。

表1　政治建设方面存在的问题统计

问题	涉及学院数量	备注
安排党建工作不硬气，或安排不深入	7个	

（二）抓思想建设还不够细，从思想认识到行动自觉的转化有待进一步加强

工信部专项巡视反馈指出，个别学院中心组学习次数较少、局限于开会传达文件，存在学习表面化、走过场、学做"两张皮"现象。从书记抓党建述职报告中我们发现，70%的学院认为，在理论学习上存在着内容安排不系统、学习形式不灵活、学习过程不细致、学习效果不深入问题。有些学院感

觉通过学习统一思想存在一定困难，通过思想政治教育促进行动自觉的效果更加困难，抓意识形态工作也有一定难度（如表2所示）。分析原因在于，学院党组织一定程度上局限于被动完成上级布置的学习任务，组织理论学习前期策划不够，形式不够生动和新颖，加上教师教学科研任务重、国内外学术交流出差多，再加上不坐班及个人原因等因素，理论学习的出勤率和效果打了折扣。

表2　思想建设方面存在的问题统计

问题	涉及学院数量	备注
内容安排不系统、学习形式不灵活、学习过程不细致	13个	
通过学习统一思想困难、思政教育有效性不够	3	

（三）抓组织建设还不够实，党组织的组织力有待进一步提升

学院书记抓党建述职报告显示，多数学院存在党建和中心工作融合存在不够深入，党建活动创新不够的问题；一些学院认为，开展的活动多限于上级布置的任务，设计的党组织活动层次浅，很难解决主要矛盾和突出问题，组织设置也不够灵活等（如表3所示）。"双一流"高校的核心使命是培养领军领导人才，教师则存在着因追求个人发展而把主要精力投向学术提升层面，不可避免地影响教学工作。随着信息化不断发展，知识体系变化快，知识获取方式和传授方式、教和学关系都发生了革命性变化，也对教师队伍能力和水平提出了新的更高的要求。如何把学校目标与教师目标一致起来，寻求利益诉求的最大公约数，是"双一流"高校权力普遍下放背景下，院系党组织工作的重要着力点。显然，"双一流"高校院系党组织还没有做好充分准备。

表3　组织建设方面存在的问题统计

问题	涉及学院数量	备注
和中心工作融合不够、党建不深入	15个	
组织设置不灵活	3个	
活动创新不够	13个	

(四)抓作风和纪律建设还不够彻底,以师生为中心的理念有待进一步落实落细

全国工业和信息化系统党建工作座谈会指出,基层党组织书记和党务干部的理论素养、业务能力、工作水平,与新时代党建工作任务要求相比,仍然存在许多不适应,很多方面跟不上。部专项巡视反馈也指出,工作作风还需进一步重视加强,部分工作程序有待进一步规范。从书记抓党建述职报告中发现,60%的学院党组织指出,与师生交流的深度、广度、细致度还不够,对工作和学习关注得多,对思想动态和生活了解不够,人文关怀的氛围还需加强。党组织比较关注教师的职称晋升、学术成果、课堂教学等,关注学生的学习成绩、创新成果,在抓教师的幸福感和获得感、提升学生的认同感上做的工作不细致(如表4所示)。

表4 作风和纪律建设方面存在的问题统计

问题	涉及学院数量	备注
服务师生方面存在不足	12个	

三、"双一流"高校院系提升党建质量的实践内容和实现目标

"双一流"高校院系必须以大力提升党的政治建设质量为统领,全面提升政治、思想、组织、作风和纪律建设质量,推进世界一流大学建设的中国方案探索,以高质量党建引领"双一流"建设的方向,切实发挥党建在高等教育领域院系中的表率作用。

(一)大力提升政治建设质量,做落实全面从严治党主体责任的表率

党的十九大报告提出,"旗帜鲜明讲政治是我们党作为马克思主义政党的根本要求。党的政治建设是党的根本性建设,决定党的建设方向和效果"。"双一流"高校院系提升党建质量,必须以政治建设为统领,坚决捍卫党中央权威,着力打造良好的政治生态,坚定发展定力,为全国高校院系党组织做出表率。坚决捍卫党中央权威,具体来说,就是党员干部队伍带头做到两个坚决维护,即坚决维护习近平同志的核心地位,坚决维护党中央权威和集中统一领导,以"党要管党、从严治党"的担当精神层层加压,打通"最后一公里",把中央关于世界一流大学建设的精神吃透、内容消化、战

略落地，确保中央和上级决策部署在"双一流"建设中形成生动实践。打造良好的政治生态，就是党员干部队伍带头遵守政治纪律和政治规矩，模范发挥党委会、党政联席会、民主生活会、组织生活会的作用，建立健全责任体系，从严从深从细增强党内政治生活的政治性、时代性、原则性、战斗性。坚定发展定力，就是把加强党的政治建设体现到坚决贯彻落实党的教育方针上，通过理论学习、主题教育、集中研讨等活动让广大师生认识和体会到党的领导优势，主动融入寻求"双一流"建设的规律，坚定扎根中国大地办世界一流大学的伟大事业中。

（二）大力提升思想建设质量，做从思想认识到行动自觉转化的表率

党的十九大报告提出，"思想建设是党的基础性建设""要把坚定理想信念作为党的思想建设的首要任务"，这一重要论断深刻揭示了思想建设在党的建设新的伟大工程中的基础性地位。院系党组织一定要认真分析师生思想状况、特点，把"两学一做"学习教育常态化制度化、"不忘初心、牢记使命"主题教育等作为系统工程分层次、分阶段、分步骤、分模块做实做细。大力弘扬马克思主义学风，结合院系实际进行谋划，不断完善"院系中心组—基层党支部—党小组—党员个体"、教师每月半天理论集中学习和适应师生特点的学习教育方式组成的"4+1+X"学习体系。要以办学主要矛盾和矛盾的主要方面为核心系统设置学习内容；针对师生工作、学习、生活规律创新学习方式，落实学习时间；以目标导向和问题导向落实研讨环节，促使广大党员师生系统领会习近平新时代中国特色社会主义思想的深刻内涵，掌握运用蕴含其内的观点、立场和方法，以理论的清醒确保政治信仰的坚定，以理论的认识促成行动的自觉，把院系打造成为信念坚定、底色鲜明、理论先进、行动自觉的全国高校院系表率。

（三）大力提升组织建设质量，做增强组织力的表率

党的十九大报告提出，"要以提升组织力为重点，突出政治功能"，要把各级基层党组织建设成为宣传党的主张、贯彻党的决定、领导基层治理、团结动员群众、推动改革发展的坚强战斗堡垒。"双一流"高校院系党组织要认真研究新时代新形势，把党的主张、党的决定及时贯彻到办学实践，积极探索组织建设所要解决的新问题、新矛盾。要认真贯彻新的党支部工作条例，加强基层党支部建设、带头人队伍建设；按照课题组、课程组、宿舍集

中区等方便师生活动的特点探索党支部设置创新；统筹院系事业发展、教师学术发展、学生学习需求等创新活动方式，让基本组织、基本队伍、基本制度严起来、实起来、活起来，推动和保证各项事业发展任务落到实处，产生实效，以此得到师生支持和拥护，凝聚起强大共识，画好齐心协力推进"双一流"建设的最大同心圆，为全国高校院系党组织建设做出表率。

（四）大力提升作风和纪律建设质量，做落实师生中心理念的表率

党的十九大报告提出，"加强作风建设，必须紧紧围绕保持党同人民群众的血肉联系，增强群众观念和群众感情，不断厚植党执政的群众基础。"在"双一流"高校，教师特别是青年教师生活压力大，学生思想状况复杂，作风关乎师生员工干事创业的信心和决心，风清则气正，气正则心齐，心齐则事成。因此要坚决贯彻落实中央八项规定精神，切实查找解决"四风"突出问题，特别要通过"一人一策"关怀体系，解决教师的烦心事、麻烦事，明显提升教师的获得感和幸福感；要通过"一人一策"领军领导人才培养体系，明显提升学生的认可度，把"以师生为中心"的发展理念落到实处。要通过中心组学习、民主生活会、谈心谈话制度、培训教育等形式，增强班子治院理教的能力；将师德师风建设与党员作风建设相结合，在党员和教师评优考核中实行"一票否决制"；加强学术文化、育人文化等建设，努力营造风清气正的学术和工作环境。

四、"双一流"高校院系提升党建质量的制度保障

提升党建质量是一项系统工程，是一项长期工程，是"硬骨头"工程。明确了院系提升党建质量的实践目标、路径之后，还需要从强化高质量理念、建立党政新关系、健全高质量制度体系等方面做好制度保障。

（一）强化高质量理念

理念决定行动，有高质量的理念才能产生高质量的行动。党要管党、从严治党就是管党治党高质量的理念要求。院系提升党建质量要让每一名党员、每一个支部都树立高质量的理念，形成践行高质量理念的思想自觉。追求质量就要进一步实现党的建设从"有形"到"有效"、从体量到质量、从入脑到入心、从上层到基层的深化和延展，以不断巩固和扩大全面从严治党的成果和影响，并切实从具体的办法和制度上保障全面从严治党永远在路

上。没有追求高质量的理念，就没有落实高质党建的思想自觉，以上过程也就不能得到完全实现。以科学化理论指导基层党的建设，基层党组织才可能确定正确的工作思路，构建顺畅的运行机制，创新有效工作方法，产生好的实效。党建成效好，反映出工作质量高，这就是科学化水平的直接体现。没有高质量的理念，就没有科学化的党建。

（二）建设职责明晰的党政新关系

院级党组织是把握发展方向、凝聚人心、引导学院发展的主心骨，组织赋予责任，师生寄予厚望，必须切实履行敢于管理、严于管理、善于管理的主体责任。要认真研究中国特色世界一流大学建设背景下院系党政之间的关系，细化党组织与行政之间的职责，建立清晰的责任清单，规范工作流程，建设职责清晰、协调有力、运行顺畅的管理体系。院系党组织与学校党委、各职能部门相互之间实质上形成了"责任链条"。院系党组织通过定期接受上级党委及职能部门的检查，党组织书记定期进行抓党建工作述职等使承担的责任进一步具体化、明确化，使党委领导、职能部门参与、上下联动、齐抓共管的院系党建工作格局运行顺畅高效。

（三）建设高质量制度体系

党的十九大报告指出，全面推进党的政治建设、思想建设、组织建设、作风建设、纪律建设，把制度建设贯穿其中。可见，建立健全高质量制度体系是提高党建质量的有力保障。院级党组织要坚持党政共同负责制，贯彻落实学校加强中层领导人员管理办法，除建立健全党建日常管理制度外，以高质量标准重点完善学院各项会议和责任制度，完善"三重一大"决策制度，完善理论学习和组织生活制度，完善选人用人制度；抓好院领导密切联系师生制度，建立完善领导班子联系青年教师、党外人士及学生班级制度。监督并支持院行政领导班子在其职责范围内独立负责地开展工作。制度的制定是基础，制度的执行是关键，两者相辅相成、不可偏废。制度一旦制定，就要严格执行，要以抓铁有痕、踏石留印的劲头狠抓制度落实。实践证明，只有坚持一手抓制度制定，一手抓制度执行，做到两手抓，两手都要硬，才能确保党建工作的高质量建设。

对"双一流"高校院系而言，提升党建质量，就是坚持以提升政治建设质量为首要，以提升思想建设质量为基础，以提升组织建设质量为关键，以提升作风和纪律建设质量为载体，以提升制度建设质量为保障。在实践上要重点针对"中国特色"对"双一流"建设产生的新要求，在全面加强党的领导下，以院系党建工作引领业务工作，以业务工作深化党建工作，使院系党建工作与业务工作深度融合，为全国高校院系加强新时代党组织建设做出标杆。

作　　者：刘存福（北京理工大学马克思主义学院）
成稿时间：2020年6月

参考文献

［1］党的十九大报告.

［2］刘筱毅.新形势下加强高校院系党建工作的策略和途径［J］.《北京教育：德育》，2016（5）：19—21.

［3］张艳霞.全面从严治党视域下高校基层党组织建设研究［D］.东北师范大学，2018.

［4］辛鸣.党的十九大的思想精髓与核心要求［EB/OL］.2017-12-08.中国共产党新闻网.

［5］林学启.牢牢把握全面从严治党新要求［N］.大众日报，2017-12-01.

［6］梅荣政.办好中国特色社会主义大学是高校建设的根本目标［J］.红旗文稿，2015（3）.

［7］中共中央文献研究室.十八大以来重要文献选编［M］.北京：中央文献出版社，2018.

［8］谢方意.党建争强：迈向新时代高质量党建的实践逻辑［N］.《宁波日报》，2018-07-05.

［9］张志明.着力提高全面从严治党质量［N］.学习时报，2018-05-30.

依法治校视角下推进中外合作大学党建工作研究

一、导言

中外合作办学是指中国教育机构与外国教育机构依法在中国境内合作举办以中国公民为主要招生对象的教育教学活动。目前，我国中外合作办学已有2400多家机构和项目，在校生达到46万人，中外合作办学已经成为我国高等教育的重要组成部分。

在2018年9月召开的全国教育大会上，习近平总书记以"国之大计、党之大计"高度概括了教育在新时代的重要地位，强调坚持中国特色社会主义教育发展道路，培养德智体美劳全面发展的社会主义建设者和接班人。中外合作办学更应该回答好"为谁培养人、培养什么人、怎样培养人？"的问题。[1]加强党建工作对中外合作办学立德树人至关重要，面对中外合作办学国际化特色，依法治校是开展党建工作的有效途径。

二、中外合作大学党建工作现状及特色

（一）中外合作大学基本情况

中外合作大学是中外合作办学的组成部分，是指具有独立法人、独立校园的中外合作办学机构。自2004年万里学院与英国宁波诺丁汉大学合作举办的宁波诺丁汉大学获批成立以外，已有九所中外合作大学获批运行。按照教育部涉外监管平台公布的信息，九所合作大学分别引进来自英国、美国、以色列和俄罗斯的一流大学，开展本科生到研究生教育，在校生规模整体约为30000人。

中外合作大学一般颁发两方毕业文凭，即外方高校的学位证书与其自身的毕业证书与学位证书。与国内传统高校不同，中外合作大学往往采取综合

评价的方式录取本科生，如631模式（高考成绩占60%、自主考试30%、高中综合10%）。引进优质教育资源的中外合作大学吸引了较为优质的生源，部分生源质量接近"双一流"高校。

中外合作大学治理模式采取理事会/董事会领导下的校长负责制，在实际运行中一般还设有学术委员会。涉及学校发展规划、重大人事安排、财务资产管理等重要事项均由理事会/董事会讨论决定，涉及人才培养方案、学术人员聘用等由学术委员会讨论决定。

（二）中外合作大学党建工作现状

目前九所中外合作大学都已设立党委，并在党组织建制、党员规模上不断完善。依托宁波诺丁汉大学进行的调研工作，对九所中外合作大学党组织建设情况加以梳理，如表1所示。

表1 中外合作大学党组织建设情况表

序号	党员规模	党组织建制	党组织归属	是否召开过党代会
1	党员总数39人 教工党员34人 学生党员5人	设有学校党委 1个教工党支部 1个学生党支部	隶属 所在市教工委	否
2	党员总数434人 教工党员189人 学生党员245人	设有学校党委 4个教工党支部 4个学生党支部	隶属 所在区党工委	是 （一次，10人参加）
3	/	设有学校党委 7个教工党支部 14个学生党支部	隶属 所在市教工委	是
4	党员总数100人	设有学校党委 5个教工党支部 2个学生党支部	隶属 所在市组织部	否
5	党员总数81人	设有学校党委 3个教师党支部 1个学生和员工党支部	隶属 中方举办大学党委	否
6	党员总数157人	设有学校党委 2个教职工党支部 2个学生党支部 1个教职工和学生混合党支部	隶属 所在市教工委	否
7	党员总数190名	设有学校党委 拟设1个教工党支部 2个研究生党支部	隶属 所在市教工委	否

续表

序号	党员规模	党组织建制	党组织归属	是否召开过党代会
8	党员总数23人	/	隶属 中方举办大学党委	否
9	党员总数45人 教工党员20多人 研究生党员5人	设有学校党委 拟设教工支部2个， 学生支部1个	隶属 所在市教工委	否 （正在筹备第一次党员大会）

从调研结果可见，中外合作大学都已明确设立党委，并基本按照党员规模设立教职工党支部、学生党支部等。中外合作大学普遍注重构筑党建根基，加强学校的党建工作信念不动摇。这些中外合作大学的党组织一般隶属于所在市教工委、组织部或中方举办大学党委，上级党委对中外合作大学党建工作都高度重视、大力支持。如宁波市人民政府每年为宁波诺丁汉大学提供1亿元的专项资金，扶持重点学科发展，同时对宁波诺丁汉大学的党建工作提出了专项绩效考核要求，包括大学思政教育机构设置、党建思政教育人员配置、中国文化教育覆盖程度等，积极的扶持和严格的考评促进了宁波诺丁汉大学党建和思政工作的开展。

此次调研的中外合作大学普遍注重党员教育和发展工作。如西交利物浦大学所在的苏州独墅湖高教园区党委搭建了"两学一做"学习平台和独墅湖党建网，组建了联合党校。目前，西交利物浦大学发展党员的各项培训由独墅湖联合党校统一开展，这为学校党组队伍培训、拟发展对象培训、党团活动开展等提供了大力支持。

由于中外合作大学和普通高校相比，具有高比例的外籍教师及学生，是容易发生中外不同意识形态碰撞的区域之一。为明确把握中外合作大学社会主义办学方向，各大学党组织发挥政治核心作用，注重建设思政课教师队伍和辅导员队伍，掌控课堂意识形态阵地。根据调研结果，中外合作大学的辅导员队伍建设与普通高校辅导员队伍的建设基本保持了一致。

（三）中外合作大学党建工作面临的挑战

与其他形式的中外合作办学相比，中外合作大学在党建工作方面面临更多挑战，主要体现为：

①中方举办高校党委难以直接指导和组织其党建工作。国内高校所举办

的非独立法人的中外合作办学机构和项目一般由与合作方共同组成的联合委员会进行管理，较容易做到党的建设同步谋划、党的组织同步设置，党的工作同步开展。中外合作大学拥有独立法人地位，其内部治理体系理事会/董事会领导下的校长负责制模式决定了学校由中外方共同治理的模式，党委在学校层面的定位不同于传统高校，在与院系的所属关系上也难以形成完善的组织架构。

②中外合作大学以引进国外优质教育资源和先进的办学理念及教学模式为目标，因此在学术上多遵循外方标准，教学语言采用外方高校语言，学生日常频繁接触外籍教师，在多元的文化背景和双重意识形态的教育模式背景下，中外合作大学的学生党建工作面临更严峻的挑战。

③中外合作大学大多引进国外原版教材，采用外方高校语言授课，在读学生除了学习专业知识，还要强化对外语的学习，这导致中外合作大学在读学生普遍课业较重，学习压力较大。中外合作大学特殊的培养方案从侧面要求了中外合作大学的学生要把大部分的精力放在学业上，这导致学生参加校园活动和社会活动的时间和机会较少，而参加党的理论知识学习和党校培训等严肃政治活动的时间会更少，造成了学生党建工作和思想政治工作压力大的现象。

三、对加强中外合作大学党建工作的理论、制度与实践分析

（一）从维护教育主权角度看待加强党建工作的必要性

教育主权是一国处理其国内外教育事务的排他性权力。教育主权具体可分为教育立法权、教育投资权、学校审批权、教育检察权。在我国教育国际化发展和教育市场不断开发的背景环境下，教育主权的流失不容忽视。教育主权的流失包括人才流失、管理职权丧失，也包括思想意识形态被外方同化。中外合作办学过程中容易出现教育主权流失的现象，例如外方合作高校在教育体系设计方面硬搬国外模式导致教学方向偏离，利用中外合作办学的机会对学生进行意识形态的渗透等，这些都不容忽视。因此，要通过有效手段切实维护好国家利益、教育主权与学校、学生利益。

无论是何种形式的办学，只要其受教育主体是中国学生，必须坚持中国特色社会主义办学方向不动摇。在中外合作办学中，应当保持高度的政治敏

锐性和责任感，而开展党建工作是维护教育主权有效的"软途径"。在实际办学中，应当按照"以我为主、因势利导、趋利避害、为我所用、分类指导、加强监管、依法办学"的方针，开展党建工作，探索有效的思想教育方式，弘扬中华优秀文化和美德，为教育主权的维护提供指导和思想保障。

教育主权的维护是对国家教育话语权的维护，也是对我国主流思想文化价值观的保护，关系着我国的教育利益和人才培养。在中外合作办学中加强党建工作，可以促使中外双方更加明确教育开放的底线和原则，减少畏惧心态，更好地引进国外优质教育资源。

（二）从坚持总体国家安全观的角度明确加强党建工作的重要性

习近平在党的十九大报告中指出，要深刻领会新时代中国特色社会主义思想的精神实质和丰富内涵，必须坚持总体国家安全观。[2]中外合作办学作为高校的一种特殊办学形式，要把总体国家安全观教育作为思想政治工作的重要内容纳入教育教学全过程，开辟立德树人新路径，构建育人体系新格局。

准确把握和践行总体国家安全观，必须坚持党的绝对领导。要明确新形势下高校培养什么样的人、为谁培养人的新任务、新要求，找准如何培养人的新方法、新途径，教育引导学生正确认识世界和中国发展大势、正确认识中国特色、正确认识时代责任和历史使命、正确认识远大抱负和脚踏实地，坚定中国特色社会主义道路自信、理论自信、制度自信、文化自信，为实现中华民族伟大复兴培养合格的建设者和接班人。

坚持总体国家安全观，要求中外合作大学要从学校层面做好顶层设计，明确育人目标，做足"为谁培养人"的功课，从而实现学生全面发展，筑牢思想防线。加强党建工作是坚持总体国家安全观的可靠保障。在学生教育层面，要坚持牢固树立国家利益至上的观念，处理好学生成才观、发展观、利益观与国家观、安全观的关系，切实把国家安全发展融入人的全面发展之中，使学生更加自觉地坚持党的领导和社会主义制度，更加自觉地维护人民利益，更加自觉地维护国家主权、发展和利益，更加自觉地防范来自重点安全领域的各种风险，时刻与党和国家同呼吸、共命运。

（三）从世界高水平大学价值观教育理解全面开展党建工作的合理性

"思想政治教育"的概念是中国高等教育的特有名词，但这并不意味着国外大学没有类似于中国思想政治教育的活动，国外大学一般把这种活动称为"价值观教育"。国外大学的价值观教育主要用于传播其主流价值观。价值观教育的过程必然会融合其所处社会普遍认可的道德教化过程、统治阶级的政治社会化过程，以及主流文化的认同过程。

对于在高等教育国际化进程中诞生的中外合作大学来说，学校比普通高校有着更加国际化的环境，其办学理念和教育模式必然会受到外方高校的深刻影响，其师资队伍的高度国际化也必然会使外方文化广泛渗透在校园生活的方方面面。面对外方文化的强烈冲击和高等教育领域国际化的强势话语，更不能放弃对中国传统文化和本土价值观的坚守。中外合作大学应是中外教育优势互补的结晶，应该探索出一种符合中外合作大学实际价值观的教育模式，从而能带领学生在中外方文化冲突中寻找到精神家园，而党建工作在这一过程中无疑可以发挥重要作用。

中外合作大学吸收世界上先进的办学和治学的经验，但更要遵循教育规律，扎根中国大地办大学。因此，中外合作大学党建工作的任务除了保证学校的办学行为符合中国法律，遵循社会主义的办学方向，还包括向学生传播中国社会的主流价值观，引导学生成为了解中国文化和中国国情的兼具国际视野和爱国情怀的人才。中外合作大学党委的这一工作定位不但奠定了中外方良好的合作基础，而且为中外合作大学价值观教育的顺利开展提供了政治和组织保证。

（四）从相关法律法规及政策规定解读全面开展党建工作的严肃性

2019年2月，教育部发布《教育部2019年工作要点》，其中单列（第27条）"扩大教育对外开放"，并提出目标任务：加快和扩大新时代教育对外开放，服务国家战略优先领域。[3]中外合作办学是唯一以高于部门规章的国务院法规规范的办学方式，是我国教育涉外办学十几种形式中层次最深入的形式。因此，中外合作办学是加快和扩大教育对外开放的重要发力点，在开展党建工作时，也必须在法律法规的要求和指导下进行。中外合作大学在筹备设立、学校运行等阶段，都必须遵循《中华人民共和国教育法》《中华人民共和国高等教育法》《中华人民共和国民办教育促进法》等高等教育重大法律法规规定。这些高等教育重大法律法规为中外合作办学的发展提供了基本的法律支撑和保障。

2013年9月，国务院颁布《中华人民共和国中外合作办学条例》，2014年

7月，教育部颁布《中华人民共和国中外合作办学条例实施办法》，对中外合作办学工作起到了指导与规范的重要作用。加强中外合作办学党的建设，是由中外合作办学性质决定的。《中华人民共和国中外合作办学条例》第三条指出：中外合作办学属于公益性事业，是中国教育事业的组成部分；第五条指出：中外合作办学必须遵守中国法律，贯彻中国的教育方针，符合中国的公共道德，不得损害中国的国家主权、安全和社会公共利益。

党中央就中外合作办学事业作出系列重要战略部署。2016年年初，中共中央办公厅印发《关于做好新时期教育对外开放工作的若干意见》，要求"完善体制机制，提升涉外办学水平"，对办好中外合作大学提出了具体要求和部署。[4]中外合作大学的党建工作，应当贯彻落实中共中央组织部、中共教育部党组《关于加强高校中外合作办学党的建设工作的通知》，做到党建三同步：党的建设同步谋划、党的组织同步设置，党的工作同步开展。把"设立中国共产党基层组织"等内容写入学校章程，将思想政治理论课程作为必修课程纳入本科生人才培养方案，明确把握中外合作大学意识形态方向。近年来，对于中外合作办学党建工作的重视程度日渐提升。在合作办学新项目和机构的审批中，党的建设内容欠缺或不符合要求的将不予批准；在合作办学项目和机构的评估指标体系中，已加入党建工作相关内容。中外合作办学正在向规范化、规模化的方向发展，因此更应当加强党建工作，为优质教育资源的引进提供政治保障。

党中央的战略部署对中外合作办学下一阶段加强党建、深化改革、提质增效指明了方向，并提出了新的任务和明确要求。然而，中外合作办学的相关法律法规依然不够完善。教育部国际合作与交流司自2016年10月起组织开展相关调研座谈、委托专家组研究《中华人民共和国中外合作办学条例实施办法》修订方案。在当前和一个阶段以来，如何准确把握中外合作办学活动的概念边界、科学界定中外合作办学的准入标准、维护并强化教育主权、切实加强党建德育工作、完善加强过程监管等问题，持续困扰着中外合作办学者和教育行政部门，影响和制约了中外合作办学质量和效益的发展提升。在这些方面，《中华人民共和国中外合作办学条例》及其实施办法的部分规定在明确性、操作性上有待完善，部分规定与发展现状不适应，亟须改革，部分内容迫切需要增补。

五、中外合作大学开展党建工作的实践经验

马克思认为:"社会生活在本质上是实践的。凡是把理论导致神秘主义的神秘东西,都能在人的实践中以及对这个实践的理解中得到合理的解决。"[5]实践使人的存在成为历史的具体的存在,既包含着人对自然限制的突破和超越,同时也体现着主体自身的发展和完善。所以,理论创新最终要靠实践来推动和检验。在中外合作大学中开展党建工作,也是通过在机构、人员、教学、活动等方面的实践中,不断丰富理论,打造高水平合作大学。

(一)加强党建工作机构和人员设置

高校的内部管理体制涉及机构设置、职责分工以及权力分配等方面的关系。中外合作大学一般实行的是理事会/董事会领导下的校长负责制,这不同于普通高校"党委领导下的校长负责制"。由于外方人员办学的思想观念各有差异,对党组织的设置以及其在办学中的地位和作用的理解与认知不尽相同,中外合作大学的党建工作的推进和开展存在着一定的挑战,党支部的战斗堡垒作用难以得到发挥。在这样的办学背景下,在中外合作大学中,应当更加坚定不移地确定党组织的政治核心地位,处理好党组织与理事会/董事会、学校行政之间的关系,加强制度建设,确保各司其职,互相尊重,密切配合,紧密抓住中外合作大学的"育人"根本,打开党建工作的新局面。

在人员方面,中外合作大学在实践过程中,一方面做中方教职工的思想政治工作,加强党员管理,在社会主义办学方向的大前提下,自觉抵御各种错误思潮和腐朽思想的侵蚀,发挥党员先进作用;另一方面最大限度地团结和凝聚外籍教职工,让他们爱华、知华、友华。中外合作大学党建和意识形态工作,说到底是争取人心的工作。一些中外合作大学积极对外籍教师及国际生进行国家大政方针的普及和宣讲,定期召开中外双方职工大会,加强中外双方交流和沟通,党总支以积极的工作热情带动外籍教师参加学校党员义务劳动以及校内各项活动。这些措施使得中外合作大学的党建工作不再流于表面,增强了外方教职工的归属感,使他们更加积极参与和融入大学事务,指导学生课外学术活动,主动承担育人责任。

(二)党建工作融入教学与学生管理环节

在教学与学生管理环节,中外合作大学发挥高校思想工作的重要职能,

紧抓教育工作的主要阵地，依法开展教育。在与外方高校共同制定培养方案和教学计划时，双方共同协商，将思政类理论课程及传统文化课程纳入学生培养方案。在教学实践的过程中，把好政治观，严肃课堂纪律，在学术自由与意识形态把控中找到平衡点，建立党员干部参与的课程督导监控体系，开展教学监督工作。

除课堂专业课教学实践与监督以外，部分中外合作大学还积极开军事训练，将学习研讨黄埔精神等融入其中，实现"以军训促政教"的目的，培养学生国防意识，增强历史使命感和时代紧迫感。开辟形式多样、富有实效的通识教育课程体系，将思想政治教育融入中华传统文化、体育艺术、职业生涯规划、安全知识、心理健康等通识教育过程，不断强化学生的思想政治觉悟。

（三）创新党建工作载体和活动形式

思政课程和学生党建工作应注重生活性和实践性，应当利用校园文化的感染作用，将党建工作以学生更加喜闻乐见的形式融入其生活中。在实践中，部分中外合作大学结合国际化特色，邀请外方办学者有留学或工作背景的优秀党员为学生做报告，以切身经历感染学生，引导学生对时事政治的关注，引导学生在中外意识形态碰撞和交汇的模式下保持社会主义核心价值观。

加强与企业合作，培养学生思想素质，从而体现德育的实践性，是中外双方德育的共同点。思想教育随着校企合作的纵深发展而开展，一些中外合作大学与企业合作，共同负责培养学生的思想修养、政治素质和社会责任。例如，组织学生去华为等民族企业参观学习，在实践中开展理想信念、形势政策等方面的教育。中外合作大学只有营造民主的教学环境，采用引导的隐形教育方式，才能使党建和思想政治教育不再是枯燥而缺乏内容的口号，而是具象的具有愉悦性的活动，使学生在潜移默化中接受教育，成为自己思想和行动的主人。

六、思考与建议

2017年1月，国务院印发《国家教育事业发展"十三五"规划》，要求"加强中外合作办学管理，完善准入制度，简化审批程序，完善评估认证，强化退出机制,加强信息公开,健全质量保障体系"。[6]在中国特色社会主义新时代背景下,高校中外合作办学由规模增长向提质增效发展。中外合作大学必须主动适应十九大提出的党建工作新要求,在培养国际化人才的基础上,坚持社会主义办学方向。当前,中外合作大学党建工作普遍受到了中外双方的重视,开展情况较为良好,但也存在着党组织作用发挥不到位、党务工作力量较薄弱、学生思政工作难度大等具体的问题。具体问题具体分析是马克思主义的活的灵魂,应当坚持具体地看问题,反对抽象地看问题。依据以上调研和分析,围绕依法加强中外合作大学党建工作提出以下几个方面的建议:

(一)依法落实党建工作

依法治校是依法治国在教育方面的缩影,是依法治国理论在学校建设、事务管理和事业发展中的具体应用与实践,是贯彻执行党和政府依法治国方针,发展我国社会主义教育事业和管理学校各项事务的重要举措。在筹备设立过程中,中外合作大学应当坚持以《中华人民共和国高等教育法》为办学基础,遵照《中华人民共和国中外合作办学条例》《中华人民共和国中外合作办学条例实施办法》等法律法规的具体要求,依据学校的具体特点与实际情况,就设立党的组织、开展党的工作与外方充分协商沟通,取得一致意见,并将相关内容写入申报报告、合作办学协议、大学或机构章程等,从而明确中方高校党建地位及思想政治工作育人重要性,加重在人才培养过程中的话语权和监督权,切实维护好国家利益、教育主权和学生利益,逐步改善合作办学外部环境。

在办学运行过程中,应当有针对性地在学校章程的纲领性指导下建立行之可依、行之有效的各项日常管理制度,从而形成以章程建设为核心的高校自主管理体系,推动依法治校工作的有效开展。建议细化权力,解决制度保障、队伍保障和管理规范保障。在办学过程中,传递"底线意识",坚守法律底线,是世界通行的守则。

(二)通过党建工作引领办学方向

中外合作大学的教育主权体现在办学的引领权上,体现在学校重大事项的决策参与权上,体现在人员领导权上。应当坚持把讲政治的要求贯穿于办学全过程,认真履行全校党建与思想政治工作主体责任,牢固树立"四个意识",坚定"四个自信",坚决维护以习近平同志为核心的党中央权威和集中统一领导。提高政治站位,旗帜鲜明讲政治,从政治高度谋划学校发展。在中外合作大学党委领导班子的引领下,各党支部、党员干部深入开展学习活动,统一思想,坚定理想信念。

应当正确处理中外合作大学理事会/董事会与党委领导班子之间的关系,明确权责,确保党委领导班子参与学校重大事项的决策。学校党委书记、校长在办学治校和落实立德树人根本任务方面应当形成高度统一的思想认识,坚持通过民主集中制进行学校重大事项的决策。党的形象是抽象的,而每一个党员的精神面貌和所作所为是具体的。中外合作大学中的党员教职工应当用实际行动团结和影响外方领导与教职员工,做到互相理解、彼此包容,使外方领导及教职工在工作中体会到党员的先锋模范作用。

(三)在实践中创新党建工作

中外合作办学的目标是引进优质教育资源,提升高校教学国际化内涵,在中国特色社会主义新时代背景下,坚持社会主义办学方向。在办学过程中,应当把中外合作办学党建工作的难点和亮点结合起来,将中外合作办学党建工作与提高办学质量和水平结合起来,把完善思想政治课程体系作为当前党建的核心任务抓起来,不断丰富中外合作办学党建工作的内涵。中外合作大学和机构应当互相学习和借鉴,将实践中行之有效的做法和经验继续推广和继续不断完善创新。

中外合作大学和机构在课程设置、教材管理、教学体系、师资队伍建设等各个环节都应该完善党建工作领导体制,探索创新中外合作办学党建机构组织方式。在学术方面,应当大力倡导学术自由,做到学术讨论无禁区。建议在中外合作大学设立社会科学学术报告备案制度,做到提前和党委报告和沟通,从而实现整体把控和监管。任何教育都不应当是道德说教、强迫执行和强迫灌输,而应当尊重学生个性和情感,注重学生的主观能动性。中外合作大学需要更加讲求教育方法上的开放性,将课堂教学和社会实践结合起来,鼓励学生走出课堂,投身社会实践,在实践中获取社会经验,提升个人价值。

七、结语

2018年5月2日,习近平总书记在北京大学师生座谈会上的讲话指出,"人才培养体系必须立足于培养什么人、怎样培养人这个根本问题来建设,可以借鉴国外有益做法,但必须扎根中国大地办大学。"[7]中外合作办学作为高等教育的重要组成部分,也必须全面贯彻党的教育方针,以服务党和国家工作大局为宗旨,体现扎根中国办大学的核心思想。

目前,我国中外合作办学仍处于探索阶段,面临新的发展机遇和一系列发展中的新课题。做好中外合作办学教育管理工作是一项长期而又复杂的系统工程。必须坚持依法治校和推进党建工作不动摇的工作原则,以立德树人为本,以问题导向为源,以创新引领为要,在新时期运用新模式开展党建工作,努力做到体现时代性,把握规律性,增强实效性和富有创新性。

作　　者:高　珊(合作与发展部)

成稿时间:2019年7月

参考文献

［1］习近平在全国教育大会上的讲话,2018年9月10日.

［2］习近平. 决胜全面建立小康社会　夺取新时代中国特色社会主义伟大胜利——在中国共产党第十九次全国代表大会上的报告［M］. 北京:人民出版社,2017.

［3］《教育部2019年工作要点》,2019年2月22日.

［4］中共中央办公厅、国务院办公厅《关于做好新时期教育对外开放工作的若干意见》,2016年4月.

［5］马克思主义经典著作选读编写组. 马克思主义经典著作选读［M］. 中共中央党校出版社,2018.

［6］国务院《国家教育事业发展"十三五"规划》,2017年1月.

［7］习近平在北京大学师生座谈会上的讲话,2018年5月2日.

习近平人才观在高校人才工作中的实践探究[①]

党的十八大以来，习近平总书记在我国人才工作方面发表了一系列重要讲话，不断提出新思想、新观点、新论断和新要求，主要包括如何辨别发掘人才、教育培养人才、尊重使用人才，以及如何破除人才发展体制机制障碍等，为汇聚强大的人才智慧、培养宏大的人才队伍提供了重要遵循，是推进"四个全面"战略布局、全面建成小康社会和实现中华民族伟大复兴中国梦的重要催化剂。进入新时代，国家经济发展从要素驱动、投资驱动向创新驱动转变。创新驱动的实质是人才驱动，关键靠人才支撑。高校是汇聚人才的重要集聚地，是培养人才的重要基地，是科技创新、成果转化的重要引擎。习近平人才观对于做好新时代高校人才工作无疑具有重要的理论意义、实践意义和现实意义。

一、习近平人才观的科学体系和深刻内涵

（一）习近平人才观的思想渊源

《马克思主义基本原理概论》中提到，"劳动者是生产力中最活跃的因素，人类智慧和能力的发展决定着对物质资源开发的深度和广度。所以，人才资源是第一资源。"马克思主义对人才在社会经济发展中所处的地位和作用，以及人才的成长规律进行了深刻阐述。习近平人才观是对马克思主义人才思想的继承和发展，是新时期中国特色社会主义人才理论的最新成果。"天下之治在人才。才者，德之资也；德者，才之帅也。"习近平人才观孕育于中华民族博大精深的传统人才思想，受中华民族传统文化的深远影响。"我们党历来高度重视选贤任能，始终把选人用人作为关系党和人民事业的关键性、根本性问题来抓。"习近平人才观与中华人民共和国成立以来几代

---

① 本文已于2020年12月发表于《北京理工大学学报（社会科学版）》第22卷增刊。

领导人的人才思想一脉相承，是历届中共领导集体人才思想的最新发展。

（二）习近平人才观包含的主要内容

"古往今来，人才都是富国之本、兴邦大计"，习近平总书记在中国共产党第十九次全国代表大会上的报告中指出，"要坚持党管人才原则，聚天下英才而用之，加快建设人才强国"。习近平人才观的核心是"聚天下英才而用之"，围绕这一核心延展为四个方面的论述，即人才战略论、人才培养论、人才选用论、人才引进论，贯穿其中的是不断深化人才工作体制机制改革。这几部分之间相互联系、相互影响，共同构成习近平人才观的科学体系。

1. 人才是第一资源，是国家发展的战略资源

"功以才成，业由才广；治国之要，首在人才。"习近平总书记指出，"当前我国比历史上任何一个时期都更接近实现中华民族伟大复兴的宏伟目标，也比历史上任何时期都更加渴求人才"，"发展是第一要务，人才是第一资源，创新是第一动力"。总书记站在新的历史方位，充分阐述了人才在新时代中国特色社会主义建设中所处的战略高度。人才是国家富强、民族振兴的关键核心力量。创新驱动离不开人才，经济强国、科技强国、文化强国、军事强国、信息强国建设都必须人才先行。在新的历史条件下，如何实现各项战略目标和重要任务？关键在人。

2. 人才培养是基础，是持续发展的重要动力

习近平总书记非常重视人才培育、成长、使用的规律性，他指出，"要树立正确人才观，培育和践行社会主义核心价值观，着力提高人才培养质量，弘扬劳动光荣、技能宝贵、创造伟大的时代风尚，营造人人皆可成才、人人尽展其才的良好环境，努力培养数以亿计的高素质劳动者和技术技能人才。"进入新时代，人才培育的基础性、先导性、全局性地位和作用更加突显。"顺木之天，以致其性"，在人才培养的过程中，一定要遵循人才成长的内在客观规律，促进人才资源可持续发展，避免急功近利，拔苗助长。

3. 人才选用不拘一格，人尽其才、才尽其用

习近平总书记在全国组织工作会议上强调，"要树立强烈的人才意识，寻觅人才求贤若渴，发现人才如获至宝，举荐人才不拘一格，使用人才各尽其能"。这告诉我们，需要有识才的慧眼，爱才的雅量，懂得不拘一格降人才，大胆选拔和任用人才。针对互联网领域的偏才、怪才多的特点，习近平指

出,"对待特殊人才要有特殊政策,不要求全责备,不要论资排辈,不要都用一把尺子衡量。"不同领域要实行更加包容、个性化的人才政策,不唯学历、不唯职称、不唯论文、不唯称号、不唯奖项评价人才,要以能力水平作为衡量标准,突出业绩导向,让真才实学、业绩突出的人才真正有获得感。

4. 人才引进不唯地域、不唯国别,要站在世界之巅

中国虽然是科技人力资源最多的国家之一,但是仍面临着诸多方面的不足和挑战,主要体现在人才流失严重、队伍结构性矛盾突出、世界顶级大师匮乏、高端创新型人才较少等方面。针对这些问题,习近平总书记提出要"站在世界之巅选人才",他指出,"发展的中国需要更多海外人才,开放的中国欢迎来自世界各地的英才","实行更加开放的人才政策,不唯地域引进人才,不求所有开发人才,不拘一格用好人才,在大力培养国内创新人才的同时,更加积极主动地引进国外人才特别是高层次人才"。泰山不让土壤,故能成其大;河海不择细流,故能就其深。用一贤人而群贤毕至,相一良马而万马奔腾。人才引进一定要有全球视野,大胆开放,打破地域、国别藩篱,真正让天下英才为我所用。

(三)习近平人才观的深刻内涵和实践价值

1. 习近平人才观精准判断了人才在当前国家发展中的核心作用

"致天下之治者在人才",将人才资源视为党执政兴国的根本性资源,是习近平人才观最显著的特征。习近平总书记关于人才工作的一系列重要论述,彰显出党中央对人才事业发展现状和对国际人才竞争格局的深刻认知与精准把握。针对我国经济发展进入新常态,人才结构失衡、创新能力不强、管理体制不顺等现实问题,以人才资源的有效供给和合理配置,助推中国特色社会主义现代化建设,深刻阐述了人才对党和国家事业发展的特殊重要性,展现出高度的政治自觉和深远的战略考量。

2. 习近平人才观极大丰富了中国特色社会主义人才理论内涵

习近平人才观开辟了马克思主义中国化的新境界。着眼于人、着力于人是习近平人才观的逻辑起点,印证了人民群众作为社会历史发展的主体作用,赋予了马克思主义人才理论以新的科学内涵。习近平总书记高度尊重人的主体价值和个性差异,强调要用好用活人才必须建立更加灵活的人才管理机制,充分体现了具体问题具体分析的马克思辩证唯物主义思想内涵。

3. 习近平人才观清晰谋划了人才托举"中国梦"的实践路径

习近平人才观从战略高度和宏观视阈对中国梦进行了统筹规划,清楚地看到实现中国梦的关键在于人才,人才的战略价值与中国梦的宏伟目标高度一致,人才的智慧和力量是实现中国梦的根本依托。十九大报告提出要"坚定实施人才强国战略,把各方面优秀人才集聚到党和人民的伟大奋斗中来"。习近平总书记围绕人才的培养、引进、使用、评价和激励,从具体环节和操作层面进行了周密部署,构建了导向明确、内涵丰富、逻辑严密的人才话语体系,为将人才资源优势转化为经济优势和竞争优势、中国梦转变为现实谋划了切实可行的实践路径。

二、习近平人才观在高校人才工作中的实践必然

(一) 高校是高层次人才的集聚地,是科技发展的重要支撑

习近平总书记明确指出,"高等教育是衡量一个国家综合实力和发展潜力的重要标志"。改革开放以来,我国高等教育经历了从"精英化"到"大众化",再到"普及化"的发展历程,供给侧发生了重大变化。高校不再是单纯的象牙塔,其职能除原有的"人才培养"与"科学研究"外,在服务国家重大战略发展、推动创新创业中扮演了越来越重要的角色。根据相关数据统计,截至2017年,中国科学院院士有564名,其中有45.7%的院士来自国内高校,37.4%的来自中国科学院,剩下的来自军事院校和其他机构等;中国工程院院士有936名,其中有39.0%来自国内高校,6.9%来自中国科学院,3.1%来自军事院校,1.0%来自港台高校,其余来自企业、政府部门等其他机构[6]。在科技创新方面,2012年至2016年,五年来"国家科技三大奖"共评选出1220项,其中高校累计共获得634项,总占比51.97%,占据了三大奖的半壁江山[7]。由此可以看出,高校在国家高层次人才分布中占有重要比重,是高层次人才的集聚地;同时,在基础科学研究以及技术创新领域占有举足轻重的地位。

(二) 高校是人才培养的重要基地,是人才招引的重要阵地

习近平在中国科学院第十七次院士大会、中国工程院第十二次院士大会上的讲话中提到,"我们要把人才资源开发放在科技创新最优先的位置,改革人才培养、引进、使用等机制,努力造就一批世界水平的科学家、科技领

军人才、工程师和高水平创新团队,注重培养一线创新人才和青年科技人才。"创新型国家发展需要创新型人才的支撑,我国拥有2000多所高校,每年有700多万毕业生,占当年新增劳动力的半数[9]。可以说,高校是培育人才的摇篮,是向社会输出人才的主阵地。自国家实施海外引智计划以来,境外来华专家规模不断扩大,年均增长在5%以上。而这些来华专家、青年人才的工作单位绝大部分分布在高校。

(三)习近平人才观在高校人才工作中的实践是建设世界一流大学的必然要求

2015年11月,国务院对外发布的《统筹推进世界一流大学和一流学科建设总体方案》指出,"到2020年,部分大学进入世界一流大学行列,若干学科进入世界前列;到2030年若干大学进入世界一流大学前列;到2050年,中国整体成为高等教育强国"。百年大计,教育为本;教育大计,教师为本。这是党和国家在新的历史时期,赋予高等学校建设新的历史使命,是国家从教育大国走向教育强国的战略纲要。世界一流大学是尖端科学研究和技术发展的主要力量,也是创造知识的重要源泉;其重要表征之一,就是吸引全世界优秀的科技人才和领导人才。建设世界一流大学和一流学科,其核心是建设一支世界一流的人才队伍。习近平人才观在高校人才工作中的实践与建设世界一流大学密不可分,是当前高校实施人才强校战略的必然要求。

三、习近平人才观在高校人才工作中的实践路径

(一)习近平人才观在高校人才工作中的实践首在坚持党管人才原则

习近平总书记指出,"择天下英才而用之,关键是要坚持党管人才原则。实现创新驱动发展、国家富强、民族复兴,关键靠人才,核心是坚持和加强党的领导"。党管人才是高校人才工作的根本原则,也是中国特色人才制度优势的集中体现。要始终坚持正确的政治方向,加强党对人才工作的统一领导,把党管人才原则贯穿于改革的全过程和各环节。高校坚持党管人才原则,要把政治建设摆在首位,加强党对学校人才工作的集中统一领导,最大限度地把人才凝聚在党的周围,着力管好宏观、管好政策、管好协调、管好服务。学校党委要放眼长远,坚定不移地实施人才强校战略,制定人才队伍建设的长期规划,以实施重大人才工程为人才工作的重要抓手,把党内

外、国内外各方面优秀师资人才集聚到建设中国特色世界一流大学的宏大事业中来。习近平总书记在全国高校思想政治工作会议上强调,"高校教师要坚持教育者先受教育,要加强师德师风建设,引导广大教师以德立身、以德立学、以德施教"。学校党委要发挥思想政治引领作用,抓紧抓牢师德师风建设,成立由党委书记担任组长的教师思想政治工作领导小组,明确党委领导在教师聘任、考核、晋升、奖励中承担首要责任,将思想政治引领落到实处。

(二)习近平人才观在高校人才工作中的实践重在树立人力资源意识

人力资源的核心思想,是将所有人纳入资源范畴,根据每个个体的特点进行效益最大化设置,目标是人尽其用。习近平总书记指出,"要秉持人才是第一资源的理念,兼收并蓄,吸取国际先进经验,推进教育改革,提高教育质量,培养更多、更高素质的人才"。千秋基业,人才为先。萧何月下追韩信,帮助刘邦完成霸业;刘备三顾茅庐拜诸葛,成就一段君臣佳话。高校要主动服务和融入国家人才发展战略大局,树立"尊重人才、激励人才、服务人才"的思想观念,重在牢固树立人才是第一资源、第一资本、第一推动力的思想意识。习近平总书记要求,"各级党委和政府要从心底里尊重知识、尊重人才,为人才发挥聪明才智创造良好条件"。高校要始终将人才队伍建设放在事关学校事业发展全局的战略位置,实施更加积极、开放、有效的人才政策,营造识才、爱才、敬才、用才的良好氛围,把人才管理的着眼点定位在服务于人力资源效益最大化上。

(三)习近平人才观在高校人才工作中的实践根本在完善制度建设

习近平总书记指出,"人才政策,手脚还要放开一些","要着力破除体制机制障碍,向用人主体放权,为人才松绑,让人才创新创造活力充分迸发,使各方面人才各得其所、尽展其长"。中共中央印发的《关于深化人才发展体制机制改革的意见》中,明确提出一系列人才制度改革举措,加快建立具有全球竞争力的人才制度体系。党的十九届四中全会着重研究了坚持和完善中国特色社会主义制度、推进国家治理体系和治理能力现代化的若干重大问题。高校人才工作的开展要从提高治理体系与治理能力现代化的高度谋划,彻底破除人才工作的体制性机制性障碍。高校要改革人才工作机制,应从人才培养、人才评价、人才流动、人才激励、人才引进、投入保障六个方面准确把握改革重点，重点解决三块短板：一要着力解决人才管理中行政化、"官本位"问题；二要着力破除人才评价中"五唯"（唯学历、唯职称、唯论文、唯帽子、唯奖项）问题；三要着力解决科研成果转化难、收益难问题。在制度建设过程中，要充分体现分类管理、分类评价，构建科学合理的人才考评机制。在评价内容上，一方面，正确处理德与才的关系，以德为先，把德作为考评的基础；另一方面，建立科学的评价体系，遵循人才成长和自身发展规律，针对不同类型、不同层次、不同学科领域，以及基础研究、应用研究等不同研究类型，建立分类评价标准，将科研成果取得的经济效益和社会效益指标纳入考评体系，注重科技成果转化，建立"代表性成果"评价机制，改变以往唯论文、唯学历的思想误区。在激励措施上，要尊重人才市场规律。一方面，拓宽创收筹资渠道，增加经费专项投入，以增量改革为牵引，构建以"增加知识价值"为导向的分配机制，切实提高人才待遇；另一方面，对优秀人才在职称聘任、行政干部提任、出国访学深造、重大项目申报、荣誉称号推荐等方面给予政策倾斜。

（四）习近平人才观在高校人才工作中的实践要具备国际视野

习近平总书记在浙江工作时就讲到，"人才引进要有新思路、宽眼界、大举措，这就要有国际眼光，从全国范围、世界范围吸引人才"；在外国专家座谈会上强调"要实行更加开放的人才政策，不唯地域引进人才，不求所有开发人才，不拘一格用好人才，在大力培养国内创新人才的同时，更加积极主动地引进国外人才特别是高层次人才"。高校在开展人才工作过程中，要具备国际视野，放眼全球，大力实施海外人才引进工程，特别是针对高层次创新型人才。在引进目标上，坚持按需引进，围绕学校战略布局和重点学科、重大科技平台及项目需求，重点引进那些能带动新兴学科发展的战略型人才、优势学科的领军人才和勇于开拓创新的高水平团队。在引进方式上，要树立"不求所有、但求所用，不求所在、但求所为"的新型人才引进理念，采取刚性引进和柔性引进相结合的方式，不断完善高层次人才精准引进和弹性引进机制，运用多种灵活方式吸引高层次专家来高校工作、讲学、交流、合作科研攻关等。在引进渠道上，加大宣传力度，通过新媒体、网络发布招聘信息，积极走出去参加海外高层次人才交流会；利用市场专业服务平台，积极与人才服务机构和猎头公司合作，形成选才国际化、引才市场化、用才人性化的高校人才引进新模式。

（五）习近平人才观在高校人才工作中的实践关键要落实保障工作

习近平总书记指出，对人才要"增强大家的事业心、归属感、忠诚度"，强调让人才有获得感，就是要完善激励措施，提供人才成长空间，搭建事业平台，在政治上充分信任、工作上大胆使用、生活上真诚关心、待遇上及时保障，"多为他们办实事、做好事、解难事"。高校要进一步提高管理服务水平，加强平台建设，营造良好的人才成长环境，做好沟通协调，扎实抓好人才服务工作，深入了解人才的所思、所想、所盼，听取他们对学校学科建设、人才培养、科学研究、社会服务等工作的意见和建议。深入贯彻落实国家人才新政，多措并举，保障良好的生活环境，建立优质的服务保障体系。人才工作一定要走心入脑，切实关心到衣食住行医的方方面面，切实解决其在工作、学习、生活中遇到的具体问题。

综上所述，习近平总书记人才观博大精深，是党和国家领导人面向当前新时代背景下，中国特色社会主义人才思想理论的最新成果，是高校人才工作开展和人才队伍建设的根本遵循和工作指南，是决胜建设世界一流大学的制胜法宝。高校应紧紧围绕"双一流"建设发展目标，以优化人才发展环境为基础，以高层次人才队伍建设为重点，以人才队伍能力建设为核心，以体制机制创新为突破口，努力构筑人才新高地，开创人才工作新局面，为实现又好又快发展提供坚强的人才保证和智力支持。

作　　者：刘　骁（人力资源部）

成稿时间：2019年3月

参考文献

［1］中共中央文献研究室. 习近平关于科技创新论述摘编［M］.北京：中央文献出版社，2016.

［2］王婉力. 习近平人才理论的历史渊源与理论根基［J］.新西部，2019（18）：10+73.

［3］李平辉，邱若宏. 习近平人才思想述论［J］.湖北经济学院学报

（人文社会科学版），2017，14（12）：5-7.

［4］时海翔，刘新玲. 新时代习近平的科技人才观内涵及其时代贡献［J］. 商丘职业技术学院学报，2019，18（1）：1-4.

［5］许光. 习近平新时代人才思想的科学体系与价值内涵［J］.科学社会主义，2018（3）：73-78.

［6］360doc个人图书馆. 全国两院院士排行榜［EB/OL］.（2017-06-09）http：//www.360doc.com/content/17/0609/16/10310181_661396540.shtml.

［7］里瑟琦智库. 2012—2016年"国家科技三大奖"分析［EB/OL］.（2018-01-10）http://blog.sciencenet.cn/blog-2903646-1094181.html.

［8］刘诗贵，肖凤仪. 习近平人才观是高校人才工作的指南［J］.山东干部函授大学学报（理论学习），2019（8）：7-9.

［9］唐莉莉，王宇翔. 基于创新驱动发展战略的高校人才管理机制探究［J］. 人才资源开发，2018（24）：16-18.